Hans Günter Rautenberg · Finanzierung und Investition

Reihe: Betriebswirtschaft und Betriebspraxis

# Finanzierung und Investition

Prof. Dr. rer. pol. Hans Günter Rautenberg

Betriebswirtschaftslehre für Ingenieure
Herausgegeben von Prof. Dr. rer. pol. Herbert Vormbaum

Vierte, neubearbeitete und erweiterte Auflage

SPRINGER-VERLAG BERLIN HEIDELBERG GMBH

Die Deutsche Bibliothek — CIP-Einheitsaufnahme

**Betriebswirtschaftslehre für Ingenieure** / hrsg. von
Herbert Vormbaum. - Düsseldorf : VDI-Verl.
(Reihe: Betriebswirtschaft und Betriebspraxis)
NE: Vormbaum, Herbert [Hrsg.]
Rautenberg, Hans Günter: Finanzierung und Investition. -
4., neubearb. und erw. Aufl. - 1993

**Rautenberg, Hans Günter:**
Finanzierung und Investition / Hans Günter Rautenberg. -
4., neubearb. und erw. Aufl. - Düsseldorf : VDI-Verl., 1993
(Betriebswirtschaftslehre für Ingenieure)
(Reihe: Betriebswirtschaft und Betriebspraxis)
ISBN 978-3-540-62122-5

© Springer-Verlag Berlin Heidelberg 1993
Ursprünglich erschienen bei VDI-Verlag 1993

Alle Rechte, auch das des auszugsweisen Nachdruckes, der auszugsweisen oder vollständigen photomechanischen Wiedergabe (Photokopie, Mikrokopie), der elektronischen Datenspeicherung (Wiedergabesysteme jeder Art) und das der Übersetzung, vorbehalten.

Die Wiedergabe von Gebrauchsnamen, Handelsnamen, Warenbezeichnungen usw. in diesem Werk berechtigt auch ohne besondere Kennzeichnung nicht zu der Annahme, daß solche Namen im Sinne der Warenzeichen- und Markenschutz-Gesetzgebung als frei zu betrachten wären und daher von jedermann benutzt werden dürften.

Satz: Müller · Druck, Satz & Repro, Grevenbroich
Druck: Weihert-Druck GmbH, Darmstadt

ISBN 978-3-540-62122-5   ISBN 978-3-642-58007-9 (eBook)
DOI 10.1007/978-3-642-58007-9

**Vorwort des Herausgebers**

Bei zahlreichen Kontakten mit technischen Führungskräften, die sich durch meine Lehrtätigkeit an der Rheinisch-Westfälischen Technischen Hochschule Aachen sowie durch Begegnungen mit Praktikern aller Branchen und Tätigkeitsbereiche ergaben, stieß ich immer wieder auf großes Interesse an betriebswirtschaftlichen Fragen. Dies läßt sich leicht dadurch erklären, daß auch die mit vorwiegend technischen Aufgaben betrauten Personen bei ihrer Arbeit häufig mit betriebswirtschaftlichen Problemen konfrontiert werden. Im Vordergrund stehen dabei Wirtschaftlichkeitsfragen im Fertigungsprozeß und bei der Planung und Durchführung von Investitionen, Fragen der betrieblichen Kostenrechnung, des Einsatzes und der Entlohnung der Arbeitskräfte, des Vertriebs insbesondere technischer Güter und dergleichen.

Darüber hinaus zeigte sich vor allem bei dem immer größer werdenden Kreis jener Führungskräfte aller betrieblichen Ebenen, die zugleich mit technischen und wirtschaftlichen Aufgaben betraut sind, und stets auch bei den engagierten Nachwuchskräften lebhaftes Interesse an anderen Bereichen der Betriebswirtschaftslehre, wie etwa der Bilanz und der Erfolgsrechnung sowie der Finanzierung. Für den Nicht-Fachkundigen ist es jedoch bei dem heutigen Stand der Betriebswirtschaftslehre und dem großen Umfang betriebswirtschaftlichen Schrifttums schwierig, sich in die für den fachfremden Praktiker wichtigen Grundlagen und Grundbegriffe dieser Disziplin einzuarbeiten.

Diese Erkenntnisse und die in dieser Hinsicht vielfach an mich herangetragenen Wünsche veranlaßten mich, in sechs Bänden eine besondere „Betriebswirtschaftslehre für Ingenieure" herauszugeben. Diese umfassen alle Gebiete der Betriebswirtschaftslehre, die für die Tätigkeit der technischen Führungskraft relevant werden können, und sind als eine auf die Belange dieses Personenkreises abgestimmte geschlossene Gesamtdarstellung konzipiert: Sie setzen keine wirtschaftswissenschaftlichen Kenntnisse voraus und vermitteln fundiertes betriebswirtschaftliches Grundwissen sowie vertiefte Kenntnisse insbesondere auch in den für den angesprochenen Leserkreis wichtigen Gebieten.

Seit dem ersten Erscheinen der „Betriebswirtschaftslehre für Ingenieure" in der Reihe der VDI-Taschenbücher (T 42 bis T 47) im Jahre 1973 hat sich das Werk erheblich gewandelt. Im Zuge von Neuauflagen wurden einzelne Bände grundlegend überarbeitet, wesentlich erweitert und den Ansprüchen einer größeren Zielgruppe angepaßt, die außer technischen Führungskräften auch Mitarbeiter aus der kaufmännischen Praxis sowie Studenten der Wirtschaftswissenschaften umschließt.

Die „Betriebswirtschaftslehre für Ingenieure" erscheint in Zukunft in der Reihe „Betriebswirtschaft und Betriebspraxis". Sie ist in folgende Bände gegliedert:

Grundlagen und Grundbegriffe der Betriebswirtschaftslehre

Materialwirtschaft, Produktion und Personalwesen

Grundzüge des Marketing

Finanzierung und Investition

Bilanzierung und Erfolgsrechnung

Industrielle Kostenrechnung

Es wird bewußt eine für den Nicht-Fachkundigen verständliche, einfache Darstellungsform gewählt und darauf geachtet, daß durch Verweise innerhalb der verschiedenen Bände der Gesamtzusammenhang stets deutlich bleibt, jeder Band aber dennoch ein in sich geschlossenes, selbständiges Werk ist. Durch Rückgriff an vielen Stellen auf langjährig erprobte Darstellungsweisen hoffe ich, zusammen mit den Verfassern der Beiträge, die z. T. schon lange meine Mitarbeiter sind bzw. langjährige Mitarbeiter waren, auch methodisch den geeigneten Weg gefunden zu haben.

Aachen, Januar 1984 *Herbert Vormbaum*

**Vorwort des Verfassers zur vierten Auflage**

Bei der Bearbeitung der vierten Auflage wurden einige Ergänzungen eingearbeitet, z. B. zu modernen Finanzierungstechniken, so daß das Buch dem Stand der Finanzierungsinstrumente und der praktisch relevanten Methoden der Investitionsrechnung entspricht. Gleichzeitig wurden Verbesserungen vorgenommen, die eine noch bessere Verständlichkeit sicherstellen.

Für einige wichtige Anregungen und viele technische Hilfen bei der Bearbeitung danke ich Frau cand. rer. pol. Monika Lauck und Herrn Dipl.–Kfm. Udo Schmidt.

Leipzig, April 1993 *Hans Günter Rautenberg*

## Vorwort des Verfassers zur dritten Auflage

Auch bei der völlig überarbeiteten und erweiterten dritten Auflage wird – der Zielsetzung der Reihe „Betriebswirtschaftslehre für Ingenieure" entsprechend – eine gründliche Einführung in die Gebiete Finanzierung und Investition angestrebt. Da sich das Buch vor allem an Nicht-Spezialisten wendet, die in ihrer praktischen Arbeit mit den angesprochenen Fragen konfrontiert werden, wurde besonders auf eine allgemein verständliche Darstellung der begrifflichen Basis und der wesentlichen Instrumente und Gestaltungsformen geachtet.

Dabei werden vor allem die für das Finanz- und Investitionswesen der Betriebe praktisch wichtigen Teilbereiche einbezogen und eher modelltheoretische Ansätze ausgeklammert. Dem einführenden Charakter entsprechend wurde in den meisten Fällen auch auf die in vertiefenden Werken übliche Zitierweise verzichtet, soweit die behandelten Gegenstände im Schrifttum breit akzeptiert und im wesentlichen übereinstimmend dargestellt sind. Literaturhinweise auf weitere Lehrbücher und Sammlungen wichtiger Beiträge sowie spezielle Hinweise zu wichtigen Einzeldarstellungen und nicht behandelten Gebieten ermöglichen es jedoch dem Leser, sich intensiver in diese Bereiche einzuarbeiten. Das Buch kann daher auch Studenten der Wirtschaftswissenschaften als Basis für spätere Vertiefung dienen.

Wie in den zusammen mit *Ralf Langguth* bearbeiteten früher erschienenen Auflagen wird der Text durch zahlreiche Beispiele, Tabellen, Übersichten und Aufgaben erläutert. Zinstabellen im Anhang erleichtern die Durchführung der Investitionsrechnungen, und ein Repetitorium mit zahlreichen Fragen zu allen Abschnitten ermöglicht eine Erfolgskontrolle.

Aachen, Januar 1984 *Hans Günter Rautenberg*

# Inhalt

1. **Finanzierung** .......................................... 1
   - 1.1. Begriffliche Grundlagen der Finanzierungslehre ............ 1
     - 1.1.1. Der Finanzierungsbegriff ........................ 1
     - 1.1.2. Die Arten der Finanzierung ....................... 4
   - 1.2. Das finanzwirtschaftliche Gleichgewicht .................. 8
     - 1.2.1. Allgemeine Überlegungen ........................ 8
     - 1.2.2. Rentabilitätsaspekte ............................ 8
     - 1.2.3. Liquiditätsaspekte ............................. 13
     - 1.2.4. Die Bedeutung traditioneller Finanzierungsregeln ..... 17
   - 1.3. Der Kapitalbedarf .................................. 20
   - 1.4. Die Deckung des Kapitalbedarfs ....................... 27
     - 1.4.1. Die Eigenfinanzierung .......................... 27
       - 1.4.1.1. Zusammensetzung und Ermittlung des Eigenkapitals ............................... 27
       - 1.4.1.2. Die Eigenkapitalbeschaffung der Aktiengesellschaften ............................... 32
       - 1.4.1.3. Die Selbstfinanzierung ................... 37
     - 1.4.2. Die Fremdfinanzierung ......................... 42
       - 1.4.2.1. Allgemeines über die Fremdfinanzierung ..... 42
       - 1.4.2.2. Formen der langfristigen Fremdfinanzierung .. 43
         - 1.4.2.2.1. Das langfristige Darlehen ................ 43
         - 1.4.2.2.2. Das Schuldscheindarlehen ............... 45
         - 1.4.2.2.3. Darlehen unter Ausgabe von Schuldverschreibungen ..................................... 46
       - 1.4.2.3. Formen der kurzfristigen Fremdfinanzierung .. 48
         - 1.4.2.3.1. Der Kontokorrentkredit ................. 49
         - 1.4.2.3.2. Der Diskontkredit ..................... 50
         - 1.4.2.3.3. Der Akzeptkredit ...................... 53
         - 1.4.2.3.4. Der Avalkredit ........................ 53
         - 1.4.2.3.5. Der Lombardkredit .................... 55
         - 1.4.2.3.6. Der Lieferantenkredit .................. 56

   1.4.2.3.7. Der Kundenkredit (Vorauszahlungsfinanzierung) .............................. 59
  1.4.2.4. Sonderformen der Finanzierung ............ 60
   1.4.2.4.1. Kredit vom Euromarkt .................. 60
   1.4.2.4.2. Sonderformen der Außenhandelsfinanzierung ................................. 60
   1.4.2.4.3. Leasing ............................. 62
   1.4.2.4.4. Factoring ........................... 65
  1.4.2.5. Grundlagen der Kreditsicherung ............ 66
  1.4.2.6. Kreditwürdigkeit und Verschuldungsgrenzen .. 70
 1.4.3. Die Finanzierung durch Kapitalfreisetzung .......... 73

## 2. Investition ............................................. 83

 2.1. Grundlagen der Investitionsentscheidung .................. 83
  2.1.1. Begriff und Arten der Investition ................. 83
  2.1.2. Merkmale der Investitionsentscheidung ............ 84
  2.1.3. Investitionsrechnung und Investitionsentscheidung .... 85
  2.1.4. Fragestellungen und Probleme der Investitionsrechnung 87
 2.2. Die Verfahren der Investitionsrechnung ................... 90
  2.2.1. Überblick ..................................... 90
  2.2.2. Statische Verfahren ............................. 93
   2.2.2.1. Die Kostenvergleichsrechnung .............. 93
   2.2.2.2. Die Gewinnvergleichsrechnung ............ 101
   2.2.2.3. Die Rentabilitätsrechnung ................. 103
   2.2.2.4. Die Amortisationsrechnung ............... 106
  2.2.3. Besonderheiten bei Ersatzentscheidungen mit statischen Verfahren ................................ 109
  2.2.4. Dynamische Verfahren ........................ 112
   2.2.4.1. Das Zeitmoment in der Investitionsrechnung . 112
   2.2.4.2. Die Kapitalwertmethode .................. 115
   2.2.4.3. Die Endwertmethode .................... 120
   2.2.4.4. Die Methode des internen Zinsfußes ....... 122
   2.2.4.5. Die Annuitätenmethode .................. 124
  2.2.5. Die Wahl des Kalkulationszinsfußes ................ 129
  2.2.6. Die Berücksichtigung der Unsicherheit der Rechengrundlagen .................................... 132
  2.2.7. Weitere Ansätze der Investitionsrechnung und Investitionsprogrammplanung ......................... 133

| | | |
|---|---|---|
| 2.3. | Datenbeschaffung und Anwendungsgebiete der Investitionsrechnungsverfahren | 134 |
| 2.4. | Investitionskontrolle | 137 |

**3. Zinstabellen** .......................................... **139**

**4. Antworten auf die im Text gestellten Fragen** ............... **143**

**5. Repetitorium** ......................................... **157**

**6. Schrifttum** ........................................... **163**

**7. Sachwortverzeichnis** .................................. **165**

# 1. Finanzierung

## 1.1. Begriffliche Grundlagen der Finanzierungslehre

### 1.1.1. Der Finanzierungsbegriff

Unter Finanzierung verstehen wir alle Maßnahmen, die der Versorgung des Betriebes mit disponiblem (für unternehmerische Entscheidungen zur Verfügung stehendem) Kapital, der optimalen Strukturierung des Kapitals sowie der Kapitalherabsetzung dienen [18, S. 26].

Der Begriff umfaßt also

Kapitalbeschaffung,

Kapitalabfluß,

Kapitalumschichtung (Umfinanzierung) und

Kapitalfreisetzung.

Diese Finanzierungsvorgänge können sich in der Bilanz als

- Bilanzverlängerung (Vergrößerung von Aktiv- und Passivseite),
- Bilanzverkürzung (Verminderung von Aktiv- und Passivseite),
- Passivtausch (Umstrukturierung der Passivseite),
- Aktivtausch (Umstrukturierung der Aktivseite)

auswirken.

*Frage 1:*

*Welche Beispiele können diese vier Formen verdeutlichen?*

Dabei muß auf die Umstrukturierungen der Aktivseite besonders eingegangen werden, da nur ein Teil dieser Vorgänge Finanzierungsvorgänge sind:

Unter den Umstrukturierungen der Aktivseite finden sich nämlich

- Investitionsvorgänge,
- Vorgänge, die sich unmittelbar aus dem betrieblichen Leistungsprozeß ergeben und
- Finanzierungsvorgänge durch Kapitalfreisetzung.

Es kommt also darauf an, von welcher Art die Umstrukturierung ist:

*Investieren*, also das Anlegen von vorhandenen Geldmitteln, ist der Gegensatz zum Finanzieren. Dabei denkt man beim Begriff Investieren vorwiegend an die Anschaffung von Produktionsanlagen; im weiteren Sinn ist aber auch die Anlage in Wertpapieren und anderen Finanzanlagen sowie die Beschaffung von Rohstoffen, Hilfsstoffen usw. als Investition anzusehen. Investitionen sind mit einem Aktivtausch verbunden, bei dem liquide Mittel in weniger gut liquidierbare Vermögensbestandteile verwandelt werden.

Vorgänge, die bilanziell einen Aktivtausch darstellen, gibt es auch im normalen betrieblichen Leistungs- und Umsatzprozeß, z. B. die Verarbeitung von Roh- und Hilfsstoffen zu Fabrikaten oder der Verkauf von fertigen Erzeugnissen, bei dem an die Stelle des aktivierten Erzeugnisses eine Forderung tritt. Auch solche sich aus dem betrieblichen Prozeß zwangsläufig ergebenden Umstrukturierungen des Vermögens können kaum als Finanzierungsvorgänge angesehen werden, da sie nur Umschichtungen zwischen verschiedenen Arten von Vermögensteilen darstellen, in denen das Kapital gebunden ist.

Neben diesen beiden Formen von Vermögensumstrukturierungen gibt es noch eine dritte Form; nur diese ist als Finanzierungsvorgang anzusehen. Sie unterscheidet sich von den anderen Vermögensdispositionen dadurch, daß dabei stets Kapital freigesetzt, d. h. in liquide Form transformiert wird, so daß es für unternehmerische Entscheidungen über die nachfolgende Verwendung disponierbar wird. Eine solche Kapitalfreisetzung kann sich im Rahmen des betrieblichen Umsatzprozesses ergeben oder durch spezielle finanzwirtschaftlich bedingte Erwägungen bewußt eingeleitet werden.

Diese Art von Vermögensdispositionen wird als Finanzierung angesehen, weil in der Praxis beim Verkauf nicht betriebsnotwendiger Vermögensteile oder bei der *Finanzierung aus Abschreibungen* schon von Finanzierung gesprochen wird und weil diese Vorgänge in der betrieblichen Finanzierungspraxis einen wesentlichen Beitrag zur Kapitalversorgung leisten können. Letztlich kommt es ja nicht nur auf eine dem Gesamtbetrag nach ausreichende Kapitalausstattung an, sondern auch auf die Bereitstellung der disponiblen Mittel für die Beschaffung der benötigten Vermögensgegenstände.

Die an die Bereitstellung des disponiblen Kapitals anschließende Investition ist jedoch eine reine Vermögensdisposition, die mit Finanzierung nichts mehr zu tun hat. Finanzierung und Investition werden hier als Begriffspaar aufgefaßt, das aus zwei gegenseitigen Vorgängen besteht, die sich allerdings auch gegenseitig bedingen und voraussetzen: Finanzierung ist die Versorgung des Betriebes mit disponiblem Kapital, Investition die Anlage

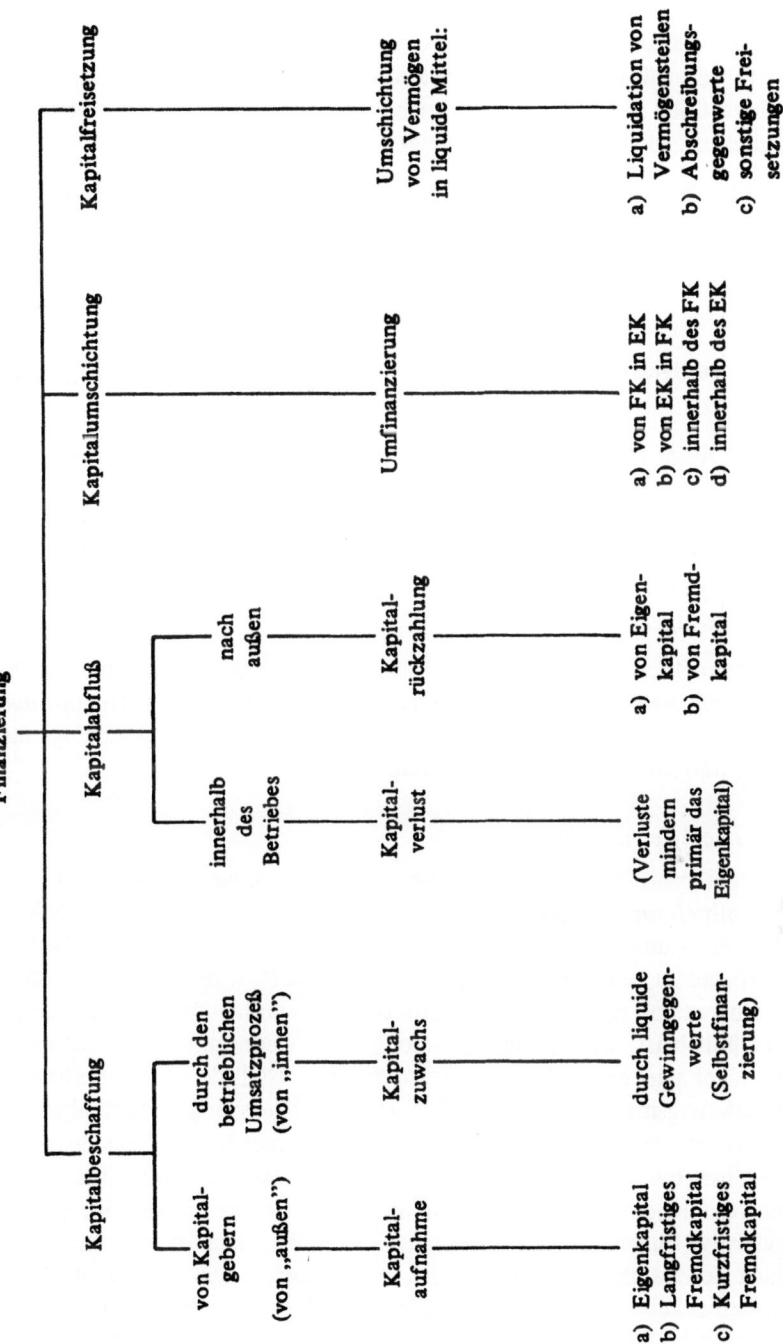

Bild 1. Elemente der Finanzierung.

des Kapitals. Dabei ist keine eindeutige Priorität eines Vorgangs gegeben: meist lösen wünschenswerte Investitionen Finanzierungsvorgänge aus, die die Investition ermöglichen, andererseits kann eine günstige Finanzierungsmöglichkeit auch Investitionen anregen.

Lediglich wenn die Versorgung des Betriebes mit Kapital und die Bereitstellung des benötigten Vermögensteiles in einem Vorgang erfolgen (Sacheinlage, Leasing), lassen sich der Finanzierungs- und der Investitionsvorgang nicht mehr klar trennen. Deshalb liegen hier besondere Fälle der Finanzierung vor (Finanzierung durch Sachkapital).

Bild 1 verdeutlicht noch einmal, was zu den Finanzierungsvorgängen gehört.

Eine so weite Fassung des Finanzierungsbegriffs bezweckt, alle wesentlichen finanzwirtschaftlichen Vorgänge des Betriebes zu erfassen. Außerdem wären wesentliche Aspekte der klassischen Finanzierungsvorgänge ohne die Einbeziehung der Kapitalrückzahlung nur ungenau darstellbar, da die notwendige Kapitalrückzahlung schon bei der Beschaffung des Kapitals zu berücksichtigen ist.

In diesem Buch werden allerdings nur allgemeine Grundprobleme der Finanzierung sowie die zentralen Fragen der Bestimmung des Kapital- und Finanzbedarfs und seiner Deckung behandelt; Kapitalumschichtung und Kapitalfluß sind demnach ausgeklammert.

*1.1.2. Die Arten der Finanzierung*

Nach der beabsichtigten *Dauer der Kapitalaufnahme* unterscheidet man *kurz-, mittel- und langfristige Finanzierung*. Dabei ist nicht nur die rechtliche Überlassungsdauer, sondern auch die tatsächlich beabsichtigte Überlassungsdauer zu beachten. Kontokorrentkredite z. B. werden formal kurzfristig eingeräumt, haben aber z. T. mittel- oder sogar langfristigen Charakter, da es üblich ist, sie ständig zu prolongieren. Wenn langfristige Darlehen vom Kapitalgeber gekündigt werden können, sind sie wie mittelfristige Finanzierungsmittel anzusehen. Eine genaue Abgrenzung ist auch hinsichtlich der Fristen nicht möglich. Kurzfristige Finanzierung liegt etwa bei Laufzeiten bis sechs oder zwölf Monaten vor; längere Laufzeiten bis zu etwa fünf Jahren gelten als mittelfristig, was darüber hinausgeht, gilt als langfristige Finanzierung. Dabei lehnt sich die Praxis an das Schema für die Bilanz der Kapitalgesellschaften an, in der nach § 268 Abs. 5 HGB die Verbindlichkeiten mit einer Restlaufzeit von bis zu einem Jahr anzugeben sind; nach § 285 Nr. 1 HGB ist im Anhang der Gesamtbetrag der Verbindlichkeiten mit einer Restlaufzeit von mehr als fünf Jahren anzugeben. Die vom Kapitalgeber beabsichtigte Überlassungsdauer kann auch von der geplanten Inanspruchnahme durch den Betrieb verschieden sein. In solchen Fällen kann z. B. ein Wertpapier die sog. Transformationsfunktion übernehmen. So wird z. B. durch die Aktie erreicht, daß der Gesellschaft dauerhaft unkündbares Eigenkapital zur Verfügung steht, während die Aktionäre sich oft nur auf gewisse Zeit an der Unternehmung beteiligen wollen und danach ihr Kapital durch Verkauf ihrer Aktie an der Börse freisetzen können. Auch Kreditinstitute und Finanzmakler können die Fristentransformation vornehmen, indem sie wiederholt kurz- oder mittelfristige Gelder aufnehmen und die so erhaltenen Beträge längerfristig ausleihen.

Nach dem Anlaß kann man *Gründungs- und Erweiterungsfinanzierung, Umfinanzierung, Kapitalherabsetzung* etc. unterscheiden. Die meisten Finanzierungsvorgänge werden jedoch außerhalb dieser besonderen Anlässe, den normalen Geschäftsgang begleitend, abgewickelt; sie gelten als „Finanzierung des laufenden Geschäftes" oder als Betriebsmittelbereitstellung (Betriebsmittelkredit). Eine Sonderform ist die *Finanzierung einzelner Geschäfte*, die besonders im Außenhandel, bei großen Baumaßnahmen und Einzelaufträgen durchgeführt wird, wenn es nicht lohnt, ständig das Kapital für so große Vorhaben bereitzuhalten.

Von grundsätzlicher Bedeutung sind die folgenden Unterscheidungen:

Man unterscheidet *Eigenfinanzierung* und *Fremdfinanzierung*, je nachdem, ob dem Betrieb Eigenkapital oder Fremdkapital zugeführt wird.

*Eigenkapital* ist das vom Unternehmer oder den Gesellschaftern zur Verfügung gestellte Kapital, für das kein Anspruch auf festen Zins und Rückzahlung des Kapitalbetrages besteht, sondern für das dem Eigenkapitalgeber ein Anspruch auf den Erfolg (Gewinn), Mitwirkung bei der Geschäftsführung oder in beschließenden Organen der Gesellschaft und Teilnahme am Liquidationserlös eingeräumt wird. Es ist in der Regel dauerhaft dem Betrieb zur Verfügung gestellt, kann aber auch befristet oder kündbar sein. Ausscheidenden Eigenkapitalgebern steht beim Fortbestehen des Unternehmens in der Regel ein „Auseinandersetzungsguthaben" zu, das dem Anteil des Ausscheidenden am Wert des Unternehmens entspricht und besonders zu berechnen ist. Im Konkursfall ist das Eigenkapital verloren. Die Rechtsverhältnisse von Eigenkapitalgebern und Betrieb richten sich nach eigentums- und gesellschaftsrechtlichen Regelungen.

*Fremdkapital* wird dem Betrieb befristet zur Verfügung gestellt; danach ist der vereinbarte Betrag zurückzuzahlen. In der Regel wird ein fester Zins vereinbart, zu dem in seltenen Fällen noch eine Gewinnbeteiligung kommen kann. Eine Verlustbeteiligung kommt nicht vor. Fremdkapitalgeber haben in der Regel keine Mitwirkungsrechte bei Maßnahmen der Geschäftsführung und Beschlüssen von Organen der Gesellschaft. Meist werden besondere Sicherheiten verlangt, um die Erfüllung der Tilgungs- und Zinszahlungen zu gewährleisten. Für die Fremdfinanzierung gelten schuldrechtliche Regelungen, vor allem die Bestimmungen über Darlehen und Kauf (beim Lieferantenkredit).

Beide Kapitalarten können vom Betrieb gleichermaßen für seine Zwecke (z. B. Produktion und Absatz von Gütern in der Industrie) eingesetzt werden (*Arbeitsfunktion oder Einsatzfunktion des Kapitals*).

Zusätzlich übernimmt das Eigenkapital nach den gesetzlichen Vorschriften noch eine *Haftungs- oder Garantiefunktion* (vgl. zu den Funktionen von Eigenkapital und Fremdkapital [18, S. 35 f.]): es hat entstehende Verluste des Betriebes zu tragen. Erst wenn das Eigenkapital aufgezehrt ist, treffen Verluste die Fremdkapitalgeber. Daher erwarten die Gläubiger, daß jeder Kreditnehmer über ein angemessenes Eigenkapital verfügt; in der moderneren Terminologie wird oft ausdrücklich von „Risikokapital" gesprochen. Die Haftungsfunktion kann allerdings auch von Kapital getragen werden, das dem Betrieb zur Zeit nicht effektiv zur Verfügung steht (also die Einsatzfunktion nicht ausüben kann): haftendes Privatvermögen des Eigners oder von Gesellschaftern ist ebenfalls geeignet, die Kreditbasis des Betriebes zu verbreitern. Haftendes, aber noch nicht dem Betrieb zur Verfügung stehendes Kapital zeigt sich z. B. bei Kommanditgesellschaften durch übernommene und ins Handelsregister eingetragene Haftsummen von Kommanditisten, die höher sind als die geleisteten Einlagen, oder bei Kapitalgesellschaften durch die Bilanzposition „Ausstehende Einlagen", die Forderungen der Unternehmung gegenüber den Anteilseignern darstellen.

Nach der *Herkunft der Mittel* unterscheidet man verschiedene Arten der Kapitalbeschaffung. Bei *Außenfinanzierung* werden dem Betrieb neue Mittel „von außen", d. h. von Kapitalgebern zugeführt; bei *Innenfinanzierung* werden die neuen Mittel im Betrieb selbst (aus dem Umsatz) erwirtschaftet.

Die folgende Darstellung, Bild 2, verdeutlicht die Beziehungen dieser beiden Begriffspaare und führt weitere Unterbegriffe ein (vgl. hierzu [18, S. 33]).

Diese Übersicht stellt allerdings nicht das ganze Feld möglicher Finanzierungsmaßnahmen dar, da sie nur auf die Beschaffung von disponiblem Kapital beschränkt ist.

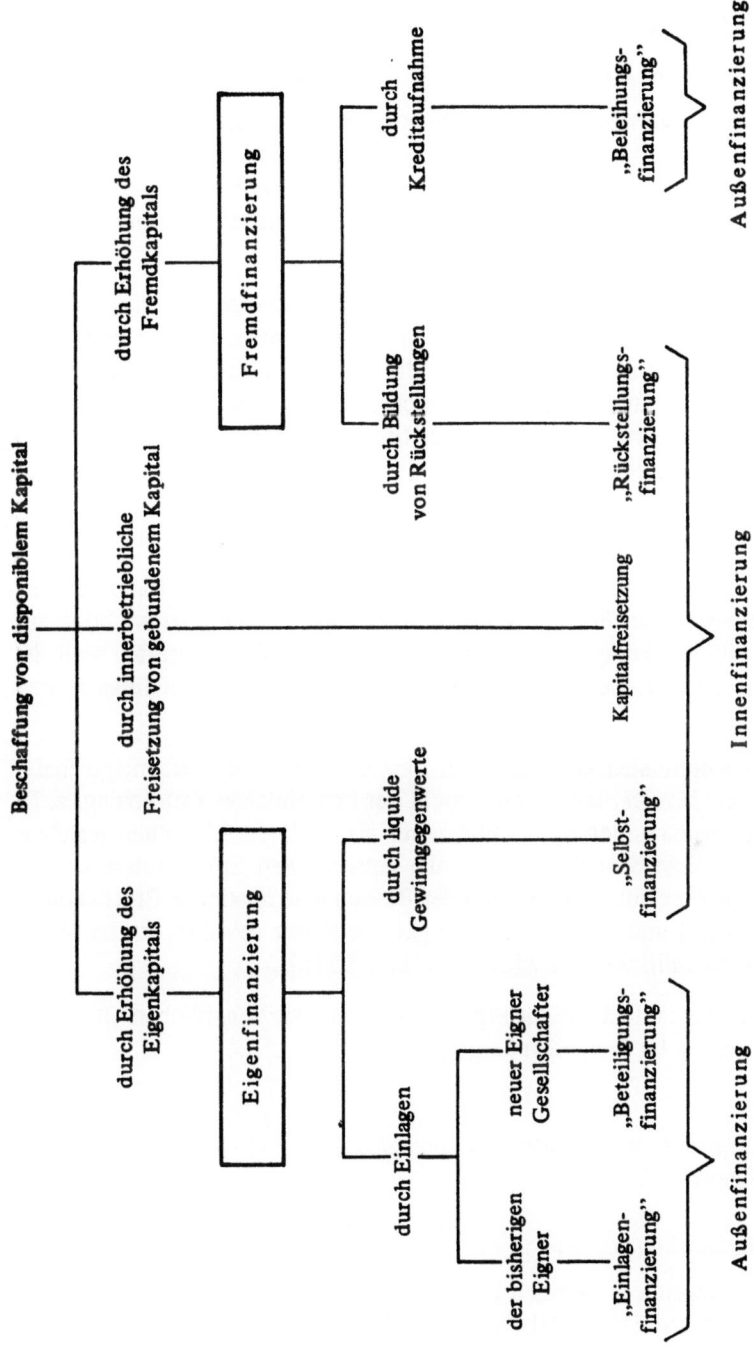

Bild 2. Beschaffung von disponiblem Kapital.

## 1.2. Das finanzwirtschaftliche Gleichgewicht

### 1.2.1. Allgemeine Überlegungen

Bei allen finanzwirtschaftlichen Dispositionen des Betriebes müssen zunächst stets die Auswirkungen auf die betriebliche Liquidität beobachtet werden, denn die Wahrung der Zahlungsfähigkeit ist eine wichtige Aufgabe der betrieblichen Finanzwirtschaft; Illiquidität führt zum Zusammenbruch des Betriebes.

Außer der Liquidität muß aber auch vom finanzwirtschaftlichen Bereich die oberste Zielsetzung des Betriebes beachtet werden, z. B. Gewinn- oder Rentabilitätsmaximierung, denn wie die Produktion und der Absatz eines Betriebes kann auch der Finanzbereich einen eigenen Beitrag zur Erreichung des Betriebszieles leisten. Das hat dazu geführt, daß man oft sogar von einem allgemeinen Spannungsfeld von Liquidität einerseits und Rentabilität andererseits spricht, innerhalb dessen alle finanzwirtschaftlichen Maßnahmen durchgeführt werden müssen.

Da die zu treffenden Entscheidungen dabei meist (wie auch alle anderen unternehmerischen Entscheidungen) unter Ungewißheit über wichtige zukünftige Entwicklungen oder wenigstens unter Risiko zu treffen sind, ist auch der Aspekt ausreichender Sicherheit der Unternehmensfinanzierung zu beachten.

Von einer optimalen Gestaltung im Finanzbereich kann dementsprechend erst gesprochen werden, wenn sowohl der betrieblichen Zielsetzung, z. B. Rentabilitätsmaximierung, genügt wird, als auch die Liquidität gesichert erscheint. Diese Situation, in der alle betrieblichen Erfordernisse an den Finanzbereich erfüllt sind, so daß der Betrieb eine maximale Eigenkapitalrendite erzielt und die Zahlungsfähigkeit jederzeit gesichert ist, heißt das *finanzwirtschaftliche Gleichgewicht* [18, S. 85 ff.].

Rentabilitäts- und Liquiditätsaspekte des finanzwirtschaftlichen Gleichgewichts werden im folgenden dargestellt.

*Frage 2:*
*Warum spricht man unter den angegebenen Bedingungen von einem „Gleichgewicht"?*

### 1.2.2. Rentabilitätsaspekte

Das grundlegende Phänomen bei der Betrachtung der Rentabilitätsaspekte ist der *Leverage-Effekt* (Hebelwirkungs-Effekt).

Wie kann es geschehen, daß die Rentabilität des Eigenkapitals, auf die es den Inhabern der Unternehmung ankommt, höher ist als die Rentabilität des Gesamtkapitals? Tabelle 1 zeigt den Zusammenhang.

Tabelle 1: Leverage-Effekt: Auswirkung der Verschuldung auf die Rentabilität des Eigenkapitals.

| 0 | 1 | 2 | | 3 | 4 | 5 | | 6 | 7 |
|---|---|---|---|---|---|---|---|---|---|
| Alternative Nr. | Gesamt- kapital | Bruttogewinn (Sachzins) | | Eigen- kapital | Fremd- kapital | Marktzins des Fremd- kapitals | | Rein- gewinn | Rentabilität des Eigen- kapitals |
| | | | absolut | | | | absolut | | |
| | DM | % | DM | DM | DM | % | DM | DM | % |
| 1 | 100 000 | 10 | 10 000 | 100 000 | – | – | – | 10 000 | 10,0 |
| 2 | 150 000 | 10 | 15 000 | 100 000 | 50 000 | 6 | 3000 | 12 000 | 12,0 |
| 3 | 200 000 | 10 | 20 000 | 100 000 | 50 000 | 6 | 3000 | | |
| | | | | | 50 000 | 8 | 4000 | 13 000 | 13,0 |
| 4 | 250 000 | 10 | 25 000 | 100 000 | 50 000 | 6 | 3000 | | |
| | | | | | 50 000 | 8 | 4000 | | |
| | | | | | 50 000 | 10 | 5000 | 13 000 | 13,0 |
| 5 | 300 000 | 10 | 30 000 | 100 000 | 50 000 | 6 | 3000 | | |
| | | | | | 50 000 | 8 | 4000 | | |
| | | | | | 50 000 | 10 | 5000 | | |
| | | | | | 50 000 | 12 | 6000 | 12 000 | 12,0 |

Der Betrieb arbeitet zunächst (Alternative 1) nur mit Eigenkapital; er erwirtschaftet dadurch einen Bruttogewinn oder Sachzins (Gewinn vor Abzug des Zinsaufwandes für das Fremdkapital) von 10 % des eingesetzten Kapitals (Rentabilität des Gesamtkapitals); da kein Zinsaufwand anfällt, weil kein Fremdkapital eingesetzt wird, entspricht der Reingewinn dem Bruttogewinn und beträgt, bezogen auf das Eigenkapital, ebenfalls 10 %. Rentabilität des Gesamtkapitals (Sachzins, Bruttorentabilität) und Eigenkapitalrentabilität sind also gleich. Werden nun zusätzlich 50 000,– DM Fremdkapital aufgenommen, das 6 % Zinsen (Marktzins für Fremdkapital) kostet, durch das aber wiederum 10 % Bruttogewinn (Sachzins) erwirtschaftet werden, so erhöht sich der Reingewinn; die Rentabilität des Eigenkapitals steigt auf 12 % (vgl. Alternative 2). Dieses Ansteigen der Eigenkapitalrentabilität über die Gesamtkapitalrentabilität hinaus auf Grund der Renditenspanne zwischen Sachzins und Marktzins nennt man Leverage-Effekt.

Die Maximierung der Eigenkapitalrentabilität verlangt also, daß der Betrieb zusätzliches Fremdkapital einsetzt, wenn der Marktzins geringer ist als der im Betrieb damit erwirtschaftete Sachzins. Durch Steigen der verlangten Marktzinsen (vgl. Tabelle 1), aber auch durch Sinken des erwirtschafteten Sachzinses können diese relevanten Größen sich einander nähern. Die höchste Eigenkapitalrentabilität wird erreicht, wenn der Marktzins für das zuletzt aufgenommene Fremdkapital (Grenzmarktzins) genau dem Sachzins dieses Kapitals (dem Grenzsachzins) entspricht (vgl. Alternative 4). Die im Beispiel bei zusätzlichen Aufnahmen von Fremdkapital steigenden Marktzinsen sind dadurch begründet, daß die Kreditgeber bei wachsendem Verschuldungsgrad wegen des damit steigenden höheren Kreditrisikos eine Risikoprämie verlangen. Steigende Zinssätze gibt es auch bei den Zinsen verschiedener Kreditarten, von denen der Betrieb zuerst die kostengünstigsten in Anspruch nimmt.

Allerdings wird die Ausnutzung des Leverage-Effektes u. U. schon vor dem Erreichen der maximalen Eigenkapitalrentabilität durch die Risikobereitschaft des Unternehmers begrenzt. Der Unternehmer muß vor der Aufnahme des Fremdkapitals die Höhe des damit künftig zu erwirtschaftenden Sachzinses für die gesamte Dauer der Fremdkapitalbeanspruchung einschätzen, damit er entscheiden kann, ob ein positiver Leverage-Effekt zu erwarten und daher die Aufnahme des Fremdkapitals günstig ist. Dabei birgt eine zu optimistische Einschätzung des zu erwartenden Sachzinses ein hohes Risiko, da der die Rentabilität des Eigenkapitals fördernde Effekt in das Gegenteil umschlägt, wenn der Sachzins zukünftig durch ungünstige Umstände unter den Marktzins des aufgenommenen Fremdkapitals sinkt. Solange das Fremdkapital nicht zurückgezahlt werden kann, verursacht es in diesem Fall höhere Zinsaufwendungen, als es Erträge in der Unternehmung des Kreditnehmers erwirtschaftet und zehrt so einen Teil des vom Eigenkapital erwirtschafteten Gewinns auf: die Rentabilität des Eigenkapitals sinkt dann unter die Rentabilität des Gesamtkapitals.

Die *Chancen und Risiken des Leverage-Effektes* sollen durch das folgende Beispiel, Tabelle 2, noch einmal deutlich gemacht werden. Dabei wird klar, daß es für die Stärke des Effektes auf die Größe der Renditedifferenz zwischen Sachzins und Marktzins und den Verschuldungsgrad (Verhältnis Fremdkapital : Eigenkapital) ankommt: mit Renditendifferenz und Verschuldungsgrad wächst die Stärke des Effektes.

Die Tabelle gibt darüber einen beispielhaften Überblick. Allerdings beschränkt sie sich auf den Fall, daß ein niedrigerer Sachzins eintritt als ursprünglich erwartet wurde und stellt deshalb nur die Risiken dar, die sich bei negativ werdender Renditedifferenz von Sachzins und Marktzins ergeben. Umgekehrtes gilt, wenn der effektive den erwarteten Sachzins über-

**Tabelle 2. Beispiel zum Leverage-Effekt des Fremdkapitals.**

| erwartete Gesamtrentabilität 10 % | | | | | Fremdkapitalzins 8 % | | |
|---|---|---|---|---|---|---|---|

| Kapitaleinsatz DM | tatsächlich eintretende Gesamtrentabilität | | Situation | | | | |
|---|---|---|---|---|---|---|---|
| | | | A 10 % | B 7,5 % | C 5,0 % | D 2,5 % | E 0 % |
| **Fall I** EK 10000,–  FK – | 1. Reingewinn | DM | 1000,– | 750,– | 500,– | 250,– | 0,– |
| | 2. Eigenkapitalrentabilität | % | 10 | 7,5 | 5 | 2,5 | 0 |
| | 3. Abweichung von der erwarteten Eigenkapitalrentabilität | % | – | ./. 25 | ./. 50 | ./. 75 | ./. 100 |
| **Fall II** EK 10000,–  FK 5000,– | 1. Reingewinn | DM | 1100,– | 725,– | 350,– | – 25,– | – 400,– |
| | 2. Eigenkapitalrentabilität | % | 11 | 7,25 | 3,5 | – 0,25 | – 4 |
| | 3. Abweichung von der erwarteten Eigenkapitalrentabilität | % | – | ./. 34,1 | ./. 68,2 | ./. 102,3 | ./. 136,4 |
| **Fall III** EK 10000,–  FK 10000,– | 1. Reingewinn | DM | 1200 | 700,– | 200,– | – 300,– | – 800,– |
| | 2. Eigenkapitalrentabilität | % | 12 | 7 | 2 | – 3 | – 8 |
| | 3. Abweichung von der erwarteten Eigenkapitalrentabilität | % | – | ./. 41,7 | ./. 83,3 | ./. 125,0 | ./. 166,7 |

steigt; es ergeben sich dann höhere Steigerungen der Rentabilität des Eigenkapitals. Positive Abweichungen sind bei sachgerechter Abschätzung des zu erwartenden Sachzinses ebenso wahrscheinlich, bei vorsichtiger Schätzung sogar wahrscheinlicher als negative Abweichungen. Andererseits sind negative Abweichungen u. U. wichtiger, da sie den Bestand der Unternehmung bedrohen können.

Das Beispiel geht davon aus, daß ein Betrieb eine Gesamtrentabilität (Sachzins) von 10 % erwartet und Fremdkapital zu 8 % aufnehmen kann, so daß eine positive Renditendifferenz von 2 % zu erwarten ist.

Es werden drei Verschuldungssituationen angenommen: Im Fall I arbeitet der Betrieb ausschließlich mit Eigenkapital, im Fall II wird zusätzlich Fremdkapital (FK : EK = 1 : 2) und im Fall III wird ebensoviel Fremdkapital eingesetzt wie Eigenkapital (Verschuldungsgrad I).

Die Auswirkungen verschiedener tatsächlich eintretender Sachzinssätze werden in den Situationen A bis E dargestellt.

In Situation A tritt die erwartete Gesamtrentabilität von 10 % tatsächlich ein; bei der Betrachtung der Fälle I, II und III in der Situation A zeigt sich die rentabilitätssteigernde Wirkung zunehmender Verschuldung bei positiver Renditenspanne: die Eigenkapitalrentabilität steigt von 10 % auf 11 bzw. 12 %.

Bei der Betrachtung der Situationen B bis E zeigt sich einmal der negative Leverage-Effekt, der sich ergibt, wenn durch Abweichungen von der erwarteten Gesamtrentabilität eine negative Renditenspanne entsteht (Situation B: - 0,5 %, Situation C: - 3 % usw.) und zum anderen die auch hier mit zunehmendem Verschuldungsgrad auftretende Steigerung der Wirkung. Beide Auswirkungen können sich mit zunehmendem Fremdkapitaleinsatz kumulieren, so daß sich im Fall III, Situation E, statt eines erwarteten Gewinnes von 12 % ein Verlust von 8 % ergibt.

In der Praxis bestehen erhebliche Schwierigkeiten, die Entwicklung der Gesamtkapitalrentabilität und des Marktzinses für die gesamte Dauer der Kapitalbindung durch eine Investition zuverlässig abzuschätzen. Vor allem günstige Konjunkturlagen und hohe Wachstumsraten veranlassen Betriebe oft zu hohen Verschuldungsgraden, um die sich bietenden Gewinnchancen mit Hilfe der Fremdfinanzierung zu nutzen. Bei verschlechterter Wirtschaftslage werden oft gerade diese vorher besonders gewinnbringenden Unternehmen durch die hohe Zinslast und den eintretenden negativen Leverage-Effekt in ihrer Existenz gefährdet.

*Frage 3:*
*Von welchen Hauptfaktoren hängen Gesamtkapitalrentabilität und Marktzins ab? Welche Größen sind besonders schwer zu prognostizieren?*

## 1.2.3. Liquiditätsaspekte

Der Begriff Liquidität ist keineswegs so eindeutig, wie man es bei seiner Wichtigkeit annehmen sollte. Je nach der Betrachtung und den zur Verfügung stehenden Informationen unterscheidet man wenigstens drei spezielle Liquiditätsbegriffe, die zunächst dargestellt werden sollen, Bild 3.

Bei einer ersten Vorgehensweise werden die Vermögensgegenstände (meist auf Grund einer Bilanz) nach ihrer zeitlichen Liquidierbarkeit, ihrer Geldnähe, geordnet und zu Gruppen zusammengefaßt (graduelle Liquidität).

Dabei besteht die erste Gruppe (Liquidität ersten Grades) aus den liquiden Mitteln, also Kassenbestand, Sichteinlagen bei Kreditinstituten, Postscheckguthaben usw.

Eine weitere Gruppe umfaßt die im Zeitablauf kurzfristig liquidierbaren Vermögensbestandteile, darunter diskontfähige Besitzwechsel, kurzfristige Forderungen usw. Dabei wird davon ausgegangen, daß der Betriebszweck unverändert verfolgt wird, der Betrieb also seine Kapazität nicht vermindert. Bei einer Kapazitätsverringerung könnten u. U. Rohstoffe schneller liquidierbar sein als Fertigfabrikate, während sie im Normalfall zunächst noch in Fertigfabrikate umgewandelt werden müßten.

Entsprechend werden weitere Gruppen gebildet: in der letzten finden sich die am schwersten liquidierbaren bzw. nicht liquidierbaren Vermögensteile.

Da bei diesem graduellen Liquiditätsbegriff Liquidität als Eigenschaft von bestimmten Vermögensteilen aufgefaßt wird, die ihre zeitliche Geldnähe ausdrückt, kann auf Grund dieses Begriffes nichts über die Zahlungsfähigkeit des Betriebes ausgesagt werden. Dazu fehlt es an der Gegenüberstellung mit dem Bedarf an liquiden Mitteln, der sich aus den bestehenden Zahlungsverpflichtungen ergibt. Trotzdem wird der Bestand an liquiden Mitteln oft als Maß für die betriebliche Liquidität angegeben, vor allem bei Bilanzbesprechungen in der Presse.

Bei anderen Definitionen wird die Liquidität als Eigenschaft des Betriebes angesehen: als Fähigkeit, die Zahlungsverpflichtungen zu erfüllen.

Zur Ermittlung der *statischen Liquidität* wird eine Gegenüberstellung von liquiden Mitteln und Verbindlichkeiten vorgenommen. Dabei werden, meist wiederum auf der Basis einer Bilanz, vor allem die sofort fälligen Verbind-

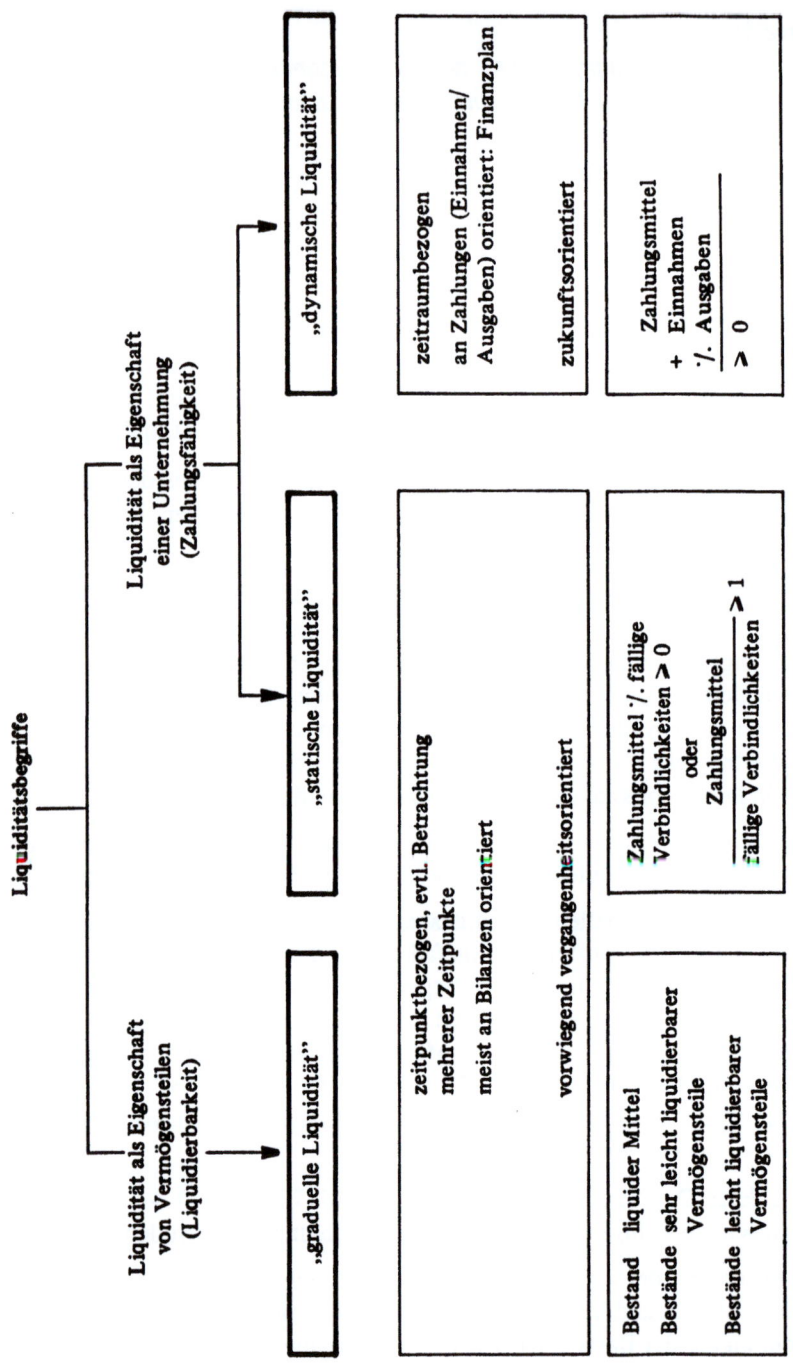

Bild 3. Liquiditätsbegriffe und Liquiditätsermittlung.

lichkeiten und die verfügbaren Zahlungsmittel (Liquidität ersten Grades, wie oben dargestellt) einander gegenübergestellt. Reichen die Zahlungsmittel aus, die sofort fälligen Verbindlichkeiten zu begleichen, gilt der Betrieb als liquide:

Zahlungsmittel $\cdot$/. sofort fällige Verbindlichkeiten $\geq 0$

oder $\dfrac{\text{Zahlungsmittel}}{\text{sofort fällige Verbindlichkeiten}} \geq 1.$

Die letzte (häufiger benutzte) Relation heißt Liquiditätskennziffer oder Deckungsrelation. Je nach der angestrebten Sicherheit wird man die Liquidität von 1 oder von etwas über 1 (Sicherheitsreserve) als optimal ansehen. Eine Maximierung der Liquidität ist nicht sinnvoll, da Liquidität nicht Ziel des Betriebes, sondern nur notwendige Bedingung für dessen Existenz ist.

Durch Ermittlung der statischen Liquidität lassen sich allerdings nur Erkenntnisse über die Zahlungsfähigkeit zu einem bestimmten Zeitpunkt gewinnen, während es in den meisten Fällen darauf ankommt, Aussagen über einen zukünftigen Zeitraum zu gewinnen.

Im Rahmen statischer Liquiditätsmessung kann darüber nur etwas gesagt werden, wenn eine Gegenüberstellung der nach der Liquidierbarkeit geordneten Vermögensteile und der nach der Fälligkeit geordneten Schulden gemacht wird, etwa nach folgendem Schema:

$$\text{Liquidität am Stichtag} = \dfrac{\text{Zahlungsmittel}}{\text{sofort fällige Verbindlichkeiten}}$$

$$\text{kurzfristige Liquidität} = \dfrac{\text{Zahlungsmittel + jederzeit liquidierbare Vermögensteile (z. B. ,,sonst. Wertpapiere'' des Umlaufvermögens)}}{\text{sofort fällige Verbindlichkeiten}}$$

$$\text{mittelfristige Liquidität} = \dfrac{\text{Zahlungsmittel + jederzeit liquidierbare Vermögensteile + kurz- und mittelfristig liquidierbare Vermögensteile (z. B. fällige Forderungen, leichtverkäufliche Vorräte)}}{\text{sofort fällige + kurz- und mittelfristige Verbindlichkeiten.}}$$

Auch eine solche komparativ-statische Liquiditätsanalyse hat jedoch viele Mängel, vor allem, wenn sie auf Bilanzen aufgebaut ist. Aus Bilanzpositionen kann nämlich nur sehr bedingt auf die Verfügbarkeit von Zahlungsmitteln und auf Zahlungsverpflichtungen geschlossen werden. Vor allem enthalten Bilanzen nur die bilanzierungsfähigen Vermögens- und Schuldpositionen des Betriebes, nicht aber *alle* Grundlagen für Einnahmen und Ausgaben des Betriebes. So fehlen z. B. in der Bilanz Angaben über schwebende Geschäfte, Kreditzusagen und Angaben über geplante Ausgaben ohne Rechtsverpflichtung wie Investitionen, aber auch über Lohnzahlungen, Steuertermine usw.

Außerdem kann aus Bilanzanalysen nur sehr ungenau auf Höhe und Fälligkeitstermin von Verbindlichkeiten geschlossen werden, so daß auch bilanzierte Positionen die Zahlungswirkungen nur ungenau angeben. So ist die Angabe der Verbindlichkeiten mit einer Restlaufzeit bis zu einem Jahr nach § 268 Abs. 5 HGB, mit einer Restlaufzeit von mehr als fünf Jahren nach § 285 HGB in Bilanz bzw. Anhang nur bei Kapitalgesellschaften vorgeschrieben; nähere Angaben sind meist nicht verfügbar.

Der vor allem bei Bilanzanalysen verwendete statische Liquiditätsbegriff, der an Vermögens- und Schuldpositionen anknüpft, ist daher vom Ansatz her nur bedingt brauchbar. Vermögens- und Schuldpositionen sind nur eine der möglichen Basen für die Ermittlung künftiger Einnahmen und Ausgaben, daneben aber gibt es Zahlungsvorgänge, die nicht aus ihnen entstehen, sondern nur auf Verträge, Pläne und Absichten der Betriebsleitung zurückgehen.

Ein Liquiditätsbegriff muß deshalb, wenn er alle Anforderungen erfüllen soll, direkt von den (geplanten) Einnahmen und Ausgaben ausgehen und diese für einen zukünftigen Zeitraum betrachten.

Die *dynamische Liquidität* ist diese allen Anforderungen genügende Interpretation des Liquiditätsbegriffs.

Die dynamische Liquidität ist gesichert, wenn alle vorgesehenen Ausgaben durch den Zahlungsmittelbestand und die Einnahmen des Betriebes gedeckt sind, d. h. wenn zu jedem zukünftigen Zeitpunkt gilt:

Zahlungsmittel + Einnahmen ·/. Ausgaben $\geq 0$.

Die dynamische Liquidität kann nicht an Hand einer Bilanz oder einer ähnlichen Vermögensdarstellung ermittelt werden, sondern ergibt sich aus dem *Finanzplan*, der systematischen Darstellung der erwarteten Einnahmen und Ausgaben des Betriebes.

Außer diesen Fassungen des Begriffs Liquidität findet sich eine andere nützliche Unterscheidung: aktuelle und strukturelle Liquidität. Während *aktuelle Liquidität* die effektive Zahlungsfähigkeit bezeichnet, auf die es hauptsächlich ankommt, bezeichnet man als *strukturelle Liquidität* in einer längerfristigen Betrachtungsweise die gesunde Finanzierungs- (und Bilanz-) Struktur, die eine Zahlungsfähigkeit des Betriebes erwarten läßt. Bei guter struktureller Liquidität können im Einzelfall auftretende Liquiditätsstörungen meist überwunden werden, da wegen der soliden Finanzierungsrelationen und Bilanzstrukturen eine weitere Fremdmittelbeschaffung möglich ist.

*1.2.4. Die Bedeutung traditioneller Finanzierungsregeln*

Die traditionellen Finanzierungsregeln beziehen sich auf bestimmte Relationen von Vermögen und Kapital; weil nur ein Teil der Einnahmen und Ausgaben durch Vermögens- und Kapitalbestände bedingt ist, können sie die dynamische Liquidität allein nicht sichern. Dennoch haben sie eine erhebliche praktische Bedeutung, da vielfach auf ihre Einhaltung geachtet werden muß, um die Kreditwürdigkeit nicht zu gefährden. Deshalb sollen die wichtigsten Regeln, aber auch die dagegen erhobenen Argumente, hier dargestellt werden.

Die *goldene Finanzierungsregel* (Fristentsprechungsregel) fordert, daß bei jeder Finanzierung die Kapitalüberlassungsdauer (Fristigkeit des aufgenommenen Kapitals) mindestens gleich der Kapitalbindungsdauer (Umschlagsdauer des damit beschafften Vermögensteiles) ist. Auch bei Wahrung dieser Fristentsprechung ist jedoch die Liquidität des Betriebes bei Aufrechterhaltung der Betriebsbereitschaft nicht gesichert: erstens können Verluste eintreten, so daß nicht der volle investierte Kapitalbetrag wieder freigesetzt und zurückgezahlt werden kann, und zweitens muß, wenn für ein verbrauchtes Vermögensteil Ersatzbedarf besteht, unterstellt werden, daß die Finanzierung des Ersatzgegenstandes durch Prolongation des alten oder durch Beschaffung von neuem Kapital (Substitution) gesichert ist, da sonst die Betriebsbereitschaft nicht unvermindert aufrechterhalten werden könnte. Aus dem zum Ende der Kapitalbindungsdauer wieder freigesetzten Kapital kann entweder nur der alte Kredit getilgt oder die Ersatzbeschaffung bezahlt werden.

Wenn man aber Verlustfreiheit und Substitutions- oder Prolongationsmöglichkeiten von Krediten unterstellt, ist auch bei einer gegen die Fristentsprechungsregel verstoßenden kurzfristigen Finanzierung die Liquidität noch gesichert; die kurzfristige Finanzierung würde allerdings die Risiken erhöhen, da oft Anschlußfinanzierungen nötig werden.

Die *goldene Bilanzregel* basiert ebenfalls auf dem Fristentsprechungsgedanken; sie fordert, daß das Anlagevermögen durch Eigenkapital oder durch langfristiges Eigen- und Fremdkapital gedeckt sein soll. Andere Formulierungen beziehen sogar die dauerhaft gebundenen Mindestbestände des Umlaufvermögens in diese Forderung ein.

Durch das Anknüpfen an bilanzielle Begriffe soll offenbar die Einhaltung der fristentsprechenden Finanzierung leichter überprüfbar gemacht werden. Zusätzlich zu den genannten Mängeln des Fristentsprechungsdenkens kommt jedoch dabei die weitere Fehlerquelle, daß von Bilanzpositionen auf die Fristigkeit der Vermögensbindung und der Kapitalüberlassung geschlossen wird: abschreibbares Anlagevermögen und entbehrliche Teile des Anlagevermögens können aber durchaus kurzfristige Mittelbindung verursachen, während erhebliche Teile des Umlaufvermögens langfristig gebunden sind; andererseits kann auch Eigenkapital und langfristiges Fremdkapital in Kürze zurückzahlbar sein, wenn eine Kündigung erfolgt ist.

Um eine „gesunde" Finanzierungsstruktur zutreffend konkretisieren zu können, muß vielmehr eine geeignete Aufgliederung des Vermögens erarbeitet werden, die die spezielle Zweckbestimmung der Vermögensteile berücksichtigt.

Dazu schlägt *Vormbaum* [18, S. 117 ff.] folgende Einteilung vor:

a) dem ursprünglichen Betriebszweck dienendes Vermögen (betriebszweckgebundenes Vermögen) und

b) anderen Zwecken dienendes Vermögen (betriebszweckfremdes Vermögen, Nebenzwecken dienendes Vermögen).

Außerdem spaltet er das betriebszweckgebundene Vermögen in „kapazitätsgebundenes Vermögen", „kapazitätsorientiertes Reservevermögen" und „kapazitätsorientiertes Erweiterungsvermögen" auf, weil die verschiedenen Vermögensgruppen unterschiedlich wichtig für die Fortführung des Betriebes sind.

Die Fristigkeit und die Sicherheit der Finanzierung des Vermögens muß sich am Risiko einer zu kurzfristigen Finanzierung orientieren.

Das *kapazitätsgebundene Vermögen* umfaßt das ständig der betrieblichen Leistungserstellung dienende Anlage- und Umlaufvermögen. Weil es sich um die für den Betrieb wichtigste Vermögensgruppe handelt, ist bei der Finanzierung größter Wert auf Sicherheit zu legen und dauerhaft zur Verfügung stehendes Eigenkapital oder mindestens langfristiges Fremdkapital zu verwenden.

Lediglich soweit das gebundene Kapital bald wieder durch regelmäßige Abschreibung freigesetzt wird, ist eine kurz- oder mittelfristige Finanzierung in Höhe der jeweils in den Umsätzen gedeckten Abschreibungen (Abschreibungsgegenwerte) vertretbar.

Das *kapazitätsorientierte Reservevermögen* besteht aus den Teilen des Anlage- und Umlaufvermögens, die in den Leistungsprozeß eingeschaltet werden, wenn der Einsatz von Teilen des kapazitätsgebundenen Vermögens durch Störungen verhindert wird. Deshalb würde eine aus finanzwirtschaftlichen Gründen erzwungene Verminderung oder Liquidation derartiger Vermögensteile den Betriebsprozeß nur beeinträchtigen, wenn eine Störung eintritt und solange diese fortbesteht.

Entsprechend der jeweiligen Bedeutung der Reservegüter ist teils eine langfristige Finanzierung, teils auch nur eine Finanzierung bei Bedarf aus einem unausgenutzten Kreditspielraum möglich. Ein freier Kreditspielraum bietet sich zugleich für die Reservehaltung in liquiden Mitteln an, da er nur eine eventuelle Bereitstellungsprovision und nicht schon Zinsaufwand verursacht.

Das *kapazitätsorientierte Erweiterungsvermögen* wird gehalten, um die Möglichkeit von Kapazitätsausweitungen offen zu halten. Ein typisches Beispiel bilden Vorratsgrundstücke in günstiger Lage zum bisherigen Betrieb. Oft wird man das Finanzierungsrisiko gering halten und langfristig finanzieren. Kurzfristige Finanzierung bringt jedoch nicht so hohe Risiken mit sich wie bei den vorgenannten Vermögensgruppen, so daß gegebenenfalls eine kurzfristige und risikoreichere Finanzierung ausreichen kann.

Bei der Finanzierung des *betriebszweckfremden Vermögens* stehen Rentabilitätsgesichtspunkte stark im Vordergrund; es genügt für die Liquidität des Betriebes, daß der Vermögensgegenstand während der jeweiligen Restlaufzeit des verwendeten Kapitals notfalls liquidiert werden kann. Die Gefahr von Verlusten, die bei plötzlicher Liquidation auftreten können, muß berücksichtigt werden, wenn die bei Anlageentscheidungen über solche Vermögensgegenstände ganz im Vordergrund stehende Rentabilität des Engagements beurteilt wird.

Jede Abweichung von der grundsätzlichen Forderung nach langfristiger Finanzierung hat sich also an den Gefahren zu orientieren, die mit einer vorzeitigen Liquidation zur Rückzahlung des Kapitals verbunden sind.

*Frage 4:*
*Wie ist die Durchführbarkeit einer solchen Aufgliederung des Vermögens zu beurteilen?*

Obwohl die traditionellen Finanzierungsregeln, z. B. die „Fristentsprechungsregel" für Finanzierung von Investitionen und die „goldene Bilanzregel" die Liquidität nicht sichern, haben sie große praktische Bedeutung; bei ihrer Beachtung gilt die Finanzierung als solide („strukturelle Liquidität"!), wodurch die Kreditwürdigkeit günstig beurteilt wird. Entsprechendes gilt für die Einhaltung bestimmter Relationen von Fremd- und Eigenkapital, die allerdings nicht zu starr festgelegt werden können (1 : 1 Regel, 2 : 1 Regel usw.), sondern von der Branche und anderen Merkmalen des Betriebes abhängig sind: die Beachtung dieser konventionellen Relationen gilt als Zeichen seriöser Finanzierung.

### 1.3. Der Kapitalbedarf

Jeder Betrieb benötigt, um arbeiten zu können, bestimmte Anlagen, Rohstoffe und andere Materialien und hält in der Regel auch Läger seiner unfertigen und fertigen Erzeugnisse; dazu kommt ein gewisser notwendiger Kassen- und Forderungsbestand, ohne den in der Realität kein Betrieb auskommt.

Für den Aufbau dieser Bestände wird Kapital investiert, das erst dann wieder endgültig freigesetzt wird, wenn der Betrieb aufgelöst und alle seine Vermögensgegenstände liquidiert werden. Während der Zeit bis zur Liquidation ist das Kapital im Betrieb gebunden, d. h. die notwendigen Ausgaben[1]) zur Beschaffung des betrieblichen Vermögens haben noch nicht wieder zu Einnahmen geführt, durch die die Vermögensteile wieder in Geld zurückverwandelt wurden.

Die Bestimmung des für einen Betrieb nötigen Kapitals, also die *Ermittlung des Kapitalbedarfs*, ist eine wichtige Teilaufgabe der Finanzwirtschaft.

Bevor die Methoden zur Ermittlung des Kapitalbedarfs dargestellt werden, sollen kurz die wichtigsten Faktoren, die die Höhe des Kapitalbedarfs beeinflussen, genannt werden. Dazu gehören das vorgesehene *Produktionsprogramm* und die *Betriebsgröße*. Beide beeinflussen unmittelbar die Höhe der nötigen Ausgaben für Anlagen und andere benötigte Produktionsfaktoren. Daneben sind vor allem die *Beschäftigung*, die *Prozeßgeschwindigkeit* und die *Struktur der betrieblichen Prozesse* von Bedeutung, da sie Einfluß auf die Menge der jeweils im Produktionsprozeß befindlichen Güter nehmen; auch das *Preisniveau* ist von wesentlichem Einfluß, weil es bei nach

---

1) Die Bezeichnungen Ausgaben und Einnahmen werden hier im Sinne von Geldbewegungen verwendet; vgl. „Grundlagen und Grundbegriffe der Betriebswirtschaftslehre" [1, S. 35 ff.]. In anderen Literaturquellen werden für diese Zahlungsvorgänge zunehmend die Bezeichnungen „Auszahlungen" und „Einzahlungen" verwendet.

Art und Menge gegebenem Bedarf an Gütern die Höhe der nötigen Ausgaben bestimmt.

Alle diese Faktoren haben Einfluß auf die Höhe der nötigen Ausgaben und den Zeitraum bis zum Rückfluß von Teilen der investierten Mittel in Form von Umsatzeinnahmen.

Der *Kapitalbedarf ist allgemein definiert durch den Betrag der kumulierten Ausgaben abzüglich der bis dahin erzielten kumulierten Einnahmen des Betriebes*, die durch den Betriebsprozeß bedingt sind (also z. B. ohne Einnahmen aus Kapitalzuführung durch den Eigner).

Die Entstehung und die jeweilige Höhe des Kapitalbedarfs hängt also von den betriebsbedingten Ausgaben und den betriebsbedingten Einnahmen ab und kann wie folgt graphisch verdeutlicht werden, Bild 4:

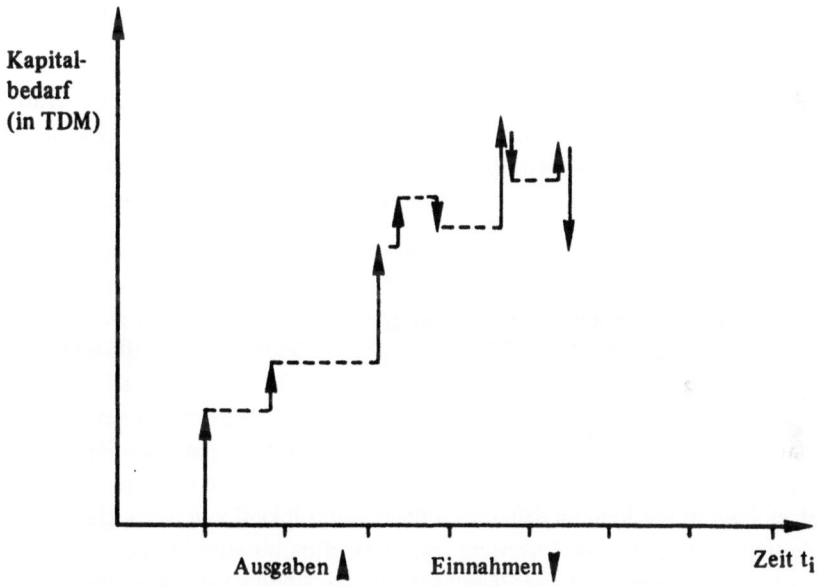

Bild 4. Kapitalbedarf als Funktion von Ausgaben und Einnahmen im Zeitablauf.

Der *Kapitalbedarf ist daher eine zeitpunktbezogene Größe*; er ändert sich durch jede betriebliche Einnahme bzw. Ausgabe.

Für die Finanzierung ergibt sich aber die Notwendigkeit, neben der gesamten Höhe des Kapitalbedarfs auch die Frist, für die der entsprechende Bedarf besteht (und die genauen Termine) sowie den bereits gedeckten

Betrag zu betrachten: steigt der Kapitalbedarf über den bisher bestehenden und gedeckten Betrag hinaus an, so entsteht ein *Finanzbedarf*; darunter versteht man den zusätzlichen Kapitalbedarf. Der *Finanzbedarf ist nach Höhe, Dauer (und Termin) zu bestimmen*, um ihn durch Finanzierungsmaßnahmen angemessen decken zu können.

Aufgrund der engen Beziehungen von Kapitalbedarf und Finanzbedarf wird normalerweise nicht zwischen den Verfahren zu ihrer Bestimmung unterschieden; es wird allgemein von der Bestimmung des Kapitalbedarfs gesprochen.

Die zur Verfügung stehenden Verfahren zur Ermittlung des Kapitalbedarfs gehen meist von einer Unterscheidung nach Anlage- und Umlaufkapitalbedarf aus, da sich der Anlagekapitalbedarf nur längerfristig verändert, während der Umlaufkapitalbedarf stärker von der zeitlichen Struktur der Ausgaben und Einnahmen abhängt.

Zur Ermittlung des Kapitalbedarfs gibt es Schätzverfahren, mit deren Hilfe eine erste Vorstellung entwickelt werden kann, welcher Betrag bei Gründung oder Erweiterung eines Betriebes aufzubringen ist. Auch bei diesen Schätzverfahren wird nach Anlage- und Umlaufkapitalbedarf unterschieden.

Der Anlagekapitalbedarf ergibt sich danach aus dem Investitionsplan. Zur Ermittlung des Umlaufkapitalbedarfs kann man den Betrag des voraussichtlich benötigten Umlaufvermögens schätzen oder die einzelnen Beschaffungsmaßnahmen für Produktionsfaktoren zugrunde legen. Dazu stellt man zunächst die durchschnittlichen täglichen Ausgaben für den normal arbeitenden Betrieb fest; würden mit diesen Ausgaben morgens Rohstoffe eingekauft, im Laufe des Tages das Produkt fertiggestellt und noch am gleichen Tag gegen Barzahlung verkauft, wäre der Umlaufkapitalbedarf gleich den Ausgaben für einen Tag. In der Realität dauert es jedoch vom Einkauf von Roh-, Hilfs- und Betriebsstoffen über die Lagerung und Produktion bis zum Verkauf und Eingang des Kaufpreises längere Zeit, während der ständig neue Ausgaben nötig sind, um den Betrieb aufrechtzuerhalten. Entsprechend müssen bei der Ermittlung des Umlaufkapitalbedarfs die durchschnittlichen täglichen Ausgaben mit der Anzahl der Tage multipliziert werden, die der Betrieb benötigt, bis die Ausgaben für Produktionsmittel usw. wieder zu Einnahmen geführt haben (Umschlagsdauer des Umlaufvermögens).

Danach kann der Betrieb (in diesem einfachen Modell) die Ausgaben des folgenden Tages aus den Einnahmen für die verkaufte Produktion decken, so daß der Kapitalbedarf von da an konstant bleibt.

Die entsprechende Formel lautet:

Kapitalbedarf = Anlagekapitalbedarf + ø Tagesausgaben x Umschlagsdauer des Umlaufvermögens.

Wie jede Faustformel liefert auch diese nur einen Anhaltspunkt für den Kapitalbedarf, vor allem, weil durchschnittliche Tagesausgaben und Umschlagsdauer des Umlaufvermögens bei der komplexen Struktur betrieblicher Prozesse nicht ausreichend genau zu bestimmen sind, bevor eigene Erfahrungen aus dem laufenden Betrieb vorliegen.

Ein genaueres Verfahren zur Bestimmung des Kapitalbedarfs muß außerdem die Tatsachen berücksichtigen, daß der Kapitalbedarf ständig in gewissen Grenzen schwankt, was sich aus der Struktur der Einnahmen- und Ausgabenreihen ergibt, und daß der Anlagekapitalbedarf genau genommen nicht von Anfang an in voller Höhe besteht und danach konstant bleibt, sondern während der Anlagenerstellung langsam auf die volle Höhe anwächst und während der Abschreibungsdauer langsam wieder absinkt.

Ein solches genaues Verfahren zur Kapitalbedarfsermittlung ist der Finanzplan; da der Finanzplan eine systematische Darstellung aller Einnahmen und Ausgaben des Betriebes ist, ergibt sich aus ihm der in der jeweiligen Planungsperiode entstehende Kapitalbedarf als Überschuß der Ausgaben über die Einnahmen. Gleichzeitig ist der Finanzplan ein wichtiges Instrument der Liquiditätsanalyse, da er jeweils auch genaue Erkenntnisse über die Zeitpunkte des Entstehens von zusätzlichem Kapitalbedarf und von Liquiditätsengpässen oder -überschüssen ermöglicht.

Zur Errechnung des Kapitalbedarfs ist ein Finanzplan allerdings vorwiegend für den Umlaufkapitalbedarf sinnvoll, da der Anlagekapitalbedarf sich auch einfacher ausreichend genau bestimmen läßt. Zur Liquiditätsplanung ist allerdings auch während der Errichtung der Anlagen ein Finanzplan zu empfehlen.

Die Aufstellung eines Finanzplanes sowie sein Einsatz zur Ermittlung des Umlaufkapitalbedarfs und der Liquidität soll durch das folgende Beispiel erläutert werden; dabei werden allerdings nur betrieblich bedingte Ausgaben und Einnahmen berücksichtigt, so daß der entstehende betriebliche Finanzplan evtl. noch um einen Finanzplan ergänzt werden müßte, der Zahlungen aufgrund außerordentlicher Vorgänge enthält.

Dem Beispiel liegen folgende Annahmen zugrunde:

Der Betrieb ist in der Anlaufphase; die Produktion beginnt in der zweiten betrachteten Woche, die erste Woche dient der Arbeitsvorbereitung, Materialbeschaffung usw. Es werden nur einige wichtige Ausgabearten geplant, die als

Beispiel ausreichen; die Numerierung der folgenden Angaben entspricht der im Finanzplan-Schema. Im Gegensatz zu den laufenden betrieblichen Finanzplänen, die mit den vorhandenen Anfangsbeständen an Zahlungsmitteln und der Einnahmen-Planung beginnen, wird hier die Ausgaben-Planung an den Anfang gestellt; das ist bei Finanzplänen zur Kapitalbedarfsermittlung sinnvoll, da es der zeitlichen Reihenfolge von Ausgaben und Einnahmen infolge der betrieblichen Prozesse eher entspricht.

Das Finanzplanschema verdeutlicht die Zusammenhänge anhand weniger Angaben, ohne alle Feinheiten realistisch aufzuzeigen (1 Monat = 4 Wochen).

I. Ausgaben:

a) Mitte der ersten Woche treffen 200 Einheiten Material ein, die für eine Produktion von 4 Wochen (200 Produkteinheiten) ausreichen; diese erste Lieferung umfaßt außerdem 20 Einheiten zum Aufbau eines Eisernen Bestandes. Der Preis ist 500,- DM je Einheit; es werden 3 % Skonto bei Zahlung innerhalb von 14 Tagen gewährt, anderenfalls Zahlung innerhalb von 8 Wochen. Beanspruchung des Zahlungszieles ist vorgesehen. Daher ergibt sich eine Ausgabe für die Materiallieferung von 110 000,- DM am Ende der 8. Woche.

b) Die wöchentlichen Lohnzahlungen betragen

| brutto | 25 000,- DM |
|---|---|
| './. Steuern und Sozialabgaben | 5 000,- DM |
| netto | 20 000,- DM |

c) Die monatlichen Gehaltszahlungen betragen

| brutto | 12 500,- DM |
|---|---|
| './. Steuern und Sozialabgaben | 2 500,- DM |
| netto | 10 000,- DM |

d) Monatlich sind demnach an Steuern und Sozialabgaben

22 500,- DM (4 x 5 000,- DM + 2 500,- DM)

abzuführen. Der Zahlungstermin stimme mit der Gehaltsauszahlung überein.

e) Sonstige Ausgaben von wöchentlich 2 500,- DM fallen an.

II. Einnahmen:

Aufgrund der Produktionsverhältnisse (und um eine einfachere Struktur des Beispiels zu sichern) werden alle Produkte einer Produktionsperiode gleichzeitig am Ende der Produktionsperiode fertig.
Die durchschnittliche Lagerzeit der fertigen Produkte beträgt eine Woche. Anschließend werden die Produkte zum Preise von 1 250,– DM pro Einheit verkauft.

a) Die Hälfte der Kunden zahlt nach zwei Wochen unter Inanspruchnahme von 2 % Skonto
(also 100 Einh. x 1 250,– DM/E x 0,98 = 122 500,– DM).

b) Die andere Hälfte zahlt nach vier Wochen ohne Abzug
(100 Einh. x 1 250,– DM/E = 125 000,– DM).

Nach der Eintragung der Zahlungen in das Schema des Finanzplanes, Tabelle 3, kann nach der Formel

Kapitalbedarf = kumulierte Ausgaben ·/. kumulierte Einnahmen

der jeweilige Kapitalbedarf ermittelt werden. Er steigt von der ersten bis zur siebten Woche entsprechend den kumulierten Ausgaben, da noch keine Einnahmen anfallen, und erreicht dann, nachdem auch die erste Einnahme eingegangen ist, Ende der neunten Woche das Maximum von 255 000,– DM; dies ist der (maximale) Kapitalbedarf für das Umlaufvermögen. Der Betrag von 255 000,– DM kann in der ersten Woche bereitgestellt oder während der ersten neun Wochen in Teilbeträgen, die dem Anwachsen des Kapitalbedarfs (dem jeweiligen Finanzbedarf) entsprechen, aufgebracht werden. Von der zehnten Woche an liegt der Kapitalbedarf stets unter 255 000,– DM, schwankt jedoch relativ stark, was durch die Struktur der Zahlungsreihen zu erklären ist. Gemessen am Spitzenbedarf von 255 000,– DM entstehen von der zehnten Woche an Kapitalüberschüsse von schwankender Höhe, von denen am Ende jeder Produktions- und Umschlagsperiode 25 000,– DM dauerhaft freigesetzte Beträge sind; dabei handelt es sich um den *Cash flow*, der in diesem Beispiel als Differenz zwischen den Einnahmen aus einer Produktionsperiode und den verrechneten ausgabewirksamen Kosten ermittelt wird. Über die freigesetzten Beträge ist jeweils entsprechend der betrieblichen Zielsetzung zu disponieren. Eine mögliche Disposition könnte in der Rückzahlung des zunächst aufgenommenen Kapitals gesehen werden.

Mit Hilfe des Beispiels kann man außerdem leicht erkennen, daß der Kapitalbedarf in der Regel sinkt, wenn die Einnahmen durch Verkürzung der Produk-

Tabelle 3. Alle Größen in tausend DM (TDM).

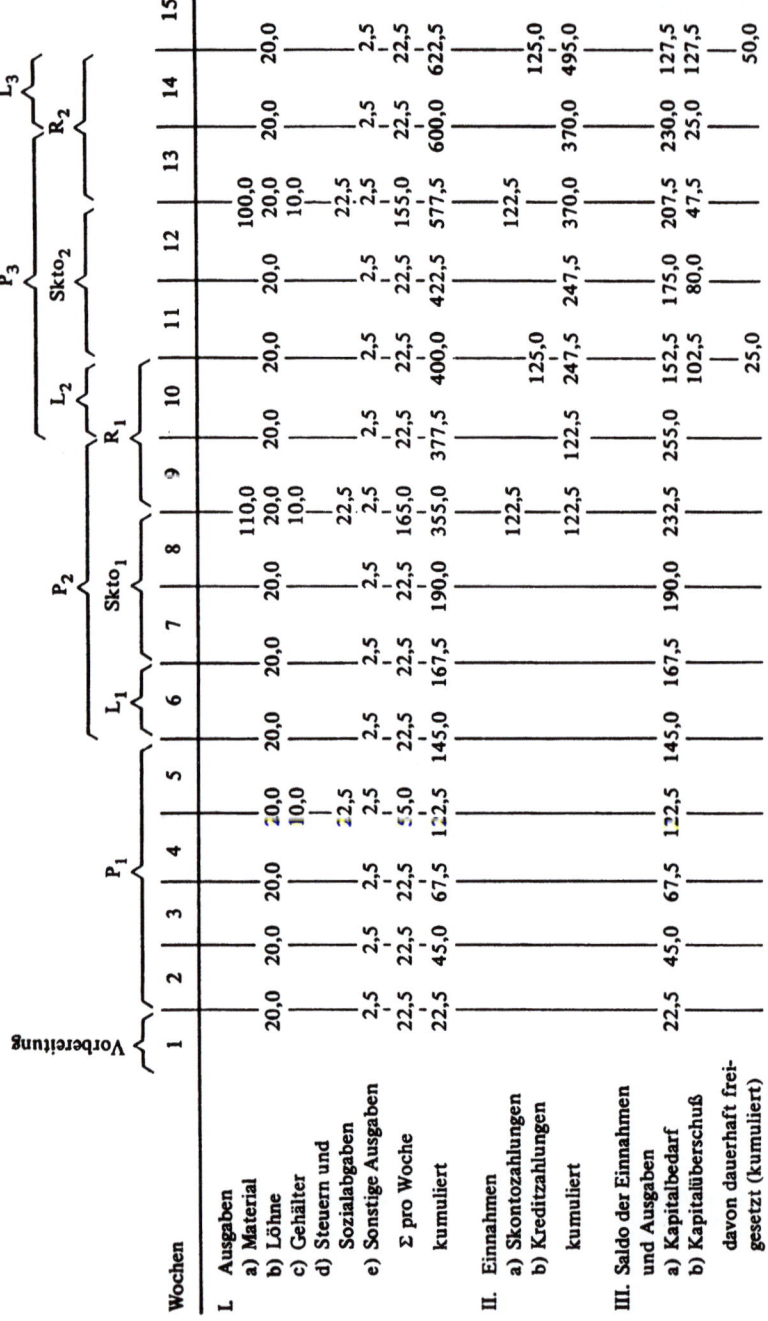

tions-, Lager-, Skonto- oder Restzielzeiten vorverlegt werden können oder wenn Ausgaben später getätigt würden. Umgekehrt würden Vorverlegung der Ausgaben oder später erfolgende Einnahmen den Kapitalbedarf erhöhen.

*Frage 5:*
*Welchen Aufgaben dient eine laufende Finanzplanung des Betriebes und welche Hauptschwierigkeiten treten dabei auf?*

## 1.4. Die Deckung des Kapitalbedarfs

Die Darstellung der Deckungsmöglichkeiten des Kapitalbedarfs enthält drei Abschnitte:

Zuerst werden die Möglichkeiten der Eigenfinanzierung beschrieben, danach auf die Fremdfinanzierung eingegangen; der dritte Abschnitt befaßt sich mit der Möglichkeit, durch Kapitalfreisetzung zu finanzieren.

### 1.4.1. Die Eigenfinanzierung

1.4.1.1. Zusammensetzung und Ermittlung des Eigenkapitals

Die Finanzierung mit Eigenkapital ist die Basis jeder Deckung eines Kapitalbedarfs, da man in der Regel erst bei einer ausreichenden Basis an voraushaftendem Eigenkapital Fremdkapital aufnehmen kann. Unabhängig von der Rechtsform der Unternehmung kann das Eigenkapital nach der Gleichung

EK = Vermögen ·/. Fremdkapital

bestimmt werden. Kennt man das Eigenkapital eines früheren Zeitpunktes ($EK_t$), kann man das Eigenkapital späterer Zeitpunkte ($EK_{t+n}$) nach der folgenden Formel ermitteln

$EK_{t+n}$ = $EK_t$ + Einlagen + Gewinne
·/. Entnahmen (bzw. Ausschüttungen) ·/. eingetretene Verluste.

Damit sind einige wichtige Zusammenhänge über Bestimmung und Veränderung des Eigenkapitals angedeutet.

Bei der Ermittlung kann man das *bilanzielle Eigenkapital*, das *effektive Eigenkapital* und das *haftende Eigenkapital* unterscheiden.

Das *bilanzielle Eigenkapital* besteht beim Einzelkaufmann und den Personengesellschaften aus den entsprechenden Kapitalkonten (aller Gesellschafter) und bei Kapitalgesellschaften aus den gesondert ausgewiesenen Eigenkapitalteilen entsprechend den jeweiligen gesetzlichen Bilanzierungsvorschriften.

Bei Kapitalgesellschaften ergibt sich das bilanzielle Eigenkapital z. B. wie folgt (vgl. §§ 266, 272 HGB):

Bilanzielles Eigenkapital =

I   gezeichnetes Kapital
(Grundkapital der AG, Stammkapital der GmbH)
'/. evtl. ausstehende Einlagen
II   + Kapitalrücklage
III   + Gewinnrücklagen
    1. gesetzliche Rücklage (bei der AG)
    2. Rücklage für eigene Anteile
    3. satzungsmäßige Rücklage
    4. andere Gewinnrücklagen
IV   Gewinnvortrag / Verlustvortrag (aus dem Vorjahr)
V   Jahresüberschuß / Jahresfehlbetrag

Statt der Posten IV und V wird oft zusammengefaßt der Bilanzgewinn / Bilanzverlust ausgewiesen (bei der AG vorgeschrieben, § 158 AktG) und dabei die Rücklagen schon in der neuen Höhe nach Rücklagenveränderungen ausgewiesen (vgl. dazu auch [8, S. 85 ff.]).

Dabei kann man, je nach dem Zweck der Berechnung

– die Dividende und sonstigen Ausschüttungen („Bonus") abziehen, bei der Aktiengesellschaft also statt des vollen Bilanzgewinns nur den im Unternehmen verbleibenden Betrag ansetzen.
Zwar gehört der volle Bilanzgewinn begrifflich zum Eigenkapital, er fließt aber meist zum größten Teil als Dividende in Kürze aus dem Betrieb ab.
– eigene Aktien abziehen.
– einen Teil der Sonderposten mit Rücklageanteil zum Eigenkapital zählen. Bei diesem Sonderposten handelt es sich um noch nicht versteuerte Beträge. Der Eigenkapitalanteil hängt von der Steuerlast ab, die bei der Auflösung des Sonderpostens anfällt. Da es steuerfreie Übertragungsmöglichkeiten und steuerpflichtige Auflösungen gibt, kann der Steueranteil nur im Einzelfall geschätzt werden. Er ist von der Rechtsform und den sonstigen steuerlichen Merkmalen abhängig und kann von Null (steuerfrei) bis über 60 % reichen. Bei der Bilanzanalyse setzt man üblicherweise einen Eigenkapital- und einen Steueranteil von je 50 % an, wenn keine genaueren Angaben verfügbar sind.

Das *effektive Eigenkapital* ergibt sich, indem zum bilanziellen Eigenkapital die stillen Reserven (stillen Rücklagen) hinzugerechnet werden. Sie sind jedoch im Einzelfall sehr schwer festzustellen. Es handelt sich um die Werte von Vermögensteilen, die aufgrund besonderer bilanzrechtlicher Bestimmungen nicht in die Bilanz aufgenommen werden (z. B. eigene Erfindungen, Firmenwert etc.), sowie um Unterbewertungen des bilanzierten Vermögens und Überbewertungen bilanzierter Schulden und Rückstellungen.

Da die wirklichen Werte aller Positionen kaum festzustellen sind, muß man sich in der Praxis oft auf eindeutig feststellbare stille Reserven beschränken, die in Einzelfällen bei bilanzierten Grundstücken, Beteiligungen usw. erkennbar sein können und gelegentlich auch angegeben werden müssen, z. B. wenn durch besondere Bewertungsverfahren Unterbewertungen auftreten (§ 284 Abs. 2 Nr. 4 HGB); für einen solchen Fall gibt z. B. die Degussa AG eine Unterbewertung von 505 Mill. DM bei einem ausgewiesenen Bilanzansatz von 694 Mill. DM für die Vorräte an (vgl. Geschäftsbericht 1989/90, S. 50 und Anm. 9). Neben der Addition stiller Reserven ist aber auch die eventuelle Steuerlast auf diese Beträge zu beachten, wenn das effektive Eigenkapital ermittelt werden soll. Außerdem müssen evtl. nicht passivierte Rückstellungen und andere Schulden abgezogen werden, wenn solche Posten feststellbar sind. Dabei kommen vor allem auf Grund eines Wahlrechts nicht passivierte Pensionsrückstellungen aus Altzusagen von vor 1987 in Frage.

Das *haftende Eigenkapital*, das besonders für die Sicherheit der Gläubiger und daher für die Kreditwürdigkeit der Unternehmung wichtig ist, muß neben den genannten Größen zusätzlich haftendes Privatvermögen bei Personengesellschaften und ausstehende Einlagen der Kapitalgesellschaften einbeziehen. Dazu können Beträge kommen, die durch spezielle Sicherheitsleistungen zur Verfügung gestellt wurden (z. B. Bürgschaften oder Garantien von nicht persönlich haftenden Gesellschaftern). Alle diese Beträge stehen als Kreditgrundlage mit zur Verfügung, obwohl das Kapital nicht im Betrieb angelegt ist.

Der Zusammenhang zwischen den einzelnen Eigenkapitalbegriffen läßt sich wie folgt darstellen:
Bilanzielles Eigenkapital
+ stille Reserven
( ˙/. nicht passivierter Rücklagen und Schulden)
= effektives Eigenkapital
+ sonstiges haftendes Eigenkapital
= haftendes Eigenkapital

*Frage 6:*
*Warum ist es sinnvoll, Gestaltungen zuzulassen, bei denen vorhandenes (arbeitendes) und haftendes Eigenkapital differieren?*

Wegen der Schwierigkeiten, den eher bilanziell determinierten Begriff Eigenkapital zu konkretisieren, wird bei der Finanzierung zunehmend auf den Begriff „Risikokapital" abgestellt.

Der Versorgung von Betrieben mit „Risikokapital" dient auch die Bereitstellung von *„Venture Capital"* (Wagniskapital) durch spezielle Venture-Capital-Gesellschaften (Wagnisfinanzierungsgesellschaften). In diesen Fällen liegt eine spezielle Form der befristeten Beteiligung am Eigenkapital stark wachsender Unternehmen vor; meist handelt es sich um jüngere, technologisch und am Markt hervorragende Betriebe, die ihren Eigenkapitalbedarf nicht selbst decken können.

Die Venture-Capital-Gesellschaften bieten neben dem Kapital meist auch eine intensive Beratung und Betreuung des Managements für die Beteiligungsphase an und unterstützen so den Erfolg des Unternehmens. Sie scheiden typischerweise nach einigen Jahren wieder aus dem Unternehmen aus und bieten den Inhabern Rückkaufsmöglichkeiten für die übernommenen Anteile oder bieten die Anteile am Kapitalmarkt an, wenn eine Einführung von Aktien am Kapitalmarkt („going public") durch die gewachsene Bedeutung des Unternehmens möglich erscheint (vgl. [5, S. 73 ff.]).

Natürlich wollen die Anleger einer Venture-Capital-Gesellschaft nicht nur „Wagnisse finanzieren", sondern erwarten in der Aufbauphase einen so hohen Anstieg des Anteilswertes, daß sich das Engagement lohnt. Durch mehrere Engagements kann eine Risiko- und Chancenpoolung erreicht werden, so daß die weit überdurchschnittlichen Erfolge einzelner Beteiligungen das Gesamtengagement tragen können.

Venture-Capital-Gesellschaften gehören oft zu Konzernen von Kreditinstituten oder Versicherungen, sie können aber auch an Großunternehmen angelehnt sein und sich auf deren Produkt- und Fertigungsgebiet beschränken.

Auch durch die Ausgabe von Genußscheinen kann zusätzliches Risikokapital großer Unternehmen beschafft werden: Genußscheine sind Wertpapiere, die ihren Inhabern ähnliche Rechte wie Aktien geben, jedoch in der Regel ohne Mitbestimmungs- und Beschlußmöglichkeiten. Es gibt sehr verschiedene Gestaltungen, die mehr oder weniger stark dem klassischen Eigenkapital ähneln; in der Regel tragen die Inhaber ähnliche Risiken wie Eigenkapitalgeber (vgl. [5, S.141 ff.]).

Auf die speziellen Bestimmungen über das Eigenkapital bei verschiedenen Rechtsformen soll nur kurz eingegangen werden; eine allgemeine Darstellung der Kennzeichen der Rechtsformen findet sich im VDI-Buch: *Grundlagen und Grundbegriffe der Betriebswirtschaftslehre* [1, S. 53 ff.].

Bei Personenunternehmungen, d. h. Einzelunternehmungen, offenen Handelsgesellschaften und Kommanditgesellschaften gibt es stets zumindest einen Gesellschafter, der mit seinem gesamten Vermögen für die Schulden der Unternehmung haftet, so daß Vorschriften über die Mindesthöhe des haftenden Kapitals sowie Bestimmungen über Entnahmebeschränkungen der Vollhafter entbehrlich sind. Die Höhe des von diesen Personen zur Verfügung gestellten Eigenkapitals ist deshalb variabel; bei den Personengesellschaften werden meist durch Vorschriften des Gesellschaftsvertrages Beschränkungen des Entnahmerechtes, des Kündigungsrechtes usw. eingeführt, um den Kapitalentzug zu beschränken.

Bei der Kommanditgesellschaft bestehen neben dem variablen Komplementärkapital (Kapital des Vollhafters) noch Kapitalanteile des Kommanditisten, für die strenge Bestimmungen gelten, die die Aufbringung sichern und die Entnahme verhindern sollen, da Kommanditisten nur mit dem übernommenen Anteil für Schulden der Gesellschaft haften.

Bei den Kapitalgesellschaften haftet nur das Vermögen der rechtlich selbständigen Gesellschaft den Gläubigern für die Erfüllung ihrer Ansprüche. Deshalb bestehen im Interesse des Gläubigerschutzes strenge Vorschriften über ein Mindest-Eigenkapital und über Rücklagenbildung zur Stärkung der Eigenkapitalbasis (gesetzliche Rücklage bei der AG, ähnlich die Reservefonds-Bildung bei der Genossenschaft). Zusätzlich bestehen Vorschriften, die die Rückzahlung des Eigenkapitals an Anteilseigner begrenzen, um die Haftbasis zu erhalten. Zu diesen Vorschriften gehören die Bestimmungen über die Herabsetzung des Nominalkapitals (z. B. Kapitalherabsetzung der AG: §§ 222 bis 240 AktG) und Beschränkungen für den Erwerb eigener Aktien (§§ 71 ff. AktG). Ähnliche Regelungen finden sich für die GmbH in §§ 30 bis 34 GmbHG. Der Sicherung des Eigenkapitals dienen auch die Vorschriften über die Berechnung des Jahresergebnisses, da grundsätzlich nur der Gewinn oder in früheren Jahren nicht ausgeschüttete Gewinne an die Anteilseigner ausgeschüttet werden dürfen.

Auf die zahlreichen Einzelheiten und juristischen Regelungen kann hier nicht eingegangen werden. Dagegen sollen die Grundzüge der Kapitalbeschaffung durch Aktiengesellschaften dargestellt werden, damit diese öffentlich erkennbar abgewickelten Maßnahmen verständlich werden.

### 1.4.1.2. Die Eigenkapitalbeschaffung der Aktiengesellschaften

Aktiengesellschaften müssen mindestens über ein Grundkapital von 100 000,- DM verfügen; das vorhandene Grundkapital kann durch eine Kapitalerhöhung weiter vergrößert werden. Dabei sind strenge Vorschriften über das Verfahren und über die Ausgabe der neuen Aktien zu beachten (§§ 182 ff. AktG). Grundsätzlich muß eine Aktienurkunde über mindestens 50,- DM oder über 100,- DM oder ein Vielfaches davon lauten (Mindestnennbetrag, § 8 AktG).

Um den Zufluß des neuen Eigenkapitals zu sichern, dürfen die Aktien nicht zu einem Ausgabekurs unter dem jeweiligen Nennwert ausgegeben werden (Verbot der unter-pari-Emission, § 9 AktG). Andererseits ist aus wirtschaftlichen Gründen auch eine Obergrenze des Ausgabekurses zu beachten: in der Regel müssen die „jungen Aktien" aus der Kapitalerhöhung unter dem Börsenkurs der alten Papiere ausgegeben werden, weil sonst ein Kursverfall während der Durchführung der Kapitalerhöhung den Absatz der neu emittierten Stücke gefährden würde.

Ein Bezugsrecht auf neue Aktien (§ 186 AktG) soll es den alten Aktionären ermöglichen, sich an der Kapitalerhöhung zu beteiligen; dadurch können sie ihre Beteiligungsquote erhalten und verhindern, das fremde Interessenten die meist zu günstigem Ausgabekurs angebotenen jungen Aktien erwerben.

Häufig wird allerdings zur Durchführung der Kapitalerhöhung eine Bank oder ein Bankenkonsortium eingeschaltet, das die Aktien zunächst übernimmt, um das Verfahren zu beschleunigen und die Gesellschaft hinsichtlich der Abwicklungsarbeiten zu entlasten. Dazu wird im Beschluß der Hauptversammlung über die Kapitalerhöhung das gesetzliche Bezugsrecht der Aktionäre zugunsten dieser Institute ausgeschlossen. Dadurch ist die Kapitalerhöhung schnell abwickelbar. Die mitwirkenden Kreditinstitute verpflichten sich aber, den Altaktionären Bezugsmöglichkeiten entsprechend der gesetzlichen Bezugsrechtsregelung einzuräumen, so daß die Aktionäre nicht benachteiligt sind.

Um eine reibungslose Abwicklung zu ermöglichen, wird der Erhöhungsbetrag so festgesetzt, daß sich ein klares Bezugsrechtsverhältnis ergibt. So kann man z. B. das Kapital um 1/5 des alten Grundkapitals erhöhen, wodurch sich ein Bezugsrechtsverhältnis von 5 : 1 ergibt: wer fünf Altaktien besitzt, kann bei dieser Kapitalerhöhung eine junge Aktie zum festgelegten Ausgabebetrag erwerben; jede Altaktie gewährt also das Bezugsrecht auf 1/5 neue Aktie des gleichen Nennwertes. Diese Bezugsrechte werden anläßlich der Kapitalerhöhungen auch an der Börse gehandelt (Bezugsrechtshandel).

Das ermöglicht es den nicht an der Kapitalerhöhung interessierten Altaktionären, ihre Rechte an Interessenten zu verkaufen. Kapitalanleger, die keine alten Aktien haben und sich an der Kapitalerhöhung beteiligen möchten, können über den Kauf dieser Bezugsrechte junge Aktien erwerben.

Die wesentlichen Zusammenhänge sollen durch ein Beispiel erläutert werden:

Eine Aktiengesellschaft verfügt über ein Grundkapital von 50 Mill. DM und beabsichtigt eine Erhöhung von 10 Mill. DM auf 60 Mill. DM(Bezugsrechtsverhältnis 5 : 1).

Der Kurs der Aktie beträgt z. Z. etwa 150,- DM je Aktie mit 50,- DM Nominalwert. Der Ausgabebetrag der jungen Aktien wird auf 90,- DM festgelegt. Daraus ergibt sich, daß ein Aktionär, der bisher fünf Aktien besaß, nun für 90,- DM eine weitere hinzuerwerben kann. Der Wert jeder der (später gleichberechtigten und gleichwertigen) sechs Aktien sinkt durch diesen Vorgang, da dem Unternehmen nicht der volle Gegenwert einer Aktie zusätzlich zugeführt wurde, sondern nur der geringere Ausgabebetrag der jungen Aktien. Der (rechnerische) Wert je Aktie wird also nach der Kapitalerhöhung geringer sein. Der Zusammenhang kann wie folgt dargestellt werden:

| | |
|---|---|
| Wert der fünf alten Aktien: 5 x 150,- DM | = 750,- DM |
| Ausgabebetrag der neuen Aktie | = 90,- DM |
| Gesamtbetrag | = 840,- DM |

Rechnerischer zukünftiger Kurs $\frac{840,- DM}{6} = 140,- DM$.

Das bedeutet, daß jede Altaktie 10,- DM an Wert verlieren wird; dieser Betrag kann durch Verkauf des Bezugsrechtes ausgeglichen werden, dessen rechnerischer Wert je Altaktie 10,- DM ausmacht. Andererseits wird die junge Aktie um 50,- DM über dem Ausgabekurs bewertet, was genau dem Betrag entspricht, der beim Erwerb von fünf Bezugsrechten aufzuwenden wäre, denn ein außenstehender Interessent müßte ja zusätzlich zum Ausgabebetrag von 90,- DM noch den Preis für fünf Bezugsrechte zu je 10,- DM aufwenden.

Das Beispiel verdeutlicht, wie durch das Bezugsrecht Wertveränderungen ausgeglichen werden. Bei der effektiven Kursbildung für Bezugsrechte und Aktien an der Börse sind neben den geschilderten Grundzusammenhängen natürlich marktbedingte weitere Einflüsse wirksam, durch die sich andere Werte ergeben können.

Durch die Ausgabe junger Aktien sind neben dem Grundkapital auch die Rücklagen der Gesellschaft betroffen: nach § 272 Abs. 2 HGB ist das Aufgeld (Agio) der Aktienausgabe in die Kapitalrücklage einzustellen. Diese Bestimmung sichert, daß das durch eine Kapitalerhöhung zugeflossene neue Eigenkapital nicht den Aktionären zurückgewährt werden kann, denn die Kapitalrücklage darf nicht zu Gewinnausschüttungen oder sonstigen Zahlungen an Aktionäre aufgelöst werden. Das Agio beträgt im oben gewählten Beispiel 40,- DM je Aktie, so daß das bilanzielle Eigenkapital insgesamt um 18 Mill. DM wächst (10 Mill. Erhöhung des Grundkapitals, 8 Mill. Erhöhung der Kapitalrücklage). Von Kosten der Kapitalerhöhung wurde dabei abgesehen.

Während die rechtlichen Einzelheiten über Beschluß, Durchführung und Eintragung der Kapitalerhöhung in das Handelsregister (§§ 182 ff. AktG) hier nicht dargestellt werden, sollen die Arten der Erhöhung des Grundkapitals nach dem Aktiengesetz beschrieben werden, weil sie für die Finanzierung sehr wesentlich sind.

Die *Kapitalerhöhung gegen Einlagen* ist die normale Form, die auch dem oben verwendeten Beispiel entspricht. Durch die Bezahlung des Ausgabekurses fließen der Gesellschaft neue Mittel zu, so daß eine unmittelbare Erhöhung des Eigenkapitals erfolgt.

Bei einer *bedingten Kapitalerhöhung* (§§ 192 ff. AktG) ist zwar der Beschluß in allen Einzelheiten bindend festgelegt, aber die Durchführung und damit die effektive Erhöhung des Eigenkapitals ist von einer genau festgelegten Bedingung abhängig: Bedingte Kapitalerhöhungen werden beschlossen, um in bestimmten Fällen Bezugsrechte auf Aktien der Gesellschaft gewähren zu können, zum Beispiel an Mitglieder der Belegschaft oder im Zusammenhang mit einer beabsichtigten Fusion.

Ein weiterer Fall ist die Gewährung von Bezugsrechten an die Inhaber von Schuldverschreibungen, die neben dem Zinsanspruch Umtausch in Aktien oder den zusätzlichen Bezug von Aktien zu festgelegten Konditionen gewähren sollen (Wandelanleihen bzw. Optionsanleihen). In diesen Fällen wird schon bei der Ausgabe der Anleihen ein entsprechendes Bedingtes Kapital geschaffen, um spätere Umtausch- oder Bezugswünsche erfüllen zu können. Die Hauptversammlung muß deshalb die Ausgabe von solchen Anleihen beschließen; dabei steht den Aktionären ein Bezugsrecht auf die

Anleihen zu, das allerdings durch Beschluß ausgeschlossen werden kann (§ 221 AktG).

Bedingtes Kapital ist in der Bilanz unter dem gezeichneten Kapital zu vermerken (§ 152 Abs. 1 AktG).

Auch ein anderer Sonderfall einer Kapitalerhöhung dient der Vorbereitung einer später durchzuführenden Kapitalerhöhung: Das *Genehmigte Kapital* (§§ 202 ff. AktG) gibt Vorstand und Aufsichtsrat einer Gesellschaft die Möglichkeit, bei günstiger Lage auf dem Kapitalmarkt oder zum Zeitpunkt des Kapitalbedarfs eine Kapitalerhöhung durchzuführen, ohne erst eine Hauptversammlung für die Beschlußfassung abwarten zu müssen.

Dazu wird von einer Hauptversammlung ein Beschluß gefaßt, der die Rahmenbedingungen für die künftige Kapitalerhöhung festlegt, vor allem den Höchstbetrag der Grundkapitalerhöhung (maximal die Hälfte des bestehenden Grundkapitals) und eventuell weitere Einzelheiten. Auf der Grundlage eines so geschaffenen Genehmigten Kapitals kann dann der Vorstand mit Zustimmung des Aufsichtsrates jederzeit den Termin und die Einzelheiten der Durchführung festlegen. Diese Möglichkeit kann für maximal 5 Jahre eingeräumt werden. Eine effektive Erhöhung des Kapitals (und ggf. der gesetzlichen Rücklagen um das Agio) erfolgt erst bei der Durchführung.

Das Genehmigte Kapital wird nicht bilanziert; es ist aber aus dem Geschäftsbericht der Gesellschaft ersichtlich (§ 160 Abs.1 Nr. 4 AktG).

Die vierte Form der Erhöhung des Grundkapitals stellt keine echte Maßnahme der Kapitalbeschaffung dar wie die genannten Arten, sondern besteht in der Umstrukturierung des vorhandenen Eigenkapitals: Bei einer *Kapitalerhöhung aus Gesellschaftsmitteln* wird das Grundkapital dadurch erhöht, daß Teile der Kapitalrücklage bzw. der Gewinnrücklagen in Grundkapital umgewandelt werden (vgl. §§ 207 ff. AktG). Über den Betrag dieser Grundkapitalerhöhung werden den Aktionären Aktien im Verhältnis ihrer Anteile ausgegeben, die Zusatzaktien, Berichtigungsaktien oder auch Gratisaktien genannt werden. Da die Gesellschaft selbst (von Kosten des Verfahrens abgesehen) unveränderte Vermögensverhältnisse und Erfolgsaussichten hat und nur durch mehr Aktien repräsentiert wird, sinkt der Wert (Kurs) je Aktie entsprechend, so daß den Aktionären keine Vorteile zufliessen. Die Bezeichnung „Gratisaktie" ist daher irreführend.

Der Sinn des Verfahrens liegt darin, daß so die Eigenkapitalstruktur bei unverändertem Eigenkapitalbetrag durch höheres Nominalkapital verbessert wird. Im Gegensatz zu den Rücklagen ist das Grundkapital stärker an das Unternehmen gebunden, so daß der Gläubigerschutz verbessert wird. Das ist am deutlichsten bei den anderen Gewinnrücklagen, die durch einfachen Auflösungsbeschluß und Dividendenausschüttung entziehbar sind. Daneben kann die Kapitalerhöhung aus Gesellschaftsmitteln zur Regulierung des Kursniveaus benutzt werden, da sie den Wert je Aktie senkt.

Die Gesellschaft muß allerdings nach der Kapitalerhöhung aus Gesellschaftsmitteln ein größeres Aktienkapital mit Dividende bedienen, wozu höhere Ausschüttungsbeträge nötig werden, wenn nicht der Dividendenbetrag je Aktie entsprechend gesenkt werden soll.

Die Eigenkapitalaufbringung der Aktiengesellschaften wird durch die Möglichkeit erleichtert, die Aktien an der *Börse* zu handeln. Dadurch wird der Anteil eines Aktionärs besser liquidierbar, als das bei anderen Rechtsformen möglich ist; der einzelne Aktionär kann durch Verkauf der Aktien sein Engagement beenden, ohne daß die Gesellschaft selbst davon betroffen ist. Durch den vorhandenen Markt für Aktien ist die Veräußerung weitaus leichter möglich als bei anderen Gesellschaften, bei denen eine individuelle Interessentensuche für den Anteil nötig ist.

Kündigung und Auszahlung des Anteils, wie sie bei den anderen Rechtsformen oft nötig sind, entfallen.

Allerdings gelten diese Vorteile in vollem Maß nur für die Aktien, die zum Handel an einer Börse zugelassen sind. Dies betrifft jedoch nur einen kleinen Bruchteil der Aktiengesellschaften.

Die *Kursbildung an der Börse* ist von Angebot und Nachfrage abhängig. Käufer und Verkäufer werden in der Regel durch Kreditinstitute an der Börse vertreten, die die Geschäfte über ihre zugelassenen ,,Börsenbesucher", d. h. die Handelnden abwickeln. Bei den sofort abzuwickelnden Geschäften (Kassageschäften), die bei weitem überwiegen, findet man den *Einheitsmarkt* und den *variablen Markt*.

Am Einheitsmarkt wird je Börsentag einmalig von amtlichen Maklern der Einheitskurs aus Angebots- und Nachfragesituation errechnet und amtlich festgehalten. Er wird aus den vorliegenden Aufträgen so errechnet, daß sich der größtmögliche Umsatz an diesem Tag ergibt.

Am variablen Markt, für den nur Papiere mit größeren Umsätzen zugelassen sind, wird zur Eröffnung ebenfalls vom zuständigen amtlichen Makler der Eröffnungskurs für die vorliegenden Geschäfte ermittelt. Anschließend können aber während der Börsenzeit ständig weitere Geschäfte zu anderen Kursen getätigt werden. Dabei gilt für jeden Umsatz eine Mindestmenge von normalerweise je 50 Stück des Papiers. Auch diese Kurse werden amtlich bekanntgegeben, so daß die Kursentwicklung während der Börsenzeit erkennbar wird. Für Umsätze unterhalb der Mindestmenge wird daneben zu festgelegter Zeit ein Einheitskurs ermittelt.

Neben diesen sofort abzuwickelnden Aktiengeschäften bestehen an deutschen Börsen bestimmte Möglichkeiten für Termingeschäfte: Im Optionshandel werden Kaufoptionen (Calls) oder Verkaufsoptionen (Puts) gehandelt, bei denen der Inhaber das Recht erwirbt, Aktien oder festverzinsliche Wertpapiere innerhalb einer bestimmten Frist zum festgelegten Basiskurs von seinem Geschäftspartner (dem Stillhalter) zu kaufen bzw. an diesen zu verkaufen. Innerhalb der Laufzeit der Option kann der Käufer jederzeit sein Recht ausüben. Die Laufzeit der Option endet zu festgesetzten Terminen; es werden verschiedene Laufzeiten angeboten; der Stillhalter erhält für seine Mitwirkung den Optionspreis.

Seit Anfang 1990 arbeitet die Deutsche Terminbörse (DTB), die im Gegensatz zu den anderen Börsen eine reine Computerbörse ist, an der alle Kontrakte ohne Anwesenheit der Partner über den Rechner abgewickelt werden. Dort werden Optionen auf einige Standardaktien und Finanzfutures gehandelt. Futures sind standardisierte Finanzkontrakte, die im Gegensatz zu Optionen eine feste Liefer- bzw. Abnahmeverpflichtung in der Zukunft begründen. Zur Zeit werden an der DTB keine Futures auf konkrete Papiere angeboten, sondern Abschlüsse auf die Entwicklung des Deutschen Aktienindex (DAX) für große Standardwerte und auf eine standardisierte Bundesanleihe. Die Abrechnung erfolgt nicht durch Lieferung, sondern durch Auszahlung des berechneten Erfolgs aus dem Geschäft (Differenzgeschäft). Mit der Einrichtung einer Computerbörse und der Einführung international üblich gewordener Geschäftsarten werden die deutschen Börsen auf eine breitere Internationalisierung der Geschäfte vorbereitet, um den Finanzplatz Deutschland im internationalen Geschäft zu stärken.

### 1.4.1.3. Die Selbstfinanzierung

Unter Selbstfinanzierung versteht man Finanzierung aus einbehaltenen Gewinnen; das zusätzliche Kapital wird dabei im Betrieb selbst erwirtschaftet (Innenfinanzierung).

Dabei ist es allerdings nötig, daß die Gewinngegenwerte auch in liquider Form zugeflossen sind: erst in diesem Fall steht aus dem Umsatz gebildetes zusätzliches Kapital zur Verfügung.

Soweit dieser Mittelzufluß noch nicht erfolgt ist, kann nur durch eine Einbehaltung schon ausgewiesener realisierter Gewinne ein vorzeitiger Abfluß vorhandener betrieblicher Liquidität verhindert werden.

*Frage 7:*
*Welche Zusammenhänge bestehen zwischen Gewinnausweis und Selbstfinanzierungsmöglichkeiten?*

Man unterscheidet offene und stille Selbstfinanzierung. Bei der offenen Selbstfinanzierung werden Teile des Gewinnes dem Kapitalkonto gutgeschrieben oder - bei Kapitalgesellschaften - in Gewinnrücklagen eingestellt bzw. als Gewinnvortrag für ein Jahr im Betrieb behalten.

*Stille Selbstfinanzierung* besteht in der Bildung stiller Rücklagen (stiller Reserven) durch Nichtaktivieren oder Unterbewerten von Vermögensteilen oder durch Überbewerten von Schulden und Rückstellungen. Da durch stille Selbstfinanzierung der Gewinnausweis geschmälert wird, der die Grundlage der Gewinnausschüttungen bildet, kann sie besonders bei Kapitalgesellschaften die Interessen der Eigenkapitalgeber verletzen, wenn diese keinen Einfluß auf die Reservenbildung haben. Deshalb wurde im Aktiengesetz von 1965 und durch die neuen Regelungen in den §§ 207 ff. des HGB seit 1985 die Bildung stiller Rücklagen erschwert, indem für den Ansatz von Vermögensteilen ein gesetzlich vorgeschriebener Mindestwert bestimmt ist. Dennoch bleiben auch für Kapitalgesellschaften noch Bewertungs- und Abschreibungsverfahren, die die Legung stiller Reserven ermöglichen: dazu gehören vor allem die Schätzung von (zu kurzen) Nutzungsdauern, die Wahl degressiver Abschreibungsverfahren, durch die überhöhte Abschreibungen möglich werden, und andere erhöhte Abschreibungen, die meist auf steuerliche Bestimmungen zurückzuführen sind, sowie das Beibehalten niedriger Bilanzansätze, wenn der Wert der Gegenstände sich erhöht hat. Weitere Möglichkeiten bestehen vor allem bei der Ermittlung der Herstellungskosten von Erzeugnissen und selbsterstellten Eigenleistungen und bei den Rückstellungen.

Eine Nichtaktivierung von Vermögensteilen ist nach dem geltenden Bilanzrecht nur in Ausnahmefällen möglich, vor allem bei den geringwertigen Wirtschaftsgütern des Anlagevermögens, die zur Vereinfachung nicht aktiviert werden müssen, und bei den selbsterstellten immateriellen Vermögensgegenständen des Anlagevermögens, z. B. Forschungs- und Entwicklungsergebnissen.

Die stille Reserve liegt darin, daß bei Aktiva der Buchwert unter dem wirklichen Wert am Stichtag liegt, bei den Schulden und Rückstellungen ein Ansatz über dem effektiven Wert erfolgt. Dadurch wird das Eigenkapital des Betriebes zu gering ausgewiesen.

Offene und stille Selbstfinanzierung kann durch gesetzliche Bestimmungen erzwungen sein, z. B. durch den Zwang zur Bildung einer gesetzlichen Rücklage oder durch gesetzliche Aktivierungsverbote (selbsterstellte immaterielle Vermögensgegenstände des Anlagevermögens) oder eine zu niedrige Begrenzung des Wertansatzes für Vermögensgegenstände. Sie kann aber auch freiwillig und bewußt von der Betriebsführung vorgenommen werden, indem diese z. B. freiwillige offene Rücklagen bildet oder im Rahmen gesetzlicher Bewertungsspielräume stille Reserven legt, z. B. durch Verzicht auf eine Zuschreibung, wenn die Gründe für eine frühere Wertminderung weggefallen sind. Stille Selbstfinanzierung kann daneben auch unbewußt vorgenommen werden, wenn die Betriebsleitung z. B. den Wert von Aktivposten bei der Bilanzierung unbewußt unterschätzt.

Ein wesentlicher Unterschied der offenen und der stillen Selbstfinanzierung liegt in der steuerlichen Behandlung: die offene Selbstfinanzierung erfolgt stets aus versteuerten Gewinnen; daher sind entsprechende Beträge in voller Höhe Eigenkapital. Dagegen haben stille Rücklagen noch nicht der Besteuerung unterlegen, wenn sie auch in der Steuerbilanz bestehen. In diesem Fall kann es bei der Realisation der stillen Reserven zu einer Versteuerung der aufgedeckten Gewinne kommen; daher sind auch in der Steuerbilanz bestehende stille Reserven nur insoweit dauerhaft verfügbares Eigenkapital, als sie die noch zu zahlenden Steuern übersteigen. Stille Reserven, die nur in der Handelsbilanz bestehen, sind dagegen bei der Auflösung steuerlich nicht mehr belastet; sie sind deshalb in voller Höhe Eigenkapital.

Die günstigere steuerliche Belastung veranlaßt viele Betriebe, möglichst stille Reserven zu bilden und dadurch die Besteuerung der Gewinne aufzuschieben.

Die Neuregelung des Bilanzrechts durch das Bilanzrichtliniengesetz von 1985 hat eine Zwischenform ermöglicht: In bestimmten Fällen können zusätzliche steuerliche Abschreibungen, die zur Legung erwünschter stiller Reserven steuerlich zulässig sind, nach Wahl des bilanzierenden Unternehmens auch so vorgenommen werden, daß der Betrag der Mehr-Abschreibung in den Sonderposten mit Rücklageanteil eingestellt wird. Dadurch kann eine Legung stiller Reserven vermieden und statt dessen eine (steuerlich unschädliche) Offenlegung erreicht werden: die steuerlich zulässigen Abschreibungen werden auch anerkannt, wenn sie in dieser indirekten Form gebucht und in der Bilanz ausgewiesen werden. Darin liegt eine betriebswirtschaftlich begrüßenswerte richtigere Darstellung des Eigenkapitals in der Bilanz, die von einigen Kapitalgesellschaften entsprechend genutzt wird.

Selbstfinanzierung bringt für den Betrieb viele *Vorteile*: Sie erspart den besonders bei Kapitalgesellschaften durch die Zuführung von Eigenkapital von außen entstehenden Aufwand (Kosten der Kapitalerhöhung), es werden keine neuen Gesellschafter benötigt, die Herrschaftsverhältnisse verschieben sich nicht. Schließlich braucht nicht im gleichen Maß wie bei Außenfinanzierung Rechenschaft über den Einsatz der Mittel gegeben werden, wodurch der Konkurrenz der Einblick in Forschungs- und Investitionsabsichten erschwert wird. Dazu ermöglicht Selbstfinanzierung die zeitliche Verlagerung von Gewinnausschüttungen und ermöglicht dadurch die Stabilisierung der gezahlten Dividenden. Schließlich verhindert sie die bei Gewinnausschüttung eintretende Liquiditätsverschlechterung.

Im Vergleich zur Aufnahme von Fremdkapital entfallen bei der Selbstfinanzierung feste Zinszahlungen, Tilgungsverpflichtungen und Kapitalbeschaffungskosten, was liquiditätsmäßig vorteilhaft sein kann. Daneben entfällt das Stellen von Sicherheiten und die Information außenstehender Kreditgeber. Die Erhöhung des Eigenkapitals wirkt sich günstig auf zukünftige Kreditaufnahmemöglichkeiten aus.

Besonders wichtig ist die Selbstfinanzierung in Zeiten, in denen der Kapitalmarkt nicht ausreichend Kapital für diese Unternehmung zur Verfügung stellt. Die Selbstfinanzierung kann dann die alleinige Eigenkapitalquelle zur Durchführung von Betriebserweiterungen sein.

Dies gilt besonders für viele kleinere und mittlere Betriebe, bei denen sie oft die einzige Möglichkeit zur Stärkung der Eigenkapitalbasis ist, wenn zusätzliche Einlagen der Inhaber nicht zu erhalten sind und neue Gesellschafter nicht zu finden oder unerwünscht sind.

Die *Gefahren der Selbstfinanzierung* ergeben sich daraus, daß ohne eine externe Kontrolle leicht Fehlinvestitionen durchgeführt werden, weil keine genügend strenge Rentabilitätsbeurteilung erfolgt. Diese Gefahr wird noch dadurch vergrößert, daß stille Selbstfinanzierung die Rentabilitätsrechnung sehr erschwert. Bei der Bildung stiller Rücklagen wird die Rentabilität durch den geringer ausgewiesenen Gewinn niedriger ausgewiesen als sie ist; in Jahren der Beibehaltung stiller Rücklagen wird eine zu hohe Rentabilität ausgewiesen, da die Höhe des eingesetzten Kapitals nicht erkennbar ist, und bei der Auflösung wird sogar eine stark überhöhte Rentabilität vorgespiegelt. Weil der Umfang vorhandener stiller Rücklagen auch für erfahrene Mitglieder der Betriebsleitung kaum genau feststellbar ist, liegt darin eine echte Gefahr. Durchgeführte Investitionen werden beim Vorhandensein stiller Rücklagen leicht günstiger beurteilt als der Realität entspricht, und es besteht die Gefahr, daß Investitionen wiederholt werden, die bei richtiger Rentabilitätsrechnung nicht mehr durchgeführt worden wären.

Diese Gefahr läßt sich allerdings vermeiden, wenn fachgerechte Investitionsentscheidungen und entsprechende Kontrollen der realisierten Projekte durchgeführt werden, die unabhängig vom Bilanzausweis sind. Leider wird in vielen Betrieben jedoch auf eine solche interne Überwachung verzichtet, solange die Gesamtlage des Betriebes gut ist und keine entsprechenden Nachweise von den Kapitalgebern gefordert werden.

*Frage 8:*
*Können Sie die rentabilitätsverfälschende Wirkung stiller Rücklagen an einem Beispiel demonstrieren?*

Auch auf volkswirtschaftliche Gefahren sei kurz hingewiesen. Die Selbstfinanzierung trocknet den Kapitalmarkt aus, da die Gewinne in den Unternehmungen zurückgehalten werden. Durch die geschilderte Rentabilitätsverfälschung bei stiller Selbstfinanzierung und die Ausschaltung des Kapitalmarktes mit seiner Selektionsfunktion wächst die Gefahr der Fehlinvestition besonders bei guter Gewinnlage, d. h. in der Hochkonjunktur, wodurch die Selbstfinanzierung zur Konjunkturüberhitzung beitragen kann.

Bei Kapitalgesellschaften bietet sich unter Umständen eine Technik an, bei der die Gewinne zunächst ausgeschüttet und dann doch wieder dem Betrieb zur Verfügung gestellt werden, *die „Schütt-aus-hol-zurück-Methode"*. Dabei wird der Gewinn nach Beschluß der dafür zuständigen Hauptversammlung einer AG oder Gesellschafterversammlung der GmbH rechtswirksam verteilt. Gleichzeitig wird aber eine Erhöhung des Eigenkapitals gegen entsprechende Einlagen der Gesellschafter beschlossen oder eine Darlehensgewährung der Aktionäre bzw. Gesellschafter an die Kapitalgesellschaft vereinbart, so daß keine liquiden Mittel aus dem Unternehmen abfließen. Dieses Vorgehen hat Vorteile, wenn die Steuerbelastung ausgeschütteter Gewinne bei den Gesellschaftern niedriger ist als der für einbehaltene Gewinne geltende Steuersatz von 50 %. Ein entsprechender Betrag aus der Steuerersparnis kann so zusätzlich verwendet werden. Die Voraussetzungen für dieses Verfahren sind jedoch nur bei überschaubaren Beteiligungsverhältnissen und niedrigerer Steuerbelastung der Anteilseigner gegeben.

Auch eine Gewinnbeteiligung der Arbeitnehmer kann zu einer Verstärkung der Kapitalbasis beitragen, wenn die bezogenen Gewinnanteile als Beteiligung der Arbeitnehmer am Unternehmen (z. B. als stille Beteiligung) verfügbar bleiben.

### 1.4.2. Die Fremdfinanzierung

#### 1.4.2.1. Allgemeines über die Fremdfinanzierung

Fremdfinanzierung ist Finanzierung mit Kreditkapital, das nach einer bestimmten Frist wieder zurückgezahlt werden muß.

*Vorteile der Fremdfinanzierung* bestehen darin, daß keine Veränderung der Herrschaftsrechte eintritt, da keine neuen Gesellschafter aufgenommen werden, daß die Zinsen steuerlich abzugsfähige Betriebsausgaben sind und das Fremdkapital bei der Ermittlung des steuerpflichtigen Vermögens abzugsfähig ist. Dadurch ist die Belastung der Betriebe mit Einkommen- bzw. Körperschaftsteuer und Vermögensteuer geringer als bei der Finanzierung mit Eigenkapital. Außerdem kann sich der Betrieb durch kurzfristige Fremdfinanzierung leichter an Kapitalbedarfsschwankungen anpassen, als es bei reiner Eigenfinanzierung möglich ist. Für das große Ausmaß der Fremdfinanzierung in der Praxis ist allerdings auch wichtig, daß Eigenkapital nicht in ausreichendem Maß zu bekommen ist und daß sich beim Einsatz von Fremdkapital die Möglichkeit zum Ausnutzen des Leverage-Effektes ergibt.

*Nachteile des Fremdkapitaleinsatzes* liegen vor allem darin, daß die Zins- und Tilgungszahlungen sich auf die Liquidität nachteilig auswirken, da sie im Gegensatz zu Gewinnausschüttungen an Eigenkapitalgeber zu genau fixierten Zeitpunkten in festgelegter Höhe fällig werden. Weitere Nachteile ergeben sich durch die Notwendigkeit, Sicherheiten zu stellen, was außer Aufwendungen oft auch Verfügungsbeschränkungen mit sich bringt. Ausserdem darf nicht übersehen werden, daß die Sicherheiten dem Fremdkapitalgeber die Möglichkeit einräumen sollen, sich aus ihnen zu befriedigen, wenn der Schuldner seinen Verpflichtungen nicht pünktlich nachkommt und daß deshalb u. U. selbst vorübergehende Schwierigkeiten des Betriebes dazu führen können, daß dem Betrieb durch die Verwertung der Sicherheiten schwerer Schaden entsteht.

Schließlich kann die Aufnahme sehr großer Kredite u. U. dazu führen, daß der Betrieb in Abhängigkeit vom Gläubiger gerät, indem dieser sich wichtige Kontrollrechte oder sogar Mitbestimmungsmöglichkeiten vorbehält. Eine faktische Einflußnahme kann sogar dann schon drohen, wenn eine Reduzierung des Kreditlimits bei einer regelmäßigen Überprüfung angedroht wird.

Im folgenden soll ein Überblick über die Möglichkeiten der Fremdkapitalaufnahme gegeben werden. Dabei werden jeweils Hinweise auf übliche

Sicherungen gegeben; die wesentlichen Merkmale der verschiedenen Sicherungsmöglichkeiten werden anschließend dargestellt.

#### 1.4.2.2. Formen der langfristigen Fremdfinanzierung

##### 1.4.2.2.1. Das langfristige Darlehen

Unter einem Darlehen versteht man nach § 607 Abs. 1 BGB die Hingabe von Geld (oder anderen vertretbaren Sachen) mit der Vereinbarung, daß der Empfänger Sachen gleicher Art, Güte und Menge zurückzugeben hat.

Dabei werden in der Regel genaue Vereinbarungen über Zins, Laufzeit, Rückzahlungsweise usw. getroffen. Langfristige Darlehen werden vor allem zur Finanzierung von Grundstücken oder Gebäuden sowie Schiffen usw. gewährt, wobei die Sicherung durch Einräumung von Grund-(bzw. Schiffs-)-pfandrechten, d. h. Hypotheken oder Grundschulden, erfolgt. Sie werden vor allem von den sog. Realkreditinstituten (z. B. Hypothekenbanken), Sparkassen, Versicherungen und Bausparkassen, aber auch von anderen Instituten und von Privatpersonen gewährt. Im Sprachgebrauch der Praxis werden sie oft nach der gewährten Sicherheit bezeichnet: „Hypothek" oder „Grundschuld" für ein entsprechend gesichertes Darlehen.

Nach der vereinbarten Rückzahlungsweise unterscheidet man:

– Kündigungsdarlehen, die nach Kündigung zurückgezahlt werden,

– Rückzahlungsdarlehen, die zu bestimmter Zeit in einem Betrag zurückgezahlt werden.

Außer diesen beiden Formen des Darlehens über einen feststehenden Betrag gibt es nach der Art der laufenden Tilgung (Rückzahlung):

– Annuitätendarlehen, die durch Zahlung gleicher Raten (Annuitäten) zurückgezahlt werden, die Zins- und Tilgungsanteil umfassen, und

– Tilgungsdarlehen, die durch jährlich gleiche Tilgungsraten zurückgezahlt werden, so daß die Gesamtbelastung sinkt, da mit der Tilgung der Zinsbetrag abnimmt.

Die Wahl der Tilgungsart hängt außer von der Absicht des Gläubigers vor allem vom gewählten Zweck ab, für den das Darlehen gewährt wird.

Bei der Auszahlung langfristiger Darlehen wird häufig ein Auszahlungsbetrag unter dem eigentlichen Darlehensbetrag vereinbart. Der Abzug, der als Damnum (auch Disagio oder Geldbeschaffungskosten) bezeichnet wird, kann als Entgelt für die Kosten der Kreditprüfung und -bewilligung und als zusätzlicher (vorweggenommener) Zins angesehen werden. Bei der Vereinbarung eines Damnums unterscheiden sich der nominelle Zinssatz des Darlehens, der stets auf die vereinbarte Summe zu zahlen ist, und der *Effektivzinssatz*; da der volle Darlehensbetrag zurückzuzahlen ist, obwohl nur der niedrigere Auszahlungsbetrag zur Verfügung gestellt wurde, ist das Disagio als zusätzliche Vergütung dem vereinbarten Nominalzins hinzuzurechnen. Außerdem müssen die Zinszahlungen auf den Verfügungsbetrag bezogen werden, da nur dieser Betrag dem Betrieb zugeflossen ist.

Eine einfache Formel ermöglicht bei Festbetragsdarlehen mit bekannter Laufzeit und Zinsbindung, den Effektivzins unter Berücksichtigung des Disagios abzuschätzen und dadurch verschiedene Angebote mit verschiedenen Auszahlungskursen vergleichbar zu machen:

$$\text{geschätzter Effektivzins} = \frac{\text{Nominalzins (v.H.)} + \dfrac{\text{Disagio (v. H.)}}{\text{Laufzeit (Jahre)}}}{\text{Auszahlungskurs}}$$

Daraus ergibt sich z. B. für ein Darlehen, das in fünf Jahren rückzahlbar ist bei 6 % Nominalzins und einer Auszahlung von 95 % ein geschätzter Effektivzins von

$$\frac{6 + \dfrac{5}{5}}{0{,}95} \approx 7{,}37\ \%.$$

Würde z. B. ein anderes Festbetragsdarlehen über 5 Jahre zu 7 % bei voller Auszahlung angeboten, so zeigt die Formel, daß dieses zweite Angebot trotz höherer Nominalverzinsung günstiger ist.

Für eine genauere Berechnung des Effektivzinses müßten weitere Faktoren berücksichtigt werden: die Vorauszahlung des Disagio und die genauen Zinszahlungstermine lt. Darlehensvertrag.

Bei Darlehen, die laufend getilgt werden, ist auch die Tilgungsweise und die Anrechnung der Tilgungsleistungen zu berücksichtigen. Je nach der Vereinbarung werden geleistete Tilgungsbeträge sofort oder quartals- bzw. jahresweise auf die Restschuld angerechnet; erst nach der Tilgungsanrechnung mindern sich die Zinsen für das Restdarlehen. Unterschiedliche Regelungen der Tilgungsanrechnung können erheblichen Einfluß auf den Effektivzins haben.

Selbstverständlich können die Effektivzinsen für Darlehen nur bei gleicher Laufzeit und Zinsfestschreibung sinnvoll miteinander verglichen werden, da für jede Laufzeit bzw. Festschreibungsfrist am Kapitalmarkt unterschiedliche Zinshöhen bestehen können.

Bei der Auswahl des geeigneten Darlehens muß neben dem Zins auch auf eine den betrieblichen Bedürfnissen und Möglichkeiten entsprechende Tilgungsregelung und eine zweckmäßige Gestaltung der Zinsbindungsvereinbarung geachtet werden. Ob dabei eine kürzere oder eine längere Festschreibung der Konditionen vorteilhaft ist, hängt von den Erwartungen über die Zinsentwicklung am Kapitalmarkt und von der Dauer des Finanzierungsbedarfs ab, denn oft werden für die Dauer der Zinsbindung keine überplanmäßigen Tilgungen oder Kündigungen des Darlehens zugelassen.

Schließlich ist die Konditionengestaltung der verschiedenen Anbietergruppen und der einzelnen Anbieter unterschiedlich.

Das langfristige Darlehen ist die Grundform langfristiger Fremdfinanzierung, aus der sich jedoch einige, oft als selbständig angesehene Spezialformen entwickelt haben, zu denen die im folgenden behandelten Schuldscheindarlehen und Darlehen unter Ausgabe von Schuldverschreibungen gehören.

### 1.4.2.2.2. Das Schuldscheindarlehen

Die Bezeichnung Schuldscheindarlehen hat sich für langfristige Darlehen eingebürgert, die ursprünglich ohne Einschaltung einer Bank von Versicherungsgesellschaften an große Industrie- und Handelsunternehmen gewährt wurden. Dabei wurden unter Einschaltung eines Finanzmaklers oft sehr große Kreditbeträge von verschiedenen Gläubigern beschafft und u. U. durch ein mit dem Makler verbundenes Spezialinstitut langfristige Darlehen zugesagt, während dieses sich durch im Zeitablauf einander ablösende weniger langfristige Mittel refinanzierte (Revolving-System). Daneben finden sich zunehmend fristenkongruente Darlehen.

Schuldscheindarlehen wurden ursprünglich nur an *erste Adressen* vergeben, d. h. an bekannte Großunternehmen mit hervorragender Kreditwürdigkeit. Das führte dazu, daß sie zu einem zinsgünstigen Weg der Kapitalbeschaffung wurden, bei dem außerdem Flexibilität hinsichtlich der Höhe der jeweiligen Kreditinanspruchnahme, geringere Kapitalbeschaffungskosten und größere Freiheit bei der Wahl der Besicherungsart weitere Vorteile boten.

Allerdings ergeben sich Beschränkungen aus den Bestimmungen über die „Deckungsstockfähigkeit" solcher Darlehen. Die Versicherungsgesellschaften müssen in der Regel darauf achten, daß strenge Bedingungen für ihre Vermögensanlage bestehen, so daß höchste Anforderungen an die Bonität ihrer Schuldner gestellt werden.

Eine Ausweitung des Geschäftes wurde deshalb vor allem dadurch erreicht, daß als Schuldner Kreditinstitute auftreten, die auf diese Weise gegebene langfristige Darlehen refinanzieren. Dieser Weg hat inzwischen wesentlich an Bedeutung gewonnen und ermöglicht es, den Kreis der Darlehensnehmer über die ursprünglich bevorzugten Großunternehmen hinaus zu erweitern.

Das Schuldscheindarlehen hat seinen Namen vom in der Regel bei Darlehensgewährung ausgestellten Schuldschein, der im Gegensatz zur Obligation oder Schuldverschreibung kein Wertpapier ist, sondern nur der Beweissicherung dient, da der Schuldner darin das Bestehen der Forderung anerkennt. Der Begriff Schuldscheindarlehen wird aber auch verwendet, wo auf die Ausstellung eines solchen Scheines verzichtet wird, im übrigen aber die genannten Merkmale vorliegen. Schuldscheindarlehen sind typischerweise billiger als Darlehen von Kreditinstituten; der Zinssatz liegt jedoch meist über dem Zins für Industrieobligationen. Dagegen sind die Nebenkosten günstiger als bei der Ausgabe von festverzinslichen Wertpapieren wie Industrieobligationen. Die Besicherung erfolgt, wie bei anderen langfristigen Krediten, vor allem durch Grundpfandrechte.

### 1.4.2.2.3. Darlehen unter Ausgabe von Schuldverschreibungen

Große Unternehmen können sich langfristiges Fremdkapital auch unter Ausgabe von Wertpapieren über den Kapitalmarkt beschaffen. Die erforderliche Erlaubnis zur Ausgabe von solchen Schuldverschreibungen oder Industrieobligationen wird jedoch vom zuständigen Bundesministerium im Einvernehmen mit der zuständigen Landesbehörde allgemein nur großen Kapitalgesellschaften erteilt.

Merkmal einer Inhaber- oder Orderschuldverschreibung ist es nach dem BGB, daß in ihnen die Zahlung einer bestimmten Geldsumme an den an der Urkunde Berechtigten versprochen wird. Bei Inhaberpapieren ist das der jeweilige Eigentümer der Urkunde, die formlos durch Einigung und Übergabe übertragen werden kann, bei den (selteneren) Orderpapieren erfolgt die Übertragung durch ein zusätzliches „Indossament", ein vom Vorgänger unterschriebener Übertragungsvermerk, der üblicherweise auf der Rückseite der Urkunde angebracht wird.

Entsprechende Urkunden werden in bestimmter Stückelung über Teilbeträge der gesamten Darlehenssumme ausgestellt und den Kapitalgebern ausgehändigt.

Der Inhaber einer „Teilschuldverschreibung" kann deshalb ohne Einwilligung des Schuldners, der die Urkunde ausgegeben hat, sein eingesetztes

Kapital wiedererhalten, wenn er die Schuldverschreibung über die Börse an einen anderen verkauft. Weil sich der einzelne Anleger nicht für die ganze Laufzeit binden muß, sondern vorher liquidieren kann, spricht man von einer „Transformationsfunktion" der Schuldverschreibung (Fristentransformation: kurze Anlagezeit des einzelnen Anlegers, lange Gesamtlaufzeit). Allerdings führt eine Änderung des Kapitalmarktzinssatzes zu Kursschwankungen festverzinslicher Wertpapiere, deren Stärke sich an der Renditendifferenz und der Restlaufzeit orientiert: bei gestiegenem Kapitalmarktzins wird der Börsenkurs des Papieres so weit sinken, daß der neue Käufer für seinen Anschaffungsbetrag eine den neuen Kapitalmarktverhältnissen entsprechende Rendite für die Restlaufzeit erwarten kann.

Die Stückelung in kleine Beträge (mindestens 100,- DM) und die gute Liquidierbarkeit des in börsengängigen Wertpapieren verbrieften Kapitals ermöglichen es, auch von kleineren Einzelanlegern insgesamt hohe Kapitalbeträge aufzunehmen.

Schuldverschreibungen laufen in der Regel mindestens 4 bis 5 Jahre: es gibt wesentlich längere Laufzeiten. Sie werden zu einem festen Satz verzinst. Da der Rückzahlungskurs meist höher liegt als der Ausgabekurs (Differenz: Abgeld oder Disagio), entsteht eine zusätzliche Verzinsung, durch die es möglich wird, bei einem relativ glatten nominellen Zinssatz, der auf volle oder viertel Prozente lautet, die effektive Verzinsung der Anleihe genauer auf die Kapitalmarktverhältnisse des Ausgabezeitpunktes abzustimmen. In den letzten Jahren werden auch „Zero-Bonds" („Null-Kupon-Anleihen") auf den Markt gebracht, bei denen während der Laufzeit keine Zinsen ausbezahlt werden; die Verzinsung wird mit der Rückzahlung bezahlt, da die zu niedrigen Beträgen („abgezinst") ausgegebenen Stücke entsprechend höher getilgt werden. Auch dabei wird wirtschaftlich jederzeit eine Verzinsung gewährt, da die Stücke mit kürzer werdender Restlaufzeit höher notiert werden, so daß man beim Verkauf auch die Zinsen für die zurückliegende Laufzeit erhält. Allerdings wird der Zahlungszeitpunkt der Zinsen bis zum Fälligkeitstermin der Anleihe aufgeschoben, wenn der Anleger das Papier behält. Entsprechend erfolgt erst zu diesem Zeitpunkt die steuerliche Erfassung der Zinsen; damit wird Steuerpolitik ermöglicht.

Als Sonderformen von Schuldverschreibungen privater Betriebe gibt es:

- die Gewinnschuldverschreibung, bei der den Kapitalgebern neben (oder anstelle) einem festen Zins ein Anspruch auf Gewinnbeteiligung gewährt wird,

- die Wandelanleihe, deren Inhaber das Recht hat, sie zu bestimmten Terminen und zu einem bestimmten Kurs in Aktien der ausgebenden Unternehmung *umzutauschen* und

- die Optionsanleihe, bei der neben der Schuldverschreibung ein gesondertes Anrecht auf den Erwerb von Aktien zu bestimmten Bedingungen gewährt wird, so daß der Inhaber *zusätzlich* zur Anleihe noch Aktien erwerben kann.

Wandelanleihen und Optionsanleihen geben dem Anleger die zusätzliche Chance auf den Bezug von Aktien zu festgelegten Konditionen; deshalb kann die laufende Verzinsung niedriger gewählt werden.

Die Bedeutung aller Formen von Schuldverschreibungen für die direkte Finanzierung der Unternehmen am Kapitalmarkt ist nicht groß; dazu geht die Emissionstätigkeit weiter zurück, was an den günstigen Finanzierungsmöglichkeiten über Schuldscheindarlehen liegt, die geringere Nebenkosten verursachen. Hinzu kommt, daß private Anleger die Papiere institutioneller Daueremittenten (Pfandbriefe, Staatsschuldverschreibungen, etc.) vorziehen und die Kapitalsammelstellen auch wegen des Kursrisikos von Wertpapieren die Darlehensvergabe dem Wertpapierengagement vorziehen. Dagegen haben Emissionen großer deutscher Unternehmen an ausländischen Kapitalmärkten einige Bedeutung. Sie dienen meist der Finanzierung ausländischer Aktivitäten.

*Frage 9:*
*Vergleichen Sie die Formen langfristiger Fremdfinanzierung hinsichtlich der in Frage kommenden Kreditnehmer, Kredithöhen und der entstehenden Kosten!*

1.4.2.3. Formen der kurzfristigen Fremdfinanzierung

Bei den kurzfristigen Kreditgeschäften unterscheidet man vor allem jene, bei denen der Kunde über Zahlungsmittel verfügen kann (*Geldleihe*), und die Sonderformen, bei denen der Kreditgeber keine Geldmittel zur Verfügung stellt, sondern aufgrund seiner eigenen (hohen) Kreditwürdigkeit nach außen als Schuldner oder Bürge für seinen Kunden auftritt. Da bei diesen Formen (vor allem Aval- und Akzeptkredit) nur die Kreditwürdigkeit in den Dienst des Kunden gestellt wird, spricht man von *Kreditleihe*.

Daneben kann man grob nach dem typischen Kreditgeber systematisieren und die Formen des Bankkredites (Kredit von Kreditinstituten inkl. der

Sparkassen u. a.) und des Lieferanten- und Kundenkredites unterscheiden. Zunächst werden die verschiedenen Formen des Bankkredits dargestellt.

### 1.4.2.3.1. Der Kontokorrentkredit

Das Kontokorrent ist ein in §§ 355 bis 357 HGB geregeltes Verfahren der Aufrechnung von gegenseitigen Forderungen und Verbindlichkeiten zwischen Kaufleuten. Die einzelnen im Kontokorrent erfaßten Beträge verlieren mit ihrer Einstellung in das Kontokorrent ihre Selbständigkeit, so daß nur noch der Saldo rechtliche Bedeutung hat. Die Aufrechnung (Saldenermittlung) erfolgt heute oft nach jeder Buchung. Dabei können sowohl Soll- als auch Habensalden auftreten.

Die Einrichtung eines Kontokorrentverkehrs zwischen einer Bank und ihrem Kunden erfolgt üblicherweise durch Einrichtung eines Kontos für den Zahlungsverkehr (Girokonto). Damit ist nicht zwangsläufig das Recht des Kunden verbunden, von der Bank Kredit in Anspruch zu nehmen. Ein Kontokorrent kann ohne ein derartiges Kreditverhältnis bestehen.

Meist wird aber zumindest nach einer gewissen Zeit ein Kreditlimit festgesetzt, das der Kunde in Anspruch nehmen kann. Steht eine Bank mit einem Kunden im regelmäßigen Kontokorrentverkehr, so bekommt sie damit einen Einblick in verschiedene Gegebenheiten, die für die Beurteilung der Kreditwürdigkeit des Kunden von Bedeutung sind, wie Bankumsatz, Kreis der Lieferanten, Kreis der Abnehmer, regelmäßige Zahlungsverpflichtungen, regelmäßige Einnahmen, Pünktlichkeit von Zahlungen u. ä.

Das Kontokorrent eignet sich in besonderer Weise für die Gewährung und Inanspruchnahme von Betriebskrediten, die in ständig wechselnder Höhe je nach Geschäftsverlauf benötigt werden.

Das Ausmaß der Kreditinanspruchnahme unterliegt ständigen Schwankungen, da alle Kontobewegungen den Saldo des Kontokorrent und damit den Kreditbetrag verändern; in der Regel wirkt sich der größte Teil der Zahlungen aus, z. B. Barabhebungen oder Einzahlungen, Scheckbelastungen und Scheckgutschriften, Überweisungen und die Einlösung von Wechseln mit Zahlstellenvermerk.

Obwohl der Kontokorrentkredit formal ein kurzfristiger Kredit ist, ist die Möglichkeit einer ständigen Prolongation gegeben. Ein großer Teil der Kontokorrentkredite hat entsprechend de facto langfristigen Charakter. Eine plötzliche Nicht-Prolongation oder Kündigung solcher ständigen Kontokorrentkredite aus wichtigem Grund kann u. U. zu erheblichen Schwierigkeiten für den Betrieb führen.

Wie bei allen kurzfristigen Krediten, die über längere Zeit immer wieder genutzt werden, kann das Risiko der weiteren Bewilligung vom Betrieb leicht unterschätzt werden. Bei verschlechterter Geschäftslage besteht oft erhöhter Kreditbedarf, während die Kreditgeber ihr Risiko durch ein niedrigeres Kreditlimit oder die Forderung nach zusätzlichen Sicherheiten begrenzen möchten.

Der Kontokorrentkredit kann in den verschiedensten Formen besichert werden. Er ist nicht ursprünglich mit bestimmten Sicherheiten verbunden und wird in gewissem Umfang auch „blanko", d. h. ohne formelle Sicherheiten, gewährt.

Trotz relativ hoher Zins- und Spesensätze ist der Kontokorrentkredit wegen seiner Flexibilität oft wirtschaftlich, da die Zinsen nur auf die jeweils in Anspruch genommene Höhe zu zahlen sind, während die meisten anderen Kredite in feststehender Höhe gewährt werden.

Die Kosten setzen sich oft aus mehreren Elementen zusammen: einer Bereitstellungsprovision für das eingeräumte Kreditlimit und dem Zins für den in Anspruch genommenen Kreditbetrag. Daneben sind meist Guthabenzinsen für auftretende Guthaben des Kunden, Umsatzprovisionen für den abgewickelten Geldverkehr und eine zusätzliche Überziehungsprovision fällig, wenn das vereinbarte Kreditlimit vom Kunden nicht eingehalten wird, der Kreditgeber die Überziehung aber duldet. In der Regel wird quartalsweise abgerechnet.

Der Kontokorrentkredit umfaßt den größten Teil aller Bankkredite nach Zahl und Volumen.

### 1.4.2.3.2. Der Diskontkredit

Der *Wechsel* ist ein Wertpapier. Er verbrieft ein abstraktes Schuldversprechen, das losgelöst von dem ursprünglichen Schuldverhältnis besteht und der besonderen Strenge des Wechselrechts unterliegt (Vereinfachung im Wechselprozeß, da nur Einreden gegen die Urkunde oder die Person des Forderungsberechtigten möglich sind). Außerdem kann jede Person, deren Unterschrift auf dem Wechsel erfaßt ist, bei Nichteinlösung durch den Schuldner und rechtzeitiger Protesterhebung im Regreßwege in Anspruch genommen werden, ohne daß eine Wechselklage erhoben werden muß.

Er kann aus rein finanztechnischen Gründen benutzt werden (Finanzierungs- oder Finanzwechsel) oder in die Bezahlung eines Warengeschäftes eingeschaltet werden (Waren- oder Handelswechsel). Dabei stellt der Lieferant einen Wechsel aus und legt ihn seinem Kunden zur Annahme vor. Durch seine Annahmeerklärung (Akzept, geleistet durch quer auf das Formular gesetzte Unterschrift, „querschreiben") verpflichtet sich der Kunde zur Zahlung am genannten Termin und hat dadurch eine strengere Form der Verbindlichkeit begründet; für ihn liegt ein „Schuldwechsel" vor. Der Wechsel wird danach an den Aussteller zurückgegeben, der ihn behalten („Besitzwechsel") oder in Umlauf setzen kann.

Die gute Realisierungsmöglichkeit von Wechselforderungen erleichtert die Kreditgewährung bei der Einschaltung von Wechseln sehr, da Wechselforderungen sehr viel leichter einzutreiben sind als unverbriefte Forderungen.

Der Diskontkredit besteht im Ankauf von Wechseln durch eine Bank, auch Diskontierung von Wechseln genannt. Für Banken liegt in dem Diskontgeschäft ein günstiger Weg für eine rentable Anlage von liquiden Mitteln, ohne daß ihre Liquidität berührt wird, sofern die Wechsel den Rediskontanforderungen der Bundesbank entsprechen (LZB-fähige Wechsel).

In § 19 des Gesetzes über die Deutsche Bundesbank sind folgende Bedingungen für die Rediskontierung genannt:

a) Haftung durch drei als zahlungsfähig bekannte Verpflichtete.

b) Die Wechsel müssen innerhalb dreier Monate, vom Tag des Ankaufs an gerechnet, fällig sein.

c) Es sollen gute Handelswechsel sein.

Dazu kommen noch zahlreiche Beschlüsse des Zentralbankrates über den Ankauf von Wechseln und strenge formale Bestimmungen, die die Rediskontfähigkeit einengen.

Sind die Voraussetzungen für eine Rediskontierung gegeben und ist das Rediskontkontingent des den Wechsel bei der Bundesbank oder ihren Filialen (Landeszentralbanken) einreichenden Institutes nicht erschöpft, kann das Kreditinstitut sich durch Rediskontierung der angekauften Wechsel zu jeder Zeit wieder liquide Mittel verschaffen. Dabei gibt das Institut angekaufte Wechsel zum amtlichen Diskontsatz an die LZB weiter.

Der den Kunden berechnete Diskont liegt um eine Spanne über diesem Diskontsatz, die je nach der Güte der Geschäftsverbindung und der Qualität und Höhe des Wechsels verschieden ist. Wie alle Zinssätze unterliegt er der Vereinbarung. Daneben können Spesen vereinbart werden, jedoch wird davon meist abgesehen („spesenfrei diskontiert").

Da der Rediskont normalerweise die günstigste Refinanzierungsmöglichkeit für Kreditinstitute ist, ist auch der Diskontkredit meist die billigste Finanzierungsmöglichkeit. Die Kosten liegen normalerweise mehrere Prozentpunkte unter denen für Kontokorrentkredite. Wenn der Betrieb über geeignete Wechsel verfügt, kann die Kredithöhe und Laufzeit sehr flexibel gesteuert werden.

Kreditinstitute können selbstverständlich auch Wechsel diskontieren, die nicht rediskontfähig sind. Sie müssen diesen Kredit allerdings aus vorhandenen Mitteln gewähren und berechnen daher weit höhere Zinsen, die etwa den Zinsen für Kontokorrentkredite entsprechen.

Zu den Kosten des Wechselkredits mußte früher auch die Wechselsteuer gezahlt werden, die ab 1992 nicht mehr erhoben wird. Meist werden die vom Kunden eingereichten Wechsel von den Kreditinstituten auf das gesamte Kreditengagement angerechnet, so daß hohe Wechselkredite andere Kreditmöglichkeiten begrenzen können.

Wenn die Diskontmöglichkeiten des Wechselschuldners günstiger sind als die des Ausstellers, der normalerweise diskontieren läßt, kann dies durch ein besonderes Verfahren ausgenutzt werden: beim *Scheck-Wechsel-Verfahren* tauschen Lieferant und Kunde eines Warengeschäftes den ausgestellten Wechsel und einen Scheck über den Rechnungsbetrag aus. Der Kunde, der durch Scheck Zahlung leistet, behält den vom Lieferanten ausgestellten Wechsel (Umkehrwechsel) und gibt ihn nach dem Akzept selbst seiner Bank zum Diskont. Daher spricht man auch von der Diskontierung eigener Akzepte. Durch die Diskontierung kann in etwa der für die Scheckeinlösung nötige Betrag beschafft werden. Das Verfahren ist kostengünstiger als der entsprechende Kontokorrentkredit und sichert möglichst niedrige Kreditkosten. Teilweise wird wegen der Scheckzahlung sogar Skonto abgesetzt. Für den Lieferanten besteht allerdings das Risiko, daß er eventuell als Wechselaussteller in Regreß genommen werden oder in anderer Weise bei Wechselfälligkeit erneut beteiligt werden kann, z. B. durch Verlangen nach Mitwirkung bei einer Wechselprolongation.

Das Scheck-Wechsel-Verfahren bietet also weitere Möglichkeiten zur Senkung der Finanzierungskosten, ist aber für den Lieferanten mit einem Ausstellerrisiko verbunden, obwohl er Zahlung per Scheck erhält; auch hinsichtlich des Eigentumsvorbehaltes können Probleme auftreten. Wechsel aus diesem Verfahren gelten als Warenwechsel im Sinne der Rediskontbestimmungen.

Die Einschaltung von Wechseln wird besonders günstig für den Diskontierenden, wenn die Wechsellaufzeit über die Zielfrist der zugrundeliegenden Lieferung hinausgeht. In diesem Fall steht der Wechselkredit nicht nur billiger zur Verfügung als andere Kreditformen, sondern kann auch längere Zeit genutzt werden.

*Frage 10:*
*Soll eine Zahlung unter Einschaltung von Wechseln angestrebt werden, wenn Kontokorrentkredit z. Z. 12 %, Diskontierung aber nur 9 % kostet? Wovon hängt das ab?*

### 1.4.2.3.3. Der Akzeptkredit

Beim Akzeptkredit handelt es sich um einen Wechselkredit, bei dem die Bank einen vom Kunden auf sie gezogenen Wechsel unter der Bedingung akzeptiert, daß der Kunde den Gegenwert vor Fälligkeit der Bank zur Verfügung stellt.

Das Akzept der Bank gibt dem Wechsel eine weitgehende Sicherheit und Fungibilität. Die Bank hat also dem Kunden ihre Kreditwürdigkeit geliehen *(Kreditleihe)*. Der Kunde kann nun das Bankakzept zahlungshalber weitergeben oder sich flüssige Mittel im Wege der Diskontierung beschaffen; meist diskontiert die Akzeptbank, um sich auch das Diskontgeschäft zu sichern (Selbstdiskont); damit folgt dem Kreditleihgeschäft ein Geldleihgeschäft, denn erst jetzt steht dem Kunden zusätzliches Geld zur Verfügung.

Das Verfahren ist vor allem im Zusammenhang mit der Importfinanzierung verbreitet, indem Akzepte von zu diesem Markt zugelassenen Banken *(Privatdiskonten)* geschaffen werden. Privatdiskonten sind besondere Bankakzepte, die in Zusammenhang mit Außenhandelsgeschäften stehen und eine hervorragende Bonität durch das Zusammenwirken der Bonität der Bank und des Ausstellers haben. Sie können zu einem sehr günstigen Satz diskontiert werden, da sie bei der Privatdiskont AG zum Privatdiskontsatz refinanzierbar sind. Der Privatdiskontsatz liegt in der Regel noch unter dem Diskontsatz der Deutschen Bundesbank. Auch andere Bankakzepte werden zu einem Vorzugssatz diskontiert.

Das Interesse des Kunden liegt darin, über Wechsel bester Qualität zu verfügen und dadurch günstige Kreditkosten zu erreichen.

Die Kosten des Akzeptkredites selbst bestehen in einer Akzeptprovision; dazu kommen die Kosten des Diskontgeschäftes.

### 1.4.2.3.4. Der Avalkredit

Bei der Einräumung eines Avalkredites gewährt die Bank einer dritten Person eine Bürgschaft für gegenwärtige oder zukünftige Zahlungsverpflichtungen ihres Kunden. Der Kunde der Bank bleibt also weiterhin der eigentliche Schuldner, die Bank tritt als Bürge hinzu.

Die besondere Funktion, die die Bank hier übernimmt, liegt also - ähnlich wie beim Akzeptkredit - in ihrer Zahlungsfähigkeit begründet. Eine Gewährung von Zahlungsmitteln ist mit dieser Kreditart ursprünglich nicht verbunden, so daß der Avalkredit gleichfalls als eine *Kreditleihe* anzusprechen ist.

Die Bankbürgschaft ist immer dann von Bedeutung, wenn der Kunde der Bank bei anderen Personen eine Stundung der diesen gegenüber bestehenden Zahlungsverpflichtungen anstrebt oder der Bankkunde gegenüber anderen Personen zukünftige Zahlungsverpflichtungen eingeht.

Schließlich ist die Bankbürgschaft von Bedeutung, wenn die dritte Person Vorauszahlung auf zukünftige Leistungen des Bankkunden vornimmt und der Dritte Sicherheiten verlangt.

Die im Avalkredit liegende Bankbürgschaft kann immer nur auf Zahlungsverpflichtungen gerichtet sein und nicht auch auf Lieferungsverpflichtungen. Im Zusammenhang mit Lieferungsverpflichtungen kann sich eine Bank niemals dafür verbürgen, daß der Schuldner seiner Lieferungsverpflichtung nachkommt, sondern nur dafür, daß bei Auslösung der geldlichen Konventionalstrafe diese erfüllt wird.

Beispiele für den Avalkredit sind Bürgschaften für vorgesehene Vertragsstrafen. Gewährleistungsverpflichtungen, ausstehende Einlagen, enthaltene Vorauszahlungen, Steuern, Zölle und Wechselverpflichtungen. Bei einem Teil der Avale ist grundsätzlich eine Zahlung unter Einschaltung der Bank vorgesehen.

Die Kreditinstitute rechnen auch bestehende Avale in irgendeiner Weise auf das bestehende gesamte Kreditengagement an, so daß hohe Avalsummen die bestehenden anderen Kreditmöglichkeiten beeinträchtigen können. Die Kosten einer Avalgewährung bestehen in einer Avalprovision, die je nach der Art des Geschäftes und der Risiken stark schwanken kann.

Auch Kreditversicherungsunternehmen gewähren für viele Verwendungszwecke Avale; die Einschaltung eines oder mehrerer Versicherer hat oft den Vorteil, daß die Versicherer oft nach anderen Grundsätzen entscheiden und weitere Kreditlimits neben den bei Kreditinstituten bestehenden Grenzen zur Verfügung stellen; unter Umständen sind auch die Kosten günstiger. Vor allem aber kann durch das Heranziehen von Versicherungsunternehmen für diesen Sonderbereich der bestehende Kreditrahmen der Banken für voll liquiditätswirksame Geldkredite vorbehalten werden.

Wie jede Kreditform kann auch die Stellung von Avalen von verschiedenen Sicherheiten abhängig gemacht werden oder ohne förmliche Sicherheiten erfolgen. Auch dabei unterscheiden sich oft die Anforderungen verschiedener Anbieter, so daß für Avalgewährungen nicht nur die Hausbank in Betracht gezogen werden sollte.

### 1.4.2.3.5. Der Lombardkredit

Unter *lombardieren* versteht man allgemein die bankmäßige Beleihung von Wertpapieren oder Waren. Der Lombardkredit ist also ein Kredit auf der Grundlage der Verpfändung von Wechseln, Effekten oder Waren. Ihm liegt somit eine dingliche Sicherheit an beweglichen Sachen zugrunde.

Eine gleiche sachliche Sicherheit wie beim Lombardkredit kann auch beim Kontokorrentkredit gegeben sein. Außerdem werden beide Kreditarten in der Regel als kurzfristige Kredite gewährt. Ein wesentlicher Unterschied ist aber darin zu sehen, daß der Lombardkredit auf einen festen Kreditbetrag lautet, der in einer Summe gewährt und in der Regel auch in einer Summe wieder abgelöst wird. Beim Kontokorrentkredit wird dagegen ein Höchstbetrag für die Kontoüberziehung zugestanden, während die Höhe des Kontokorrentkredites fortwährend Schwankungen unterliegen kann. Der durch eine Verpfändung von beweglichen Sachen besicherte Kontokorrentkredit wird daher auch als uneigentlicher (unechter) Lombardkredit bezeichnet. Diese Abwicklung hat für die Kreditaufnahme von Betrieben bei Kreditinstituten große Bedeutung, während echte Lombardkredite vor allem von den Kreditinstituten bei der Deutschen Bundesbank aufgenommen werden, die dafür den veröffentlichten Lombardsatz berechnet.

Der Lombardkredit unterscheidet sich weiterhin vom Kontokorrentkredit darin, daß er als Warenumschlagskredit und als Wertpapierspekulationskredit gewährt wird, während der Kontokorrentkredit als kurzfristiger Betriebskredit, als Saisonkredit, als Zwischenkredit und in Sonderfällen als Anlagekredit beansprucht wird.

Der wohl häufigste Fall des Lombardkredites ist das Effektenlombardgeschäft. Für den Kreditnehmer ist die Beleihung seiner Effekten besonders vorteilhaft, wenn zum Zeitpunkt des Geldbedarfs eine Veräußerung der Papiere ungünstig erscheint oder er seinen Wertpapierbestand behalten möchte, weil sein Geldbedarf nur vorübergehend ist. Für den Kreditgeber liegt der Vorzug des Effektenlombards vor allem in der leichten Veräußerbarkeit der Wertpapiere. Gegen die Gefahr von Kursrückgängen, die eine Entwertung des Pfandobjektes verursachen würden, sichert sich der Kreditgeber dadurch, daß er das Pfand nur zu einem bestimmten Prozentsatz seines Wertes beleiht. Diese Beleihungsgrenze liegt um so höher, je leichter das Pfand verwertbar ist und je geringeren Kursschwankungen es ausgesetzt ist. Aus diesem Grunde werden üblicherweise börsengängige Staats- und Industrieanleihen, Kommunalobligationen und Pfandbriefe mit einem höheren Prozentsatz ihres derzeitigen Wertes beliehen als Aktien.

Die deutsche Bundesbank gewährt Lombardkredite mit höchstens drei Monaten Laufzeit gegen Verpfändung von rediskontfähigen Wechseln und Schatzwechseln (jeweils bis zu 90 % ihres Nennwertes), bestimmten festverzinslichen Papieren, Schuldbuchforderungen und Ausgleichsforderungen (jeweils bis zu 75 % ihres Nennbetrages bzw. Kurswertes).

Im Gegensatz dazu betreibt die Bundesbank das Warenlombardgeschäft nicht. Kreditinstitute gewähren jedoch auch Warenlombardkredite, meist unter Einbeziehung in das Kontokorrent.

Für die Verpfändung kommen nur Waren in Betracht, die der Kreditnehmer während der Kreditzeit entbehren kann, da die Waren aus dem alleinigen Besitz des Kreditnehmers ausscheiden müssen. Darin liegt eine wesentliche Einschränkung des Warenlombardgeschäfts. Eine zweite Einschränkung ist in der Sicherung des Pfandrechts zu sehen, sofern die Waren nicht bei einem Lagerhalter eingelagert sind, weil sie dann unter Mitverschluß der Bank zu halten sind. Befindet sich die Ware in Verwahrung bei einem Lagerhalter, so vereinfacht der über die Ware ausgestellte Lagerschein die Einräumung des Pfandrechts, da es sich um ein Wertpapier handelt, so daß nur unter Vorlage des Wertpapiers die Auslieferung verlangt werden kann.

Gegenüber der Lombardierung von Wertpapieren besteht aber auch in diesen Fällen noch die zusätzliche Schwierigkeit der Bestimmung der Beleihungsgrenze, eine Schwierigkeit, die sich insbesondere auch bei der Lombardierung rollender und schwimmender Waren ergibt.

1.4.2.3.6. Der Lieferantenkredit

Man kann zwei Arten des Lieferantenkredits unterscheiden, den Ausstattungs- und den Lieferungskredit.

Beim *Ausstattungs- oder Einrichtungskredit* gewährt der Lieferant einem Kunden einen Barkredit für die Gründung oder Modernisierung, mit dem die benötigten Einrichtungsgegenstände beschafft werden können. Entsprechend der Verwendung der Kreditmittel beim Kreditnehmer ist der Ausstattungskredit in der Regel allerdings als langfristiger Kredit zu gewähren. Der Kauf der Einrichtungsgegenstände erfolgt meist nicht beim Kreditgeber, sondern bei anderen Betrieben. Das Interesse des Kreditgebers ist in diesem Fall darauf gerichtet, den Kreditnehmer über die Kreditgewährung als Abnehmer für seine Leistungen zu gewinnen. Die Kreditgewährung kann mit einer Abnahmeverpflichtung für diese Leistungen verbunden sein. Typische Beispiele dafür finden wir in der Finanzierung von Gaststätten durch Brauereien und von Tankstellen durch Ölgesellschaften.

Die Kreditrückzahlung kann so geregelt sein, daß der Kreditnehmer für die Lieferungen des Kreditgebers einen Preis zahlt, der um einen Zuschlag für Zinsen und Tilgung erhöht ist. Daneben sind auch Rückzahlungsbedingungen möglich, die wie bei anderen Kreditgewährungen unabhängig von den Abnahmemengen sind.

Der *Lieferungskredit* beruht auf völlig anderen Grundlagen. Hier tritt der Lieferant nicht nur als Kreditgeber eines Barkredites auf, sondern die Kreditgewährung steht in unmittelbarem Zusammenhang mit einer Lieferung. Daher bezeichnen viele Autoren auch nur diesen Lieferungskredit als Lieferantenkredit. Ihm liegt zunächst ein Kaufvertrag zwischen dem Kreditgeber (Lieferant) und dem Kreditnehmer (Abnehmer) zugrunde. Die Kreditgewährung kommt darin zum Ausdruck, daß der Lieferant dem Abnehmer die Bezahlung zunächst stundet (Lieferung gegen Rechnung, Vereinbarung eines „Zahlungsziels").

Diese Kreditgewährung kann verschieden gestaltet werden. Wenn der vom Lieferanten in Rechnung gestellte Preis ein Barpreis ist, kann dem Abnehmer die Möglichkeit gewährt werden,

- Zahlung durch ein Akzept über den Rechnungsbetrag zu leisten, wenn er auch Diskont und Spesen übernimmt, oder
- die Zahlung bis zu einem vereinbarten Termin hinauszuschieben, wenn er dafür entsprechende Zinsen zahlt.

Häufiger aber ist der vereinbarte Preis ein Zielpreis, d. h. er bezieht sich auf Zahlung nach einer vereinbarten Frist nach Lieferung oder Rechnungsstellung. Bei früherer Zahlung innerhalb einer benannten Zeitspanne nach Rechnungseingang ist der Abnehmer oft berechtigt, von diesem Zielpreis einen benannten prozentualen Abschlag (Skonto = Preisnachlaß für schnelle Zahlung) vorzunehmen.

Die Gewährung der Lieferungskredite bedeutet für den Abnehmer je nach dem Verhältnis von durchschnittlicher Umschlagsdauer und Kreditzeit eine volle oder anteilige Finanzierung seiner Lagerhaltung und u. U. der eigenen Lieferungskreditgewährung.

Sie ist ein wichtiges absatzpolitisches Instrument, da günstige Ziel- und Skontokonditionen absatzfördernd wirken können. Anderseits ist die Gewährung erheblicher Lieferungskredite für den Verkäufer mit erhöhter eigener Kapitalbindung und oft erheblichen Risiken verbunden, da zur Absicherung der Lieferungskredite meist nur Eigentumsvorbehalte an der gelieferten Ware in Frage kommen. Diese sind u. U. von geringem praktischen Wert, da der Kunde über die Ware verfügen kann und der Eigentumsvorbehalt dadurch untergehen kann. Auch modifizierte Formen des Eigentumsvorbehalts und weitere Sicherungsabreden können die Risiken des kreditierenden Lieferanten nur bedingt mindern; ihre Wirksamkeit hängt von zahlreichen Faktoren und der jeweiligen Weiterverwendung durch den Kunden ab. Daher ist der Lieferungskredit besonders von der Bonität des Kunden abhängig. Kommt es zu Zahlungsstörungen, wird oft von den Lieferanten versucht, den Umfang der Kredite zu verringern und ggf. nur noch gegen Vorauskasse zu liefern; das kann beim Abnehmer zusätzliche Probleme hervorrufen, durch die sich seine Zahlungsschwierigkeiten vergrößern.

Wird der Lieferungskredit in der Form gewährt, daß ein mit einer Skontoklausel versehener Zielverkaufspreis vereinbart wird, kann man die Kosten für die Inanspruchnahme dieses Kredits relativ genau ermitteln: Die Kreditkosten errechnen sich aus dem Skontosatz und der Rest-Zielfrist, der Frist von der Skontozahlung bis zur Zahlung des vollen Rechnungsbetrages:

Überschlägiger Zinssatz für Lieferungskredite

$$\text{Skontosatz (\%)} \cdot \frac{\dfrac{360}{\text{Restlaufzeit in Tagen}}}{\left(1 - \dfrac{\text{Skontosatz (\%)}}{100}\right)}$$

Tabelle 4 gibt einen Überblick über einige mögliche Skontobedingungen und die entsprechenden Zinssätze, bezogen auf ein Jahr. Die Jahreszinssätze wurden dabei nur überschlägig berechnet, indem der gewährte Skontosatz auf 52 Wochen umgerechnet wurde. Um sie mit Bankzinsen vergleichbar zu machen, müssen die Zinsen jedoch statt auf den am Ende der Zielzeit zu zahlenden Zielpreis auf den Barpreis nach Abzug des Skonto bezogen werden, wodurch sich die Sätze nochmals erhöhen (vgl. Spalte „entspricht Bankzins").

Tabelle 4. Skontobedingungen.

| Kredit-<br>frist | Skonto-<br>zeit | Skonto-<br>satz<br>% | Jahres-<br>satz<br>% | entspricht<br>Bankzins<br>% |
|---|---|---|---|---|
| 4 Wochen | sofort | 2 | 26,0 | 26,5 |
| 4 Wochen | 1 Woche | 2 | 34,7 | 35,4 |
| 4 Wochen | 1 Woche | 3 | 52,0 | 53,6 |
| 6 Wochen | 1 Woche | 3 | 31,2 | 32,2 |
| 8 Wochen | 1 Woche | 3 | 22,3 | 23,0 |

Durch die unterjährige Abrechnung und Berücksichtigung des Zinseszinses liegen die Belastungen bei genauer Rechnung noch höher als bei dieser Schätzmethode.

Diese hohen Kreditkosten sollten die Abnehmer veranlassen, so weit wie möglich den Barpreis in Anspruch zu nehmen und den Lagervorrat in anderer Weise - etwa durch Beanspruchung von Bankkrediten - zu finanzieren. Das trifft insbesondere dann zu, wenn der Skontosatz zu einem Mittel des Wettbewerbs wird, wie es vielfach der Fall ist (Gewährung von indirekten Preisnachlässen durch Heraufsetzen des Skontosatzes). Damit wird gleichzeitig eine Abhängigkeit von den Krediten des Lieferanten verhindert.

Ein Vorteil des Lieferungskredites, der die hohen Kosten auch etwas weniger ins Gewicht fallen läßt, ist die große Flexibilität bei der Inanspruchnahme des Lieferungskredites, der nur bei Bedarf und für bestimmte Rechnungen in Anspruch genommen werden kann. Weitere Vorteile liegen in der formlosen Kreditgewährung und der Tatsache, daß der Kunde meist keine besonderen Sicherheiten zu bestellen hat, so daß seine Sicherungsmöglichkeiten für andere Finanzierungen verfügbar bleiben. Der Lieferungskredit besteht also teilweise zusätzlich zu den Verschuldungsmöglichkeiten bei Kreditinstituten.

1.4.2.3.7. Der Kundenkredit (Vorauszahlungsfinanzierung)

Die Kreditgewährung durch Kunden besteht darin, daß eine Anzahlung oder Vorauszahlung geleistet wird, bevor der Verkäufer oder der Hersteller eines Werkes seine Leistung erbringt. Der Kundenkredit ist von Bedeutung im Rahmen von Werkverträgen, wenn Individualleistungen mit einem erheblichen Kapitalbedarf und einer längeren Herstellzeit erstellt werden. Der Vorauszahlung kommt in diesen Fällen eine doppelte Bedeutung zu; sie dient der Finanzierung der Herstellung sowie der Sicherung der Abnahme. Wir finden sie überwiegend im Schiffsbau, im Wohnungsbau, Brückenbau und in der Maschinenindustrie bei der Herstellung von Spezialmaschinen.

Aus Sicherheitsgründen muß der Hersteller dabei oft eine Bankbürgschaft (Aval) oder eine Kautionsversicherung über den Vorauszahlungsbetrag beschaffen, durch die bei Nichterfüllung des Vertrages die Rückgabe der Vorauszahlung gesichert ist.

Da die Vorauszahlungsvereinbarung meist Teil des Kauf- oder Werkvertrages ist, sind die effektiven Kreditkosten dabei oft nicht ermittelbar.

### 1.4.2.4. Sonderformen der Finanzierung

#### 1.4.2.4.1. Kredit vom Euromarkt

Bei den sogenannten Eurogeld- bzw. Eurokapitalmärkten handelt es sich um internationale Märkte für kurz- bzw. langfristige Finanzierungsmittel. Dabei werden verschiedene Währungen, vor allem Dollar (Eurodollar), aber auch DM, Schweizer Franken und andere Währungen außerhalb ihrer Heimatländer international gehandelt.

Da der Markt sich nicht auf europäische Zentren beschränkt, ist die Bezeichnung als Euromärkte irreführend. Die Besonderheiten der Märkte ergeben sich durch die Lösung der Geschäfte von den gesetzlichen Bestimmungen und üblichen Techniken für Bankgeschäfte in den Heimatländern, Steuervorteile usw. Dadurch sind oft günstigere Konditionen möglich.

Für die Finanzierung von Betrieben können Terminkredite über ein bis zwölf Monate und länger in Anspruch genommen werden, wobei Festbeträge über die Vermittlung der Hausbank oder anderer Institute aufgenommen werden. Die Mindesthöhe eines solchen Kredites liegt etwa bei 500 000,– bis 1 Mill. DM. Die Finanzierung über Euromärkte hat für größere Unternehmen inzwischen erhebliche Bedeutung erlangt.

Neben Euro-DM können dabei auch andere Währungen gewählt werden, wobei allerdings von Fall zu Fall die Chancen und Risiken der Währungskursentwicklung zu beachten sind.

#### 1.4.2.4.2. Sonderformen der Außenhandelsfinanzierung

Bei der Finanzierung und Zahlungsabwicklung im Außenhandel treten besondere Probleme auf, die zur Entwicklung spezieller Formen des Zahlungs- und Kreditverkehrs führten. Die Notwendigkeit dazu ergab sich vor allem durch:

– den großen Zeitbedarf für den Transport der Ware vom Verkäufer zum Käufer,

- geringere Kenntnis über die Kreditwürdigkeit und die Vertragstreue des ausländischen Geschäftspartners sowie
- unterschiedliche Währungen und rechtliche Vorschriften in den einzelnen Ländern.

Die wichtigsten Sonderformen zur Zahlungsabwicklung im Außenhandel sind das Dokumenten-Inkasso und das Dokumenten-Akkreditiv.

*Inkasso* bedeutet die Einziehung von Forderungen. Im Rahmen von Aussenhandelsgeschäften tritt das Inkasso im Regelfall als Dokumenten-Inkasso auf. Der Exporteur übergibt seiner Bank Dokumente, die diese der Bank des Importeurs mit der Weisung zusendet, diese nur gegen Zahlung (d/p = documents against payment) oder gegen Akzeptierung einer Tratte (d/a = documents against acceptance) an diesen auszuhändigen. Die bestellte Ware erhält der Importeur vom beauftragten Frachtführer nur gegen Vorlage dieser Dokumente. Es handelt sich somit um ein Zug-um-Zug-Geschäft. Die Ausführung der Inkassoaufträge unterliegt in vielen Ländern den *Einheitlichen Richtlinien für Inkassi*.

Unter *Akkreditiv* ist allgemein die von einer Bank erteilte Zusage zu verstehen, einem Dritten (dem Begünstigten) aus dem Guthaben des Auftraggebers (des Akkreditivstellers) einen genannten Betrag zur Verfügung zu stellen. Ist die Auszahlung dieses Betrages nur an die Person des Begünstigten gebunden, so wird das Akkreditiv als Barakkreditiv bezeichnet. Hängt die Auszahlung dagegen von der Übergabe benannter Dokumente ab, so liegt ein Dokumenten- oder Warenakkreditiv vor. Das Akkreditiv ist somit zunächst eine reine Geschäftsbesorgung. Eine Kreditgewährung tritt erst durch zusätzliche Absprachen zwischen dem Auftraggeber und der Bank in Erscheinung.

Für das Dokumentenakkreditiv wurden von der Internationalen Handelskammer *Einheitliche Richtlinien und Gebräuche für Dokumenten-Akkreditive* aufgestellt, die zuletzt im Jahre 1983 revidiert und in dieser Fassung den Bankenvereinigungen zur Annahme empfohlen wurden. Die Annahme erfolgte in den folgenden Jahren in fast allen Ländern durch Bankenverbände oder durch einzelne Banken.

Eine gängige Finanzierungsform im Außenhandel ist der *Rembourskredit*. Der Rembourskredit ist eine Sonderform des Akzeptkredits. Grundlage ist in der Regel ein unwiderrufliches Akkreditiv auf Wechselbasis. Da die Bonität eines ausländischen Geschäftspartners oft schwer einschätzbar ist, wird bei der Einschaltung eines Wechsels in die Bezahlung das Akzept des Importeurs durch das einer Bank (in der Regel die Hausbank des Verkäufers) ersetzt; diese akzeptiert auf Veranlassung und Rechnung des Importeurs. Dadurch erhält der Exporteur einen Wechsel von zweifelsfreier Bonität. Das Bankakzept ist durch Diskontierung verwertbar. In der Regel wird die Akzepterteilung mit der Übergabe der Dokumente über die Warenverschiffung usw. vom Exporteur an die Remboursbank verbunden. Statt dieser Abwicklung mit dem klassischen Rembourskredit können auch andere Kredite in der benötigten Währung zu Lasten des Importeurs besorgt und zur Bezahlung der Rechnungen verwendet werden.

Zur *Absicherung von Auslandsgeschäften* gegen zahlreiche spezielle Risiken (Bonitätsrisiko, Währungsrisiko oder Kursrisiko und Transferrisiko, d. h. Risiko, daß die internationale Zahlung aufgrund von staatlich verordneten Beschränkungen nicht erfolgen kann) gibt es spezielle *Ausfuhrkreditversicherungen*, die diese Risiken und teilweise auch politische Risiken decken. In die Ausfuhrkreditversicherungen sind teilweise staatliche Stellen eingeschaltet, da exportfördernde Wirkungen erzielt werden können. In Deutschland betreibt vor allem die Hermes Kreditversicherungs-AG dieses Geschäft im Auftrag des Bundes („Hermes-Deckung"). Dabei können grundsätzlich alle Arten von Risiken bei geringem Selbstbehalt des Exporteurs gedeckt werden. Daneben gibt es für wirtschaftliche Risiken private Versicherungsmöglichkeiten.

Für längerfristige Exportkredite gibt es weitere Finanzierungsmöglichkeiten über die AKA-Ausfuhrkredit-Gesellschaft mbH und andere Anbieter.

Längerfristige Exportforderungen können durch *Forfaitierung* auf ein Kreditinstitut übertragen werden. Darunter versteht man einen Verkauf der Forderung ohne Rückgriffsrecht, wenn sie ausfällt. Forfaitierung umfaßt also sowohl eine Finanzierung als auch eine Risikoübernahme durch die forfaitierende Bank.

### 1.4.2.4.3. Leasing

Beim Leasing handelt es sich um eine Form der Investitionsgüterbeschaffung, bei der auf Grund eines meist langfristigen Vertrages der sog. Leasinggeber sich verpflichtet, dem Leasingnehmer bestimmte Investitionsgüter gegen Zahlung eines festgesetzten (meist monatlichen) Entgelts zur Verfügung zu stellen. Da die Investitionsgüter im Eigentum des Leasinggebers verbleiben, kann man den Leasingvertrag als eine besondere Art des Mietvertrages ansehen, bei der vorwiegend bewegliche Investitionsgüter (aber auch Immobilien) vermietet werden. Diese Beurteilung ist jedoch nicht voll zutreffend, da je nach den im Einzelfall getroffenen Vereinbarungen Verträge mit völlig verschiedenen wirtschaftlichen Inhalten vorliegen können.

Man unterscheidet daher nach den getroffenen Vereinbarungen zahlreiche Arten von Leasingverträgen, die heute meist je nach ihrem wirtschaftlichen Gehalt in zwei Gruppen eingeteilt werden: Operate- und Financial-Leasing.

Beim *Operate-Leasing* handelt es sich um Verträge über kurze Vertragsdauern oder mit einem baldigen Kündigungsrecht des Mieters. Meist werden Standardgüter wie z. B. Kraftfahrzeuge, Kopiergeräte, Datenverarbeitungs- und Fernmeldeanlagen und andere nicht speziell auf den Betrieb des Leasingnehmers abgestellte Geräte (z. B. Baumaschinen) vermietet. Nach Ablauf eines Mietverhältnisses werden diese Güter vom Leasingunternehmen erneut vermietet oder auf dem Markt für Gebrauchtgüter verwertet. Dabei trägt der Leasinggeber das Investitionsrisiko, für den Leasingnehmer liegen Mietverhältnisse vor, so daß er weder Investitions- noch Finanzierungsentscheidungen zu treffen hat.

Die Investitionstätigkeit und damit auch die Finanzierungsnotwendigkeit wird aus dem Betrieb ausgegliedert und dem Leasinggeber übertragen.

Beim *Financial-Leasing* oder *Finanzleasing* handelt es sich um einen völlig anderen Sachverhalt. Während einer Grundmietzeit, in der eine Kündigung des Vertrages nicht möglich ist, trägt praktisch der Leasingnehmer das Investitionsrisiko, also die Risiken der Verwendbarkeit, der wirtschaftlichen Überholung, des zufälligen Unterganges usw. Während dieser Grundmietzeit war nach älteren Konzepten die Miete so kalkuliert, daß die gesamten Kosten für Anschaffung, Finanzierung und Verwaltung vom Leasingnehmer zu bezahlen waren (Voll-Amortisationsverträge). Zum Ausgleich kann dem Leasingnehmer nach der Grundmietzeit eine Kaufoption oder eine Anschlußmietoption zugestanden werden, die ihm eine weitere Nutzung zu sehr günstigen Bedingungen gestattet. Daneben gibt es, veranlaßt durch steuerliche Vorschriften zur Behandlung dieser Leasingverträge, die Form des Teil-Amortisationsleasing, bei der der Leasinggeber ein Risiko über die Verwendung des Gegenstandes nach der Grundmietzeit trägt; dagegen kann er sich durch Vereinbarungen über die spätere Verwendung des Leasinggutes schützen.

Eine weitere Sonderform ist das *sale and lease back*. Dabei veräußert der Betrieb Teile seines Anlagevermögens an eine Leasinggesellschaft, um sie anschließend zur weiteren Nutzung wieder mit einem Leasingvertrag zu übernehmen. Bei diesem Vorgang werden liquide Mittel in Höhe des Verkaufspreises freigesetzt, über die neu disponiert werden kann.

Beim Finanzleasing ist der Leasingnehmer als Investor anzusehen, der lediglich statt herkömmlicher Fremdfinanzierung eine besondere Form der Finanzierung durch Leasingvertrag gewählt hat. Finanzleasing stellt also wirtschaftlich eine besondere Variante der Fremdfinanzierung dar, bei der der Kapitalgeber (hier Leasinggeber) statt Geldkapital unmittelbar das gewünschte Sachkapital zur Verfügung stellt und die in ihrer wirtschaftlichen Bedeutung für den Leasingnehmer vergleichbar mit einem Erwerb der entsprechenden Güter in der Form des Abzahlungsgeschäftes oder – noch enger – in der Form des Mietkaufs ist. Es ist aber auch vergleichbar mit der Sacheinlage von Gesellschaftern. In allen Fällen werden dem Betrieb benötigte Investitionsgüter zur wirtschaftlichen Nutzung zur Verfügung gestellt. Nur die Rechtsstellung des Leasingnehmers zu diesen Gütern und im Verhältnis zu den Bereitstellern der Güter ist in den einzelnen Fällen unterschiedlich. Finanzleasing ist die Regel bei Leasingverträgen über Maschinen und maschinelle Anlagen und ganze Betriebs- und Geschäftsausstattungen. In der Regel wählt der Leasingnehmer die von ihm benötigten Anlagen beim Hersteller aus, bevor der Leasinggeber sie kauft.

Die Vorteile und Nachteile des Leasingverhältnisses sind vielfältig, so daß eine genaue Beurteilung der Vorteilhaftigkeit im Einzelfall nötig ist. Dabei hängt das Urteil wesentlich von der steuerlichen Behandlung des Leasingverhältnisses ab, die sich nach speziellen Schreiben des Bundesministeriums der Finanzen richtet („Leasing-Erlasse"). Anerkannte Leasingverträge führen nicht zu einer Aktivierung des Leasinggegenstandes beim Leasingnehmer, sondern werden als Miet- und Pachtverhältnisse angesehen, so daß die vollen Leasingraten als Betriebsausgaben absetzbar sind und den Gewinn mindern.

Dadurch kann in den ersten Jahren mehr Aufwand verrechnet werden als nach den relativ starren Abschreibungsvorschriften für selbstbeschaffte Investitionsgüter. Die so eintretende Minderung des ausgewiesenen Gewinnes in den ersten Vertragsjahren kann ein wichtiges Argument für die Wirtschaftlichkeit von Leasingverhältnissen sein, da entsprechend geringere Steuerlasten anfallen.

Weitere Besonderheiten ergeben sich aus unterschiedlichen Auswirkungen und Anforderungen im Hinblick auf Kreditwürdigkeit und Sicherheiten, Liquiditätswirkungen und Bilanzbild.

Die Abwicklung von Leasing-Geschäften ist oft weniger kompliziert als Eigeninvestition und Kreditfinanzierung, da die Leasinggesellschaft mitwirkt. Sie stellt in der Regel auch geringere Sicherheitsansprüche als Kreditinstitute im Rahmen klassischer Kreditgeschäfte und kann sich mit Abnahme- und Beschäftigungsgarantien für die Anlagen zufriedengeben, wenn dadurch die Zahlung der Leasingraten gesichert erscheint. Die Leasingraten sind als Betriebsausgabe voll absetzbar, während anderenfalls Abschreibungsvorschriften und gewerbesteuerliche Hinzurechnungen von Dauerschulden und Dauerschuldzinsen eine ungünstigere steuerliche Behandlung ergeben können.

Dazu ergeben sich wesentliche Liquiditätsverschiebungen, da beim Leasing die betriebliche Liquidität zunächst geschont wird, weil keine Anschaffungsausgaben zu finanzieren sind; anschließend sind allerdings die Leasingraten aufzubringen, so daß sich über die gesamte Laufzeit oft eine höhere Liquiditätsbelastung ergibt.

Nicht-bilanzierte Leasingverhältnisse verändern das Bilanzbild und lassen das Anlagevermögen in der Bilanz („Anlagenintensität") und bei anderenfalls notwendiger Fremdfinanzierung auch den Verschuldungsgrad niedriger erscheinen; vgl. zu diesen Begriffen auch S. 10 und 71f.

*Frage 11:*
*Hängt die Vorteilhaftigkeit eines Leasingverhältnisses von der steuerlichen Anerkennung ab?*

### 1.4.2.4.4. Factoring

Als Factoring wird ein Verfahren bezeichnet, bei dem auf Grund eines langfristigen Vertrages die im Gewerbebetrieb eines Vertragspartners entstehenden Forderungen aus Warenlieferungen und Leistungen an den anderen Vertragspartner (Factor) verkauft werden. Der Factor bietet gleichzeitig ein ganzes Leistungsbündel an. Er trägt (überwiegend) das Ausfallrisiko, übernimmt die Forderungen und deren Inkasso sowie alle damit zusammenhängenden Arbeiten der Debitoren- und Mahnbuchhaltung usw. und bietet in der Regel auch Finanzierungsleistungen an, indem er sich bereit erklärt, dem Klienten schon vor Fälligkeit den Betrag seiner Forderungen zur Verfügung zu stellen. Dadurch gibt der Factor seinem Klienten, dem Verkäufer einer Ware, die Möglichkeit zu einer Stundung der Kaufpreisforderung gegenüber dem Käufer, ohne daß damit eine Finanzierungslast und das volle Kreditrisiko für den Verkäufer verbunden ist. Die mit dem Kaufvertrag entstandene Forderung wird auf den Factor übertragen und ihr Gegenwert unter Abzug einer Marge für den Factor (ihre Höhe ist je nach den besonderen Vertragsinhalten unterschiedlich) dem Verkäufer vergütet. Die Finanzierungsfunktion ist jedoch nicht das alleinige Merkmal eines Factoringverhältnisses, sondern nach herrschender Meinung nur eine der Funktionen, die einen Factoringvertrag kennzeichnen. Es ist also problematisch, Factoring als eine besondere Finanzierungsform zu bezeichnen. Vielmehr bietet sich im Rahmen des Factoring lediglich neben anderen Leistungen eine spezielle Form der Finanzierung der Außenstände an. Bei einem Teil der Factoringverträge wird auf die Finanzierungsfunktion verzichtet. Der Kunde legt dann Wert auf die Dienstleistungsfunktionen des Factors und auf seine Beratung in Finanz-, Produktions-, Absatz-, Werbungs- und anderen Fragen, die besonders bei Spezialisierung des Factors auf bestimmte Märkte wertvoll sein kann.

### 1.4.2.5. Grundlagen der Kreditsicherung

Fragen der Besicherung sind bei der Kreditgewährung stets von besonderer Bedeutung. Obwohl es sich dabei in vielen Bereichen um sehr komplizierte juristische Materie handelt, müssen die wesentlichen Aspekte doch jedem vertraut sein, der mit Finanzierungsfragen zu tun hat.

Ohne besondere Sicherheiten gewährte Kredite bezeichnet man als *Blankokredite*. Für deren pünktliche Rückzahlung stehen nur die persönlichen Eigenschaften und Verhältnisse des Kreditnehmers ein. Die Erfüllung der Verpflichtungen hängt also bei diesen Krediten von den Kenntnissen und Erfahrungen des Kreditnehmers und von seiner persönlichen Zuverlässigkeit ab, da diese seine wirtschaftlichen Verhältnisse entscheidend mitbestimmen. Daneben ist die Höhe seines (unbelasteten) Vermögens und die vorgesehene Verwendung des Kredites von wesentlicher Bedeutung.

Die Rückzahlung des Blankokredites erfolgt aus den Einnahmen des laufenden Geschäftsverkehrs. Dem Kreditgeber stehen keine besonderen Eingriffsmöglichkeiten zu; deshalb werden Blankokredite in bedeutender Höhe nur bei hervorragender Bonität gewährt.

Bei formell abgesicherten Krediten erhält der Kreditgeber zusätzliche Zugriffsmöglichkeiten: dabei können weitere Personen neben dem Schuldner die Rückzahlung des Kredites und die Zinszahlung in verbindlicher Weise versprechen, falls der Hauptschuldner nicht leistet, oder dem Gläubiger werden für diesen Fall Zugriffsmöglichkeiten auf verwertbare Sachen oder Rechte gewährt, aus deren Verwertung er seine Ansprüche befriedigen kann (Realkredit). Diese zusätzlichen Möglichkeiten, Befriedigung der Ansprüche zu erlangen, stehen immer erst hinter dem normalen Anspruch aus dem Kreditverhältnis und werden daher als *sekundäre Sicherheiten* bezeichnet. Oft würde die tatsächliche Verwertung der sekundären Sicherheiten einen einschneidenden Eingriff in die Betriebsabläufe des Betroffenen bedeuten.

Die folgende Übersicht nennt die wichtigsten Formen, die zu besprechen sind, Bild 5.

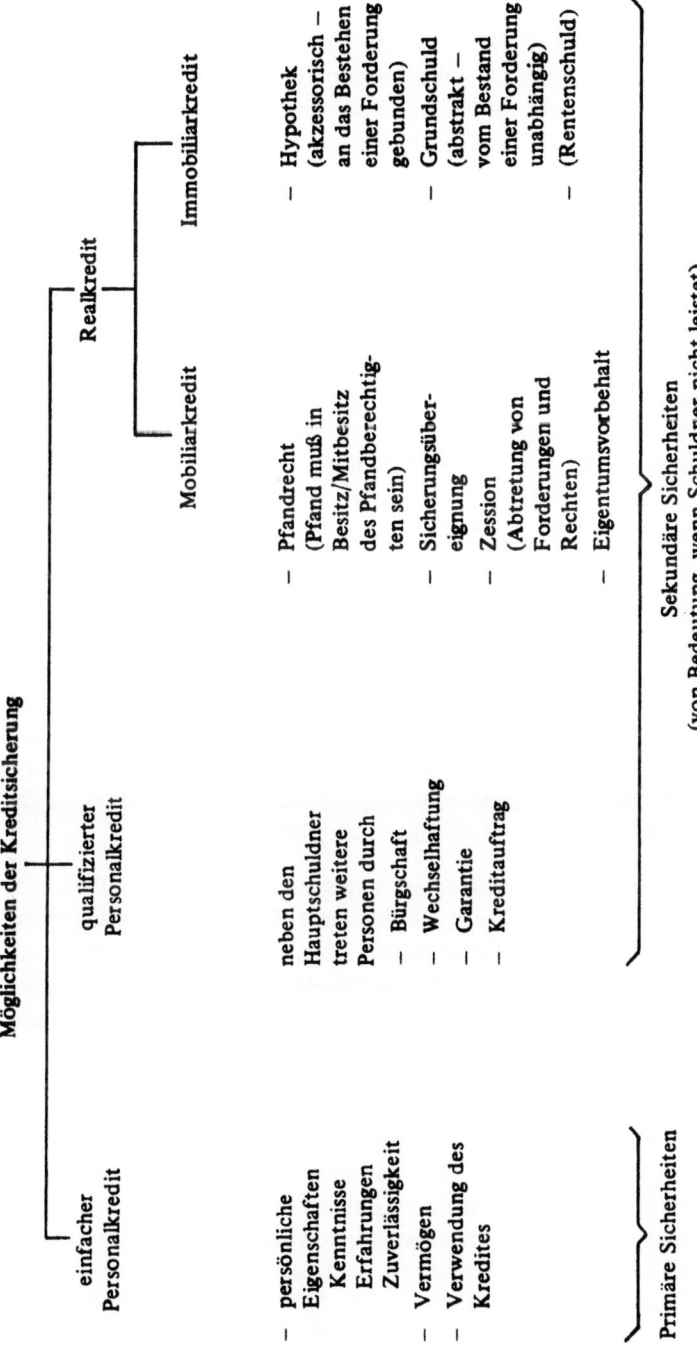

Bild 5. Möglichkeiten der Kreditsicherung.

Eine *Bürgschaft* (§§ 765 ff. BGB) ist die vertragliche Verpflichtung des Bürgen, für bestimmte Verbindlichkeiten notfalls anstelle des Schuldners Zahlung zu leisten. Es gibt zahlreiche Unterformen, die sich hinsichtlich der Voraussetzungen für die Verpflichtung des Bürgen unterscheiden (z. B. Selbstschuldnerische Bürgschaft, Ausfallbürgschaft). Jede Bürgschaft ist vom Stand der Hauptschuld abhängig (akzessorisch) und kann sich mit dieser erhöhen oder mindern. Für die Gewährung ist Schriftform vorgeschrieben; das gilt nicht, wenn die Bürgschaftsübernahme für den Bürgen ein Handelsgeschäft ist (§ 350 HGB).

Eine *Garantie* begründet vertraglich eine selbständige Verpflichtung, für einen bestimmten Erfolg einzustehen. Ein Garantieversprechen ist von der ursprünglichen Verpflichtung unabhängig, so daß die garantierte Zahlung auch zu leisten ist, wenn eine Basisverpflichtung entfallen ist. Ein bekanntes Anwendungsgebiet für die Garantie ist die Verpflichtung der Kreditinstitute, Euro-Schecks aufgrund der Scheckkarte in jedem Fall bis zum Betrag von DM 400,- einzulösen, auch wenn der Scheck ungedeckt oder fehlerhaft ist.

Ein *Kreditauftrag* (§ 778 BGB) ist die Anweisung des Auftraggebers, einem Dritten Kredit zu geben. Der Auftraggeber haftet für diesen Kredit als Bürge. Die Formvorschriften bei der Bürgschaftsgewährung gelten jedoch nicht.

Die *Wechselhaftung* besteht darin, daß nach dem Wechselgesetz jeder Wechselbeteiligte vom Inhaber des Wechsels in Anspruch genommen werden kann, wenn der Wechsel nicht bezahlt wird und dies rechtzeitig durch Wechselprotest festgestellt wird (Wechselrückgriff oder Regreß).

Bei den Sicherheiten des *Realkredites* unterscheidet man vor allem, ob Immobilien durch im Grundbuch eingetragene Rechte des Kreditgebers belastet sind oder bewegliche Güter als Kreditsicherheit dienen. Dabei sind die eingetragenen Grundpfandrechte die klassische und beste Sicherheit, vor allem für langfristige Kredite. Ihre Bestellung ist allerdings wegen der Formvorschriften aufwendig.

Als Sicherheiten an beweglichen Gütern kommen zunächst *Pfandrechte* in Frage. Da das Pfandgut jedoch mindestens in den Mitbesitz des Begünstigten übergehen muß, scheidet es aus dem normalen Gebrauch im Betrieb des Schuldners aus. Diese Art der Absicherung eignet sich vor allem, wenn Wertpapiere, Edelmetalle oder lagernde bzw. unterwegs befindliche Ware als Pfand verwendet wird, da diese Güter bzw. die Lager- oder Frachtpapiere dem Pfandberechtigten übergeben werden können. Normale Lagerbestände kommen meist nicht in Frage, da die Übergabe praktisch unmöglich ist.

Bei der *Sicherungsübereignung* entfällt die Notwendigkeit der Übergabe, so daß das Sicherungsgut aufgrund einer Vereinbarung in der Verfügungsgewalt des Kreditnehmers bleiben kann. Darin liegt jedoch gleichzeitig die Schwäche dieses Sicherungsinstrumentes, da die Gegenstände im Geschäftsbetrieb verwendbar und veräußerbar sind, wodurch der Kreditgeber seine Sicherungsgüter u. U. verliert.

Auch eine *Zession*, d. h. Abtretung von bestehenden Forderungen und anderen, dem Kreditnehmer zustehenden Rechten, kommt in Frage.

Der *Eigentumsvorbehalt* an gelieferten Waren bis zur vollständigen Bezahlung sichert dem Lieferanten, daß er bis zum Eintritt dieser Bedingung Eigentümer bleibt. Er kann durch einseitige Erklärung wirksam begründet werden. Der weitverbreitete Eigentumsvorbehalt kann allerdings bei Weiterveräußerung oder Verwendung der Ware, die im allgemeinen Geschäftsverkehr üblicherweise gestattet ist, untergehen. Besondere Formen (verlängerter bzw. erweiterter Eigentumsvorbehalt) können vertraglich vereinbart werden, um den Lieferanten besser zu schützen.

Aufgrund eines Grundpfandrechtes erwirbt der Berechtigte das Recht, Befriedigung aus der Verwertung des Grundstückes (meist durch Versteigerung des Grundstückes) zu fordern.

Die *Hypothek* (§§ 1113 bis 1190 BGB) ist dabei an das Bestehen einer entsprechenden persönlichen Forderung gebunden (akzessorisch).

Eine *Grundschuld* (§§ 1191 bis 1198 BGB) ist dagegen abstrakt, d. h. sie begründet den Zahlungsanspruch ohne weiteres. In der Regel verzichtet der Kreditgeber jedoch vertraglich darauf, die Grundschuld geltend zu machen, soweit ihm keine Ansprüche aus dem Kreditverhältnis mehr zustehen.

Die *Rentenschuld* ist eine Sonderform der Grundschuld, bei der aus dem Grundstück wiederkehrende Zahlungen zu leisten sind.

Neben der vertraglichen Gewährung von Sicherheiten findet sich vor allem bei großen Unternehmen bester Bonität eine Technik der Kreditsicherung, bei der der Schuldner sich z. B. verpflichtet, keine (weiteren) Sicherungsrechte an irgendeinem Gläubiger zu gewähren *(Negativklausel oder Negativerklärung)*. Obwohl darin keine Sicherungsgewährung liegt, haben die Gläubiger durch die Einhaltung dieser Erklärung den Vorteil, daß nicht andere Kreditgeber aufgrund ihrer Sicherungsrechte bevorzugte Befriedigung ihrer Ansprüche erlangen können. In normalen Kreditverhältnissen wird zunehmend eine Negativerklärung auch neben den vereinbarten Sicherheiten verlangt, um auszuschließen, daß andere Sicherheiten weiteren Kreditgebern zur Verfügung gestellt werden; darin liegt vor allem der Versuch, den Kunden an das kreditgebende Kreditinstitut zu binden. Weitere sicherungsähnliche Absprachen können darin bestehen, daß bestimmte Verhaltensweisen zugesagt oder ausgeschlossen werden, die die Kreditwürdigkeit beeinflussen; so kann z. B. eine Konzernobergesellschaft durch *Patronatserklärung* versprechen, eine Konzerngesellschaft so mit finanziellen Mitteln auszustatten, daß diese ihren Verpflichtungen nachkommen kann.

*Frage 12:*
*Kreditgeber legen meist großen Wert auf sachliche Sicherheiten; ist die persönliche Bonität des Kreditnehmers von geringerer Bedeutung?*

### 1.4.2.6. Kreditwürdigkeit und Verschuldungsgrenzen

Weder die Kreditwürdigkeit noch eine Verschuldungsgrenze für einen Betrieb können eindeutig gemessen und beziffert werden. Dennoch soll auf wesentliche Faktoren hingewiesen werden, die diese Größen mitbestimmen. Zusätzlich werden einige Kennziffern dargestellt, die vielfach als Maß für die Verschuldung angesehen werden und deshalb in diesem Zusammenhang wichtig sind.

Die zentrale Frage der Kreditwürdigkeitsbeurteilung lautet: Kann der Kreditnehmer seine finanziellen Verpflichtungen aus dem Kreditverhältnis (neben den bestehenden Verpflichtungen) erfüllen?

Da diese Frage für die Zukunft beantwortet werden muß, ist ein *Finanzplan* für die Kreditlaufzeit das beste Instrument, die Frage zu untersuchen.

Die Aufstellung von Finanzplänen ist allerdings weder vorgeschrieben noch so allgemein verbreitet, daß dabei oft vorhandene Pläne des Betriebes zugrunde gelegt werden können. Außerdem enthalten alle Pläne schon wegen der Zukunftsbezogenheit unsichere Größen; deshalb wird meist in wesentlichem Umfang auf Vergangenheitsgrößen zurückgegriffen, obwohl diese nur die Ausgangslage der künftigen Entwicklung darstellen; Vergangenheitsdaten sind aber immerhin geeignet, die Situation der Unternehmung zum Zeitpunkt der Kreditwürdigkeitsprüfung zu kennzeichnen und Hinweise auf die Plausibilität von geplanten Entwicklungen und prognostizierten Verhältnissen zu geben.

Die Kreditwürdigkeit hängt grundsätzlich von Faktoren wie der Leistungsfähigkeit und Marktposition des Betriebes, der Branchensituation, der Konjunkturentwicklung und weiteren Faktoren ab. Konkreter faßbar sind schon die Unternehmensform und die Beteiligungsverhältnisse sowie die Art der Unternehmensleitung.

Wichtige weitere quantifizierbare Größen sind vor allem die Vermögens- und Kapitalverhältnisse der Unternehmung sowie ihre Ertragslage und ihre Fähigkeit, finanzielle Überschüsse zu erzielen, also ihre Innenfinanzierungsmöglichkeiten. Besonders, wenn in dieser Hinsicht die Lage der Unternehmung im Vergleich zu den anderen Betrieben der Branche gut ist und sich im Zeitvergleich günstig entwickelt, kann ihre Kreditwürdigkeit als gut angesehen werden.

Zur Erfassung der *Vermögens- und Kapitalverhältnisse* werden häufig Kennziffern verwendet, die z. B. die Anlagenintensität (Anlagevermögen : Bilanzsumme), die Eigenkapitalquote (EK : Bilanzsumme) oder den Verschuldungsgrad (FK : EK) ausdrücken. Weitere Größen stellen Beziehungen zwischen Aktiva und Passiva der Unternehmung her, so z. B. die Berechnung des Anlagendeckungsgrades durch Eigenkapital (Eigenkapital : Anlagevermögen) oder durch langfristiges Kapital (langfristiges Kapital : Anlagevermögen). Diese Kennziffern zeigen eine Orientierung an den klassischen Finanzierungsregeln, nach denen langfristig gebundenes Vermögen möglichst auch langfristig finanziert sein soll (goldene Finanzierungs- und goldene Bilanzregel). Weitere Kennziffern befassen sich mit der Ermittlung der gegenwärtigen Liquidität (soweit diese aus der Bilanz erkennbar ist, vgl. dazu Abschn. 1.2.3.).

In allen diesen Fällen muß versucht werden, neben den bilanziellen Verhältnissen die erkennbaren stillen Reserven in die Betrachtung einzubeziehen und auch haftendes, jedoch nicht im Betrieb eingesetztes Eigenkapital bei der Beurteilung der Ergebnisse zu berücksichtigen. So kann z. B. eine relativ ungünstige Quote bilanziellen Eigenkapitals und eine ungünstige Anlagendeckung nicht als Zeichen einer risikoreichen Finanzsituation angesehen werden, wenn realisierbare stille Reserven oder ausreichendes Haftkapital nachgewiesen werden können.

Die *Ertragslage* einer Unternehmung wird vor allem durch Rentabilitätsziffern ausgedrückt, wobei die Rentabilität des eingesetzten Kapitals, die Umsatzrendite und die Rentabilität des Eigenkapitals wesentliche Beispiele dieser Kennzahlengruppe sind. Statt der üblichen Schreibweise der Rentabilitätsziffern findet sich auch die Darstellung als „Return on Investment", wobei eine Zerlegung der Kapitalrentabilität in verursachende Teilgrößen durchgeführt wird:

$$RoI = \frac{Gewinn}{Umsatz} \cdot \frac{Umsatz}{Kapitaleinsatz}$$

(Vgl. VDI: Der Jahresabschluß der Unternehmung, [8, S. 158 ff.]).

Als kennzeichnend für die *Innenfinanzierungskraft* der Unternehmung wird der *Cash flow* angesehen: es handelt sich um eine Kennziffer, die den erzielten Einnahmenüberschuß näherungsweise erfaßt. Dazu werden der Gewinn (Jahresüberschuß), die Abschreibungsaufwendungen und die Einstellungen in langfristige Rückstellungen (Pensionsrückstellungen), ggf. auch weitere Positionen, z. B. die Erhöhung eines Sonderpostens mit Rücklageanteil, addiert. Da der Abschreibungsaufwand und die Rückstellungserhöhung nicht sofort ausgabewirksam sind, kann man davon ausgehen, daß neben dem Gewinn auch diese Positionen den finanzwirksamen Überschuß darstellen. Der so ermittelte Brutto-Cash flow (in den auch der Steueraufwand einbezogen werden kann) wird anschließend um die Gewinnausschüttung (Dividende) und ggf. die Steueraufwendungen gekürzt. Der verbleibende Netto-Cash flow stellt den im Unternehmen verbleibenden Betrag dar.

Auf der Basis des Cash flow kann man zwei weitere Berechnungen durchführen: Der sogenannte *Dynamische Verschuldungsgrad* wird ermittelt, indem man die bestehenden Verbindlichkeiten (evtl. als Netto-Verbindlichkeiten nach Abzug der Bestände liquider Mittel) ins Verhältnis zum Cash flow setzt:

$$\text{Dynamischer Verschuldungsgrad} = \frac{(\text{Netto}-)\text{Verbindlichkeiten}}{\text{Cash flow}}.$$

Dabei kann auch ein Durchschnitts-Cash flow der letzten Jahre verwendet werden, um extreme Ausschläge der Kennzahl zu verhindern. Der dynamische Verschuldungsgrad gibt an, wie oft ein solcher Cash flow erwirtschaftet werden muß, bis alle Verbindlichkeiten daraus getilgt werden können. Obwohl dies eine rein theoretische Größe ist, da durchweg auch Teile des Cash flow für Investitionen (mindestens Ersatzinvestitionen) verwendet werden müssen, hat sich diese Kennzahl neben der klassischen Messung von Verschuldungsgraden zunehmend durchgesetzt.

*Frage 13:*
*Erläutern Sie, warum der Cash flow als Maß der Innenfinanzierungskraft angesehen werden kann!*

Realistischer wird die Analyse, wenn vom Cash flow die notwendigen Beträge zur Tilgung von bestehenden Verbindlichkeiten und für (unbedingt benötigte) Investitionen abgezogen werden. Der verbleibende Betrag kann für den Kapitaldienst künftiger Fremdkapitalaufnahmen verfügbar sein. Aus diesem Betrag kann je nach dem geltenden Zinsniveau und den Tilgungsanforderungen ermittelt werden, welche zusätzliche Fremdkapitalaufnahme hinsichtlich Zinsen und Tilgung maximal bedient werden kann. Da der Cash flow nicht konstant ist und auch die zu re-investierenden Abschreibungsbeträge nur grob geschätzt werden können, ergibt sich keine exakte Verschuldungsgrenze, aber doch ein Eindruck über den möglichen Verschuldungsspielraum. Das Verfahren soll an einem Beispiel erläutert werden:

| | |
|---|---:|
| Jahresüberschuß | 100 |
| + Abschreibungsaufwand | 200 |
| + Einstellung in Pensionsrückstellung | 120 |
| + Erhöhung des Sonderpostens mit Rücklageanteil | 30 |
| Brutto-Cash flow | 450 |
| ·/. Dividende | 50 |
| = Netto-Cash flow | 400 |
| ·/. Re-Investitionsbetrag (z. B. 100 % der Abschreibung) | 200 |
| ·/. Tilgung vorhandener Verbindlichkeiten | 120 |
| = Disponierbarer Cash flow | 80 |

Besteht z. B. eine Verschuldungsmöglichkeit, die eine jährliche Zins- und Tilgungsleistung von 20 % des Kreditbetrages erfordert, kann aus dem disponierbaren Betrag eine Neuverschuldung von 80 : 0,2 = 400 bedient werden. Dieser Betrag verdeutlicht den bestehenden Verschuldungsspielraum.

In ähnlicher Weise können auch aus herkömmlichen Kennziffern Verschuldungsspielräume ermittelt werden, wenn ein Grenzwert der Kennzahl angenommen und die dabei mögliche zusätzliche Verschuldung berechnet wird: wird z. B. eine Verschuldung bis zur Höhe des haftenden Eigenkapitals von 600 für vertretbar gehalten und die gegenwärtige Verschuldung beträgt 400, so bleibt ein Spielraum von 200 Einheiten für neue Kredite.

Auch in diesem Fall liegt jedoch nur eine Schätzung auf der Basis eigener Annahmen vor, die von seiten der Kreditgeber u. U. anders beurteilt wird. Besonders vor zu optimistischen Annahmen über tolerierbare Verschuldungsgrade muß unbedingt gewarnt werden.

### 1.4.3. Die Finanzierung durch Kapitalfreisetzung

Da der hier verwendete Finanzierungsbegriff alle Maßnahmen umfaßt, die der Versorgung des Betriebes mit disponiblem Kapital dienen, umfaßt die Deckung des Kapitalbedarfs neben der Beschaffung von zusätzlichem Kapital durch Aufnahme von Eigen- oder Fremdkapital auch jene Vermögensdispositionen, durch die gebundenes Kapital freigesetzt und dadurch wieder für erneute Bindungen disponibel wird.

Diese Vorgänge der Kapitalfreisetzung sollen jetzt betrachtet werden. Sie unterscheiden sich von den besprochenen Maßnahmen der Kapitalbeschaffung schon dadurch, daß sie nicht zu einer Vermehrung des der Betriebswirtschaft zur Verfügung stehenden Kapitals führen und deshalb nicht als Vergrößerung der Aktiv- und Passivseite der Bilanz sichtbar werden. Es handelt sich vielmehr um Vorgänge, die in bilanzieller Betrachtung einen Aktivtausch darstellen. Allerdings kann nicht bei jedem Aktivtausch von Kapitalfreisetzung, also einem Finanzierungsvorgang, gesprochen werden. Die weitaus meisten Vermögensumschichtungen vollziehen sich nämlich im Rahmen des betrieblichen Beschaffungs-, Produktions- und Absatzprozesses. Wenn dabei Rohstoffe in Erzeugnisse und Erzeugnisse in Forderungen gegenüber Kunden verwandelt werden, wird offensichtlich kein Kapital freigesetzt, sondern nur die Erscheinungsform des gebundenen Kapitals verändert. Selbst wenn dem Betrieb bei der Zahlung durch den Kunden liquide Mittel zufließen, kann kaum von Kapitalfreisetzung gesprochen werden, da diese Mittel zur Aufrechterhaltung des betrieblichen Leistungsprozesses sehr bald wieder in den Wertekreislauf eingefügt werden müssen und damit nicht zur Deckung eines neuen Kapitalbedarfs zur Verfügung stehen.

Nur jene Vermögensumschichtungen sind zugleich Finanzierungsvorgänge, bei denen Kapital für eine gewisse Zeit aus seiner bisherigen Bindung freigesetzt wird, so daß es Gegenstand einer neuen Anlageentscheidung sein kann.

Kapitalfreisetzungen, die als Finanzierungsvorgänge betrachtet werden müssen, gibt es zunächst bei der *Veräußerung von nicht betriebsnotwendigen Vermögensteilen*. Das dabei freigesetzte Kapital muß nicht wieder für die Beschaffung gleichartiger Vermögensgegenstände eingesetzt werden, sondern steht für neue Investitionsvorhaben zur Verfügung.

Solche Freisetzungen sind z. B. durch Veräußerung von Wertpapieren, Grundstücken und Gebäuden, Beteiligungen usw. denkbar. Dabei kann z. B. bei veräußerten Grundstücken und Gebäuden das „sale and lease back"-Verfahren angewendet werden, um die Gegenstände durch Anmietung weiter nutzen zu können. Auch ein Abbau von Überbeständen der Vorräte, die Diskontierung vorhandener Wechsel und der Übergang zum Factoring ermöglichen diese Art der Kapitalfreisetzung.

Ein anderer Freisetzungseffekt ist als *Finanzierung aus Ausschreibungen* bekannt. Ein Betrieb erzielt normalerweise im laufenden Geschäftsbetrieb dadurch Liquiditätsüberschüsse, daß in den eingehenden Umsatzerlösen Abschreibungsgegenwerte zufließen, so daß dem Betrieb für die produktionsbedingten Wertminderungen der Anlagen liquide Mittel zur Verfügung stehen. Dabei gelten folgende Voraussetzungen:

– in den Kosten werden kalkulatorische Abschreibungen mit verrechnet,

– die beim Verkauf erzielten Preise decken alle Kosten,

– die Erlöse sind dem Betrieb in liquider Form zugeflossen (die Forderungen des Betriebes sind beglichen worden).

Unter diesen Voraussetzungen stehen dem Betrieb liquide Mittel in Höhe der verrechneten kalkulatorischen Abschreibungen zur Verfügung. Wenn jedoch in der Gewinn- und Verlustrechnung noch keine (bilanziellen) Abschreibungen verrechnet werden, werden die Abschreibungsgegenwerte dort als Gewinnbestandteil ausgewiesen und unterliegen deshalb der Steuer, evtl. auch der Gewinnausschüttung. Um die Beträge dem Betrieb zu erhalten, müssen daher auch Aufwendungen für Abschreibungen (bilanzielle Abschreibungen) verbucht werden:

– Die Verrechnung entsprechender bilanzieller Abschreibungen in der Gewinn- und Verlustrechnung sichert die Beträge vor Ausschüttung und Besteuerung.

Solange die so in den Erlösen mitvergüteten und dem Betrieb gesicherten Abschreibungsbeträge nicht zu Ersatzinvestitionen benötigt werden, vermehren sie die Bestände an liquiden Mitteln. Darin liegt der *Kapitalfreisetzungseffekt* der Abschreibungen.

Sind die bilanziellen Abschreibungen niedriger als die Wertminderungen der Anlagen (die kalkulatorischen Abschreibungen), so gelingt die Bindung der freigesetzten Mittel an den Betrieb nicht in voller Höhe, da Teilbeträge als Gewinnbestandteile angesehen und versteuert werden. Wenn dagegen die bilanziellen Abschreibungen höher sind als die kalkulatorischen, kann darin neben der Finanzierung aus Abschreibungsgegenwerten noch stille Selbstfinanzierung gesehen werden.

Der Betrieb kann über die liquiden Mittel aus dem Kapitalfreisetzungseffekt beliebig disponieren, z. B. können sie als Verstärkung der Barliquidität gehalten, zinsbringend angelegt, zur Tilgung von Fremdkapital oder zu Investitionen verwendet werden. Werden sie in Anlagen investiert, ergibt sich zusätzlich zum Kapitalfreisetzungseffekt ein *Kapazitätserweiterungseffekt* (Lohmann-Ruchti-Effekt).

Dies soll durch ein einfaches Beispiel erläutert werden, Tabelle 5.
Es wird ein Betrieb mit einem Bestand von 10 Maschinen errichtet.

| | |
|---|---|
| Anschaffungswert je Maschine | 5 000,– DM |
| Abschreibung pro Jahr | 1 000,– DM |

Die am Ende eines Jahres anfallenden Abschreibungen sind in den Erlösen gedeckt und werden sofort in gleichartige Maschinen re-investiert.

In diesem Beispiel wurde, um den Lohmann-Ruchti-Effekt in seinen Auswirkungen besonders deutlich zu machen, eine Investition der freigesetzten Abschreibungsbeträge in Maschinen gleicher Art angenommen. Dadurch läßt sich die Entwicklung der Kapazität infolge des Kapitalfreisetzungseffektes besser verfolgen. Die Periodenkapazität von 20 000 Leistungseinheiten im Jahr 1 verdoppelt sich bis zum Jahr 5 (40 000 LE) und beträgt schließlich 32 000 LE. Die Totalkapazität dagegen verringert sich zunächst, erhöht sich dann jedoch wieder auf 100 000 LE. Unter Totalkapazität ist dabei die Leistungsmenge zu verstehen (im Beispiel gekennzeichnet durch die Zahl der mit den Maschinen herstellbaren Leistungseinheiten), welche die Maschinen während ihrer gesamten Lebensdauer herstellen können. Die Periodenkapazität bestimmt dagegen jene Leistungsmenge, die die Maschinen in jeder Teilperiode (z. B. in jedem Jahr) ihrer gesamten Lebensdauer erzeugen können. Dieses Beispiel (wie in der Regel die Beispiele zur Kennzeichnung des Lohmann-Ruchti-Effektes) unterstellt, daß die Leistungsfähigkeit der Maschinen in jeder Teilperiode ihrer gesamten Lebensdauer gleichbleibt. Jede Teilperiode verzehrt also einen gleichen Teilbetrag der Totalkapazität jeder Maschine. Während der Nutzungsdauer der Maschinen würde sich also die Totalkapazität um die jeweils schon genutzten Periodenkapazitäten vermindern und am Ende der Nutzungsdauer = 0 sein. Dieser Verzehr an Teilen der Totalkapazität wird im Lohmann-Ruchti-Effekt über den Neuzugang von Totalkapazität aus der sofortigen Re-Investition der Abschreibungsgegenwerte ersetzt. Daß im Beispiel die Totalkapazität zunächst sinkt, liegt daran, daß die Abschreibungsgegenwerte nicht in vollem Umfang in neuen Maschinen und damit Totalkapazitäten angelegt werden können, sondern Spitzenbeträge als freies Kapital verbleiben, die zur Anschaffung einer weiteren Maschine nicht ausreichen.

Die Re-Investition der Abschreibungsgegenwerte erhöht also die Periodenkapazitäten und sichert die Totalkapazität.

Das Beispiel, das zur Erläuterung herangezogen wurde, ist allerdings nicht so wirklichkeitsgetreu, daß man ähnlich große Kapazitätserweiterungen durch Abschreibungen in der betrieblichen Praxis erwarten darf. In der

Tabelle 5. Beispiel zum Lohmann-Ruchti-Effekt.

| Jahr | Zahl der Maschinen | | | Anschaffungswert des Bestandes | Abschreibungen auf | | Buchwert des Bestandes | freies Kapital | Buchwert plus freies Kapital plus Reinvestition | Kapazität (in Leistungseinheiten) | |
| | Zugang | Abgang | Bestand | | Grundausstattung | Zusatzmaschinen | | | | Periodenkapazität | Totalkapazität |
| --- | --- | --- | --- | --- | --- | --- | --- | --- | --- | --- | --- |
| | | | | DM | DM | DM | DM | DM | DM | LE | LE |
| 1  | 10 | –  | 10 | 50000  | 10000 | –     | 40000 | –     | 50000 | 20000 | 100000 |
| 2  | 2  | –  | 12 | 60000  | 10000 | 2000  | 38000 | 2000  | 50000 | 24000 | 100000 |
| 3  | 2  | –  | 14 | 70000  | 10000 | 4000  | 34000 | 1000  | 50000 | 28000 | 96000  |
| 4  | 3  | –  | 17 | 85000  | 10000 | 7000  | 32000 | 3000  | 50000 | 34000 | 98000  |
| 5  | 3  | –  | 20 | 100000 | 10000 | 10000 | 27000 | 3000  | 50000 | 40000 | 94000  |
| 6  | 4  | 10 | 14 | 70000  | 10000 | 4000  | 33000 | 3000  | 50000 | 28000 | 94000  |
| 7  | 3  | 2  | 15 | 75000  | 10000 | 5000  | 33000 | 2000  | 50000 | 30000 | 96000  |
| 8  | 3  | 2  | 16 | 80000  | 10000 | 6000  | 32000 | 2000  | 50000 | 32000 | 96000  |
| 9  | 3  | 3  | 16 | 80000  | 10000 | 6000  | 31000 | 3000  | 50000 | 32000 | 94000  |
| 10 | 3  | 3  | 16 | 80000  | 10000 | 6000  | 30000 | 4000  | 50000 | 32000 | 92000  |
| 11 | 4  | 4  | 16 | 80000  | 10000 | 6000  | 34000 | –     | 50000 | 32000 | 100000 |

nach 11 Jahren
Abschreibung Grundausstattung = 110000
Abschreibung Zusatzmaschinen = 56000

Realität wirken mehrere Faktoren, die die Auswirkungen des Kapazitätserweiterungseffektes begrenzen. Dabei sollen vor allem Preissteigerungen für die betroffenen Anlagegüter, die Notwendigkeit zur gleichzeitigen Erhöhung der finanzwirtschaftlichen Kapazität (Kapitalausstattung zur Finanzierung der laufenden Geschäftstätigkeit) und mangelnde Teilbarkeit der verwendeten Anlagen genannt werden, so kann zu einer einheitlichen Großanlage nicht immer eine stufenweise Erweiterung in kleinen Schritten vorgenommen werden. Der erreichbare Effekt kann außerdem nur sinnvoll genutzt werden, wenn Nachfrage für die entsprechenden Mengen besteht.

Der Kapazitätserweiterungseffekt bei der Re-Investition freigesetzter Abschreibungswerte beruht darauf, daß ein Anlagegegenstand bei seiner Anschaffung einen Kapitalbedarf in Höhe seiner Anschaffungsausgaben (sog. „Anschaffungskosten") verursacht, der aber während der Nutzungsdauer nicht konstant bleibt, sondern durch die Kapitalfreisetzung bis zum Ende der Nutzungsdauer normalerweise auf Null sinkt. Wenn eine *kontinuierliche Kapitalfreisetzung* gemäß linearer Abschreibung gelingt, beträgt daher der *durchschnittliche Kapitalbedarf* während der Nutzungsdauer der Anlage die Hälfte der „Anschaffungskosten" (AK), Bild 6.

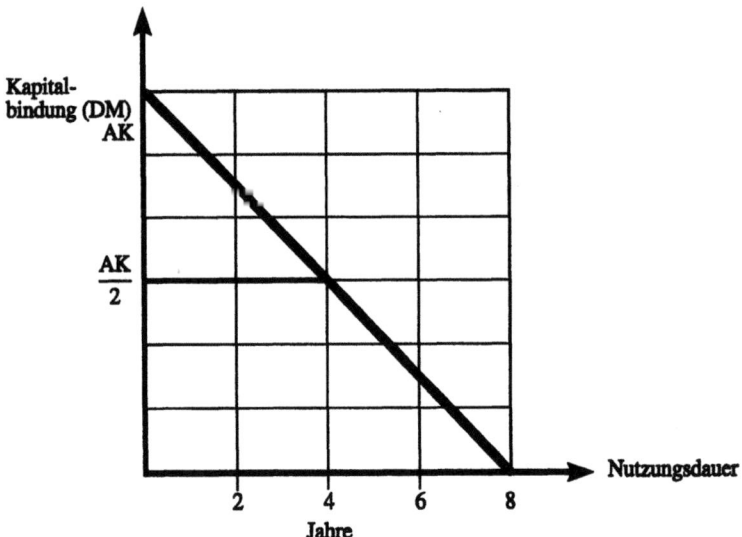

Bild 6. Durchschnittlicher Kapitalbedarf

Diese einfache Tatsache erklärt den Zusammenhang, auf dem der Kapazitätserweiterungseffekt beruht.

Beispiele zum Kapazitätserweiterungseffekt gehen von Betrieben aus, bei denen durch die Anschaffung *neuer* Anlagen der Kapitalbedarf je Anlage zunächst hoch ist. In den Folgejahren normalisiert sich durch Altern der Erstausstattung und ständige Re-Investition der Abschreibungsgegenwerte die Altersstruktur der Anlagen, so daß sich der durchschnittliche Kapitalbedarf je Anlage dem rechnerischen Mittelwert (halbe Anschaffungskosten) nähert. Diesem sinkenden durchschnittlichen Kapitalbedarf je Anlage entspricht die Möglichkeit, mit gleichbleibendem Kapitalbestand eine größere Anlagenzahl und damit eine größere Periodenkapazität zu finanzieren. Dabei ergibt sich als *theoretischer Grenzwert bei linear kontinuierlicher Kapitalfreisetzung* mit sofortiger Re-Investition eine *Verdoppelung der Periodenkapazität*; wenn man verzögerte Freisetzung wegen der Bau- und Anlaufzeit oder jährliche Abschreibung und Kapitalfreisetzung unterstellt, wie es in den Tabellenbeispielen üblich ist, ist der Effekt etwas geringer, weil sich eine erhöhte durchschnittliche Kapitalbindung ergibt.

Der dargestellte Grundzusammenhang der Kapazitätserweiterung läßt sich auch in der Praxis nutzen, wenn nicht in gleichartige Anlagen investiert werden kann oder dies nicht sinnvoll erscheint. Dabei können mit dem freigesetzten Kapital Investitionen in anderen betrieblichen Bereichen durchgeführt werden, so daß z. B. Kapazitätserweiterungen durch Ausbau bisheriger Engpässe oder Erweiterungen anderer Betriebsbereiche möglich sind. Dadurch kann auch dort ein Kapazitätserweiterungseffekt erreicht werden, wo die abgeschriebene Anlage nicht erweitert werden kann, da es eine unteilbare Großanlage ist.

Außer der Liquidation von Vermögensteilen und der Finanzierung aus Abschreibungsgegenwerten gibt es noch Kapitalfreisetzungen bei zahlreichen anderen Vorgängen; diese sind jedoch hinsichtlich der Beträge und der Dauer der Freisetzung in der Regel weniger bedeutend.

Solche kleinen Freisetzungseffekte, die im Einzelfall durchaus für die betriebliche Finanzierung wichtig sein können, treten überall da auf, wo die in den Erlösen enthaltenen Entgelte für betriebliche Gütereinsätze vereinnahmt werden, bevor Ausgaben für die eingesetzten Güter anfallen (z. B. kalkulierte Entgelte für Garantieleistungen), oder wo die Verkaufserlöse nicht sofort wieder in den betrieblichen Wertekreislauf eingesetzt werden müssen, um den Leistungsprozeß unbehindert aufrecht zu erhalten.

Von großer Bedeutung ist dagegen die *Finanzierungswirkung der Rückstellungen*, wobei besonders langfristige Rückstellungen wie die Pensionsrückstellung Bedeutung haben.

Rückstellungen können als ungewisse Verbindlichkeiten bezeichnet werden; bei den meisten Rückstellungen liegt tatsächlich eine Verpflichtung des Betriebes einem Dritten gegenüber vor, bestimmte Zahlungen oder Leistungen zu erbringen, die hinsichtlich ihres Bestehens, der Höhe oder der Fälligkeit noch unsicher sind. In jedem Fall aber wird die Rückstellung gebildet, bevor diese eventuellen Leistungen oder Zahlungen zu Ausgaben führen. Buchhalterisch wird bei der Bildung einer Rückstellung Aufwand erfaßt, so daß es zu einer Gewinnminderung kommt. Die durch den Rückstellungsgrund möglicherweise bedingten Zahlungen dagegen erfolgen erst später. Die Bildung der Rückstellung kürzt deshalb den Abfluß liquider Mittel für gewinnabhängige Steuern und mindert die Gewinnausschüttung oder die offene Selbstfinanzierung. Die entsprechenden Mittel stehen dem Betrieb bis zu den späteren Ausgaben weiter zur Verfügung, wie einbehaltene Gewinn- und Abschreibungsgegenwerte. Die Finanzierung aus Rückstellungen (oder besser Rückstellungsgegenwerten) ist also wie die Selbstfinanzierung und die Finanzierung aus freigesetzten Abschreibungsgegenwerten Innenfinanzierung, da die Mittel aus dem betrieblichen Umsatzprozeß erwirtschaftet werden. Da Rückstellungen allerdings Fremdkapitalcharakter haben, weil es sich primär um ungewisse Verbindlichkeiten handelt, liegt gleichzeitig ein Sonderfall der Fremdfinanzierung vor.

Die Bedeutung der Finanzierung aus Rückstellungen wird deutlich, wenn man die Höhe der Pensionsrückstellungen von Großbetrieben berücksichtigt. Diese auch durch die lange Frist zwischen der Bildung und der Auflösung bei der Gewährung von Pensionsleistungen an ehemalige Mitarbeiter besonders interessante Rückstellung gehört oft zu den größten Einzelpositionen der Passivseite und überschreitet oft die Milliardengrenze. Bei der Daimler Benz AG war sie 1990 mit ca. 6,5 Mrd. DM etwa 2,8 mal so hoch wie das Grundkapital und etwa halb so hoch wie das gesamte bilanzielle Eigenkapital.

In bestimmten Fällen hat auch die Finanzierungswirkung der *Sonderposten mit Rücklageanteil* große Bedeutung. § 247 HGB bezeichnet als Sonderposten mit Rücklageanteil bestimmte primär steuerlich bedingte Passivposten: Dazu gehören die steuerfreien Rücklagen (oder besser steuerbegünstigten Rücklagen), Beträge, die auf Grund spezieller Vorschriften zu Lasten des Jahresergebnisses in diesen Passivposten eingestellt werden dürfen und dadurch den Gewinn und die Steuerlast mindern. Sie haben also ähnliche Eigenschaften wie die Bildung von Rückstellungen und können daher treffend als spezielle steuerliche Rückstellungen bezeichnet werden. Sie haben die gleichen Finanzierungswirkungen, wie sie bei langfristigen Rückstellungen beschrieben wurden. Die Auflösung steuerbegünstiger Rücklagen erfolgt nach den steuerlichen Vorschriften in der Regel einige Jahre später, so daß meist eine langfristige Finanzierungswirkung erzielt wird.

Außerdem können im Sonderposten mit Rücklageanteil auch steuerlich bedingte Abschreibungen ausgewiesen werden; in diesem Fall ist eine Bildung stiller Reserven durch Unterbewertung jener Vermögensteile zulässig, auf die zusätzliche steuerliche Abschreibungen vorgenommen werden können. Statt der Legung einer klassischen stillen Reserve durch zu hohe (zulässige, aber wirtschaftlich nicht gerechtfertigte) Abschreibungen kann hier auch der offene Ausweis der Mehrabschreibung als Sonderposten erfolgen. Es liegt also keine Kapitalfreisetzung, sondern Selbstfinanzierung vor; an Stelle der Rücklagenbildung tritt der Sonderposten und macht die Selbstfinanzierung offen ersichtlich. Gegenüber der traditionellen stillen Selbstfinanzierung hat dieser Ausweis den Vorteil, daß der Bilanzleser die Rücklagenbildung erkennen und bei der Berechnung des Eigenkapitals und der Bilanzkennziffern berücksichtigen kann. Deshalb liegt darin ein bilanzpolitisches Instrument, das vor allem zur besseren Darstellung der Eigenkapitalausstattung genutzt wird.

Diese Posten können in einzelnen Jahresabschlüssen sehr bedeutenden Umfang annehmen, vor allem, wenn diese Form der Abschreibung statt der Legung stiller Reserven gewählt wird:

Im Jahresabschluß der Schering AG 1990 beträgt der Sonderposten 538 Mill. DM, bei einem ausgewiesenen bilanziellen Eigenkapital von 1 647 Mill. DM. Wenn man in der üblichen Weise die Hälfte des Sonderpostens als zum Eigenkapital gehörend ansieht (die andere Hälfte stellt die bei der Auflösung noch zu zahlenden Steuern dar), erhöht sich dadurch das bilanziell erkennbare Eigenkapital um 269 Mill. DM. Dadurch steigt die Eigenkapitalquote von 33,7 % auf 39,2 % der Bilanzsumme.

# 2. Investition

## 2.1. Grundlagen der Investitionsentscheidung

### 2.1.1. Begriff und Arten der Investition

Der Begriff der Investition wird in der Betriebswirtschaftslehre nicht einheitlich verwendet. Er soll deshalb vorab geklärt werden.

Man kann sich einmal vorstellen, das Kapital einer Unternehmung stehe zuerst stets in liquider Form als Kassenbestand oder Guthaben bei Kreditinstituten usw. zur Verfügung. Bevor mit der Durchführung des Betriebsprozesses begonnen werden kann, werden diese liquiden Mittel zur Beschaffung von Rohstoffen, Maschinen usw. verwendet. Diese Umwandlung von liquiden Mitteln in andere Vermögensteile bezeichnet man als Investition im weiteren Sinne.

In engerer Auslegung umschließt der Investitionsbegriff dagegen vor allem die Umwandlung liquider Mittel in Gegenstände des Anlagevermögens, und zwar sowohl des Sach- als auch des Finanzvermögens. In diesem Zusammenhang unterscheidet man Real- und Finanzinvestitionen.

Je nach dem *Investitionsanlaß* werden verschiedene Arten von Investitionen unterschieden. So bezeichnet man eine Investition, die die Produktionskosten senkt oder die Qualität des Produktionsprozesses verbessert, als *Rationalisierungsinvestition*. Eine Investition, mit der die vorhandene Produktionskapazität vergrößert wird, bezeichnet man als *Erweiterungsinvestition* und eine Investition schließlich, bei der verbrauchte Produktionsgüter zur Erhaltung der betrieblichen Leistungsfähigkeit ersetzt werden, als *Ersatzinvestition*. In der Praxis allerdings überwiegen die Mischformen. Einmal wirkt der Ersatz einer alten durch eine neue Maschine häufig rationalisierend, zum anderen sind Ersatzinvestitionen vielfach zugleich Erweiterungsinvestitionen, da abgenutzte Anlagen oft durch neue ersetzt werden, die eine höhere Fertigungskapazität besitzen.

Darüber hinaus ist noch eine andere Typisierung der Investitionen gebräuchlich, die hier erwähnt werden soll. Sie ist jedoch mehr für volkswirtschaftliche Betrachtungen von Interesse. So bezeichnet man die Gesamtheit der Investitionen, die ein Betrieb in einer Periode getätigt hat, als *Bruttoinvestition*. Diese setzt sich wiederum aus zwei Bestandteilen zusammen: erstens aus der Re-Investition, das ist die Wiederanlage freigesetzter Kapitalbeträge (Re-Investition der Abschreibungen), und zweitens aus der Nettoinvestition, das ist der über die Re-Investition hinausgehende Teil der Gesamtinvestition, also eine zusätzliche Bindung von Kapital. Wegen der normalerweise zu berücksichtigenden Preissteigerungen der Investitionsgüter liegt bei einer Nettoinvestition nicht stets auch eine Kapazitätsausweitung vor, obwohl Re-Investition primär Ersatzcharakter, Nettoinvestitionen eher Erweiterungscharakter haben.

### 2.1.2. Merkmale der Investitionsentscheidung

Investitionen sind stets mit Kapitalbindung verbunden. Vor allem beim traditionellen Investitionsbegriff, also bei der Anlage von Mitteln durch Beschaffung von Anlagevermögen, ist mit der Investitionsentscheidung eine mehrjährige Bindung der eingesetzten Mittel verbunden. Daher ist eine Investitionsentscheidung typischerweise eine „langfristige Entscheidung", durch die die betrieblichen Verhältnisse meist für mehrere Jahre entscheidend mitgestaltet werden.

Hinzu kommt, daß die einmal durchgeführte Investition oft fast irreversibel ist: eine vorzeitige Freisetzung des gebundenen Kapitals ist oft nicht möglich oder mit sehr großen Verlusten verbunden. Auch eine Verbesserung der betrieblichen Situation durch neue Investitionen, mit deren Hilfe unvorteilhafte Gestaltungen überwunden werden könnten, scheitert oft an fehlenden Finanzierungsmöglichkeiten, wenn vorher eine größere Fehlinvestition durchgeführt wurde.

Aus dieser *Langfristigkeit und Irreversibilität* von Investitionsentscheidungen ergibt sich als drittes kennzeichnendes Element, daß Investitionen für den Betrieb oft mit besonders hohem *Risiko* verbunden sind; eventuelle Fehlentscheidungen können die Ertrags- und die Finanzlage nachhaltig beeinträchtigen und sogar die Existenz des Betriebes gefährden. Investitionsentscheidungen gehören daher, wenn es sich um größere Maßnahmen handelt, zu den Strukturentscheidungen, die besonders sorgfältiger Entscheidungsvorbereitung bedürfen. Investitionsentscheidungen und besonders Investitionsrechnungen werden daher in der Betriebswirtschaftslehre seit langem intensiv behandelt.

Wie alle Entscheidungen, sind auch Investitionsentscheidungen und die vorbereitenden Investitionsrechnungen von zukünftigen Daten und Entwicklungen abhängig, die nur selten eindeutig absehbar sind. Es handelt sich daher um *Entscheidungen unter Risiko oder unter Ungewißheit* [1, S. 161 ff.]. Diese Tatsache wird bei der Vorstellung von Techniken der Investitionsrechnung vorübergehend vernachlässigt werden; geeignete Ansätze, die Auswirkungen der Unsicherheit der eine Investition kennzeichnenden Daten praktikabel zu berücksichtigen, werden erst nach den Rechentechniken aufgezeigt.

*2.1.3. Investitionsrechnung und Investitionsentscheidung*

Bei jeder Investitionsplanung und -entscheidung gibt es Aspekte der verschiedensten Art zu berücksichtigen; eine grob strukturierte Übersicht soll einiges davon verdeutlichen:

*Technische Aspekte*
Technische Realisierbarkeit
Verschiedene technische Verfahren

*Juristische Aspekte*
Vorgeschriebene Ausführung?
Zulässigkeit
(gewerblich, sicherheitstechnisch, baurechtlich usw.)

*Leistungswirtschaftliche Aspekte*
Kapazitätseffekte
(Engpaßbeseitigung, Erweiterung, Rationalisierung)
Beschäftigungselastizität
Mehrzweck-/Einzweckanlage
Interdependenzen zu anderen Bereichen

*Monetäre (finanzielle) Aspekte*
„Anschaffungskosten"
Ausgaben während der Nutzung
Einnahmen während der Nutzung

*Erfolgs-Aspekte*
Aufwendungen und Erträge während der Nutzung bzw.
Kosten und Erlöse während der Nutzung

*Risiko-Aspekte*
   Technische Risiken
   (Zuverlässigkeit der Anlagen, Gewährleistung des Herstellers)
   Wirtschaftliche Risiken
   (hinsichtlich Absatzperiode, Ertragshöhe, Kostenhöhe).

Obwohl diese Aufzählung nicht vollständig ist, zeigt sie das Spektrum zu beachtender Aspekte. Darunter sind quantifizierbare und nicht (bzw. kaum) quantifizierbare Faktoren. Einige der nicht quantifizierbaren Faktoren können dabei von entscheidender Bedeutung sein. Investitionsrechnungen können jedoch nur quantifizierbare Faktoren berücksichtigen und erfassen dabei nur die monetären bzw. die Erfolgs-Aspekte, also kleine, aber wichtige Ausschnitte aus dem Gesamtbereich der zu berücksichtigenden Größen.

Daraus ergibt sich, daß Investitionsrechnungen nur Beiträge zur Vorbereitung der Investitionsentscheidungen liefern können, aber niemals die Entscheidung selbst vorwegnehmen können.

Nicht-monetäre Zielsetzungen, nicht-monetäre Auswirkungen der Investition und nicht-quantifizierbare (oder vernachlässigte) Aspekte der Investitionswirkungen können die Entscheidung durchaus gegen das Ergebnis der Investitionsrechnung beeinflussen und das sogar aus vernünftigen Gründen. Dennoch sollte auf die rechnerische Erfassung der rechenbaren Investitionsaspekte nie verzichtet werden, weil sie die Frage beantwortet, welchen Beitrag zur erwerbswirtschaftlichen Zielsetzung des Betriebes die verschiedenen Investitionsprojekte liefern können. Selbst, wenn unter Berücksichtigung nicht erfaßter Aspekte oder sogar rein intuitiv gegen das Ergebnis der Investitionsrechnung entschieden wird, verdeutlicht eine Investitionsrechnung die Nachteile, die dabei in Kauf genommen werden, und leistet so einen Beitrag im Entscheidungsprozeß.

Die Beschränkung der Investitionsrechnung auf die für die erwerbswirtschaftliche Zielsetzung des Betriebes entscheidenden monetären oder Erfolgs-Aspekte (je nach der angewendeten Rechenmethode) führt auch dazu, daß Investitionsprojekte in betriebswirtschaftlichen Abhandlungen über die Investitionsrechnung oft allein durch die von ihnen ausgelösten Zahlungsreihen (bzw. Kosten- oder Gewinnwirkungen) charakterisiert werden. In dieser (begrenzten) Sicht ist eine jede Investition durch ihre Zahlungsreihe charakterisiert, wobei man üblicherweise nur die jährlich anfallenden Ausgaben- bzw. Einnahmenüberschüsse angibt, nicht alle einzelnen Zahlungen.

Frage 14:
Was bedeutet es konkret, wenn von einer Investition gesagt wird, sie sei durch die Zahlungsreihe „ '/. 100, + 40, + 60, + 40" gekennzeichnet?

## 2.1.4. Fragestellungen und Probleme der Investitionsrechnung

Wie bereits oben deutlich wurde, muß, um überhaupt produzieren zu können, zuvor investiert werden. Der Investitionstätigkeit kommt für die langfristige Entwicklung einer Unternehmung zentrale Bedeutung zu. Von ihr hängt es letzten Endes ab, ob die Unternehmung die gegebenen Marktchancen zu nutzen versteht, d. h. aber auch, ob sie sich gegenüber ihren Konkurrenten durchzusetzen vermag, oder ob sie diesen früher oder später ihren Platz überlassen muß. Die eigentliche Aufgabe der Investitionsrechnung liegt nun darin, sich um eine im Hinblick auf die Zielsetzung der Unternehmung optimale Gestaltung der Investitionstätigkeit zu bemühen. Ganz allgemein kann man sagen, unter dem Begriff Investitionsrechnung werden alle Verfahren zusammengefaßt, die eine rationelle Beurteilung der rechenbaren Aspekte der Investition ermöglichen sollen.

Dabei kann man verschiedene Fragestellungen unterscheiden:

Die klassischen Investitionsrechnungen beschäftigen sich mit der Beurteilung *einzelner Investitionsvorhaben* oder einer begrenzten Gruppe von Investitionen *(Partialmodelle)*.

Wegen der bestehenden Interdependenzen jeder Investitionsentscheidung zu anderen betrieblichen Teilbereichen, z. B. zum Produktionsbereich, der Beschaffung und besonders zum Absatz, ist allerdings in solchen Partialmodellen oft ein wirkliches Optimum aller betrieblichen Abläufe nicht erreichbar. Daher gibt es weitere Verfahren der Investitionsrechnung, die Investitionsprogramme unter gleichzeitiger Berücksichtigung anderer Teilbereiche des Unternehmens optimieren. Diese *Simultanmodelle zur Planung von Investitionsprogrammen* umfassen je nach ihrer Konstruktion einen oder mehrere weitere Bereiche. Sie haben vor allem theoretische Bedeutung, bieten aber in geeigneten Fällen auch praktikable Anwendungsmöglichkeiten. Hinweise auf Modelle der Investitionsprogrammplanung werden hier nach der Darstellung der Verfahren zur Beurteilung einzelner Investitionsprojekte gegeben.

Bei den klassischen Investitionsrechnungen werden üblicherweise drei wesentliche Fragestellungen unterschieden:

a) Vorteilhaftigkeit

Ist eine einzelne Investition vorteilhaft?

Mit dieser Frage soll geprüft werden, ob eine einzelne Investition im Hinblick auf die Zielsetzung der Unternehmung getätigt werden soll (also „gewinnbringend" ist) oder nicht. Diese Frage wird unter Berücksichtigung der Finanzierungskosten geprüft. Eine Investition gilt als vorteilhaft, wenn sie mehr einbringt als die Finanzierungskosten. Ist das nicht der Fall, wird sie unterlassen; vorhandene Finanzierungsmittel sollten dann als Finanzanlage verwendet werden. Wegen der entscheidenden Funktion der Finanzierungskosten muß die Höhe des anzusetzenden Zinssatzes sorgfältig überlegt sein. Da beim Unterlassen der Investition vorhandene Finanzierungsmittel zinsbringend angelegt werden können, wird die Vorteilhaftigkeitsprüfung auch als ein besonderes Wahlproblem angesehen: Investitionsprojekt oder verzinsliche Geldanlage.

b) Wahlproblem

Welche von mehreren möglichen Investitionen soll durchgeführt werden?

Im allgemeinen werden sich mehrere Investitionen anbieten, unter denen ausgewählt werden muß. Dabei kann es sich um technische Alternativen handeln, die sich gegenseitig ausschließen, oder die Notwendigkeit einer Auswahl ergibt sich, weil die finanziellen Mittel nicht ausreichen, um alle möglichen Investitionen durchzuführen. Die Investitionsrechnung hat dann zu klären, welche der zur Wahl stehenden Investitionen für die Unternehmung die günstigste ist.

c) Ersatzproblem

Soll eine bereits vorhandene Anlage durch eine neue ersetzt werden?

Der technische Fortschritt bedingt, daß laufend neue Maschinen auf dem Markt erscheinen, die zwar funktionsgleich sind, aber unterschiedliche Kosten- und Leistungsbedingungen aufweisen. Zum anderen ändern sich für die im Betrieb befindlichen Maschinen im allgemeinen im Zeitablauf ihre Kosten- und Leistungskennziffern. Beide Ursachen bewirken, daß sich laufend die Frage stellt, ob eine bereits vorhandene Maschine, obwohl sie noch einen Nutzen stiftet, durch eine neue ersetzt werden soll. Auch hierauf hat die Investitionsrechnung eine Antwort zu geben.

Das Ersatzproblem ist ein Sonderfall des Wahlproblems, weil es um die Wahl zwischen einer vorhandenen und einer neuen Anlage geht. Aus dem Vorhandensein der alten Anlage ergeben sich aber Besonderheiten für die Investitionsrechnung.

Während bei der Ersatzentscheidung zu einem konkreten bevorstehenden Termin die Frage von Weiterbetreiben oder Ersatz einer Altanlage zu entscheiden ist, gibt es daneben noch die Fragestellung, wie lange eine Anlage betrieben werden soll, wenn sich ihre Leistungs- bzw. Kostendaten mit zunehmender Nutzungsdauer ändern.

Diese Fragestellung ist theoretisch bei jeder Investitionsrechnung vor der Durchführung zu entscheiden; wegen der Unsicherheit über die künftige Datenentwicklung während der Nutzungsdauer hat sie aber im Gegensatz zur konkreten Ersatzentscheidung wenig praktische Bedeutung und wird daher hier auch nicht behandelt [19, S. 231 ff.].

Investitionsrechnungen sind also Vergleichsrechnungen verschiedener Art. Die meisten dieser Vergleiche sind jedoch deshalb problematisch, weil sich die Vergleichsobjekte in mehreren Hinsichten unterscheiden. Sie können sich hinsichtlich der Anschaffungsausgabe („Anschaffungskosten"), der Nutzungsdauer und der jährlichen Rückflüsse unterscheiden. Deshalb ist jeder Vergleich einzelner Investitionsobjekte, bei denen eine (oder mehrere) dieser Differenzen auftreten, problematisch. Ein Beispiel soll das erläutern:

Zwei Investitionen sind durch folgende Zahlungsreihen gekennzeichnet:

|   | $t_0$ | $t_1$ | $t_2$ | $t_3$ |
|---|---|---|---|---|
| I | $-100$ | 80 | 80 | – |
| II | $-150$ | 100 | 100 | 100 |

Gleichgültig, wie man die Investitionen zu vergleichen sucht, bleiben zunächst stets die drei Fragen offen, wie das jeweils nicht im Projekt gebundene Kapital verwendet wird, das in die klassischen Rechnungen nicht eingeht:

1. Was geschieht mit den 50 Einheiten nicht benötigtem Kapital, wenn Alternative I verwirklicht wird? Kann zusätzlich zu I eine weitere Investition erfolgen?
2. Was geschieht mit den Differenzen der Einnahmenüberschüsse zu den Zeitpunkten $t_1$ und $t_2$? Wie können die zusätzlichen Rückflüsse von je 20, wenn II durchgeführt wird, verwendet werden?
3. Was geschieht im dritten Jahr, wenn Anlage I verwirklicht wurde? Ein Vergleich über verschiedene Nutzungsdauern ist in vielen Fällen völlig unsinnig, wenn die entsprechende Funktion der Anlage auch in diesem

Jahr erfüllt werden muß. Man muß deshalb Annahmen über die Mittelanlage oder über die Folgeinvestition in die Überlegungen einbeziehen (sog. Investitionsketten betrachten). Auch das wird beim Vergleich einzelner Investitionsprojekte nicht durchgeführt.

Es ist also bei der Interpretation der Rechnungsergebnisse zu berücksichtigen, daß oft *unvollständige Vergleiche* vorliegen.

Die traditionellen Investitionsrechnungsverfahren erlauben nämlich normalerweise nur, Aussagen über das im Projekt gebundene Kapital zu machen. Zuverlässige und in jeder Hinsicht aussagefähige Vergleiche lassen sich aber nur machen, wenn die zur Entscheidung stehenden Einzelinvestitionen so ergänzt werden, daß ein *vollständiger Vergleich* möglich wird, also der gleiche gesamte Kapitaleinsatz über die gleiche Zeitdauer betrachtet wird. Dazu sind *Ergänzungsinvestitionen* nötig, durch die allerdings nicht mehr einzelne Investitionsprojekte, sondern praktisch Investitionsprogramme aus einer Vielzahl von Maßnahmen miteinander verglichen werden.

Im Rahmen praktikabler Investitionsrechnungsverfahren läßt sich diese Schwierigkeit, die sich bei jedem Partialmodell ergibt, nicht vollkommen überwinden. Man muß sich deshalb dieser Probleme bei der Interpretation der Ergebnisse bewußt sein. Das erwähnte Problem unterschiedlicher Anlagebeträge, Rückflüsse und Investitionsdauern wird bei den traditionellen Rechenverfahren durch den jeweiligen Zinssatz ausgeglichen bzw. verdeckt, der dadurch zu einem sehr wesentlichen Faktor in diesen Rechenverfahren wird: Er hat unter anderem die Funktion, die Kosten des aufgenommenen Kapitals (z. B. bei spezieller Finanzierung der Investition) und die Rendite möglicher Anlagen aus Einnahmeüberschüssen anzugeben. Deshalb arbeiten weiterentwickelte moderne Rechenverfahren oft mit unterschiedlichen Zinssätzen oder Annahmen über Finanzierungskosten und Renditen für die Mittelanlage. Auf diese Vorschläge kann aber im Rahmen dieser Einführung nur hingewiesen werden.

## 2.2. Die Verfahren der Investitionsrechnung

### 2.2.1. Überblick

In Theorie und Praxis sind eine Vielzahl von Investitionsrechnungsverfahren erarbeitet worden, über die im folgenden ein kurzer Überblick gegeben werden soll.

Eine recht grundlegende Unterscheidung läßt sich zunächst dadurch schaffen, daß man Verfahren zur isolierten Beurteilung einzelner *Investitionspro-*

| Kosten-vergleich | Gewinn-vergleich | Rentabilitäts-vergleich | Amortisations-rechnung | Kapitalwert | Endwert | Interner Zinssatz | Annuität |
|---|---|---|---|---|---|---|---|
| Kosten | Gewinn | Rentabilität (des jeweils gebundenen Kapitals) | Zeit bis zum vollständigen Rückfluß des investierten Kapitals | Barwert der Zahlungen (soweit über kalk. Zins hinausgehend) | End-vermögen | Verzinsung (des jeweils gebundenen Kapitals) | Durchschnitt-licher Gewinn je Periode |

Einperiodische Verfahren          Mehrperiodische Verfahren

| Statische Verfahren |
|---|
| Praxisnahe Näherungsverfahren |
| Betrachtung einer Periode (Jahr) |
| Datenbasis:    Periodisierte Werte Kosten und Erträge |
| Datenproblem:    typische (durch-schnittliche) Werte zu ermitteln |

| Finanzmathematische oder Dynamische Verfahren |
|---|
| Berücksichtigung zeitlicher Unterschiede durch Zinseszinsrechnung |
| Betrachtung der gesamten Nutzungsdauer |
| Datenbasis:    konkrete Zahlungen der einzelnen Jahre Ausgaben und Einnahmen |
| Datenproblem:    Prognose der konkreten Ausgaben und Einnahmen nach Höhe und Termin |

Bild 7. Wichtige Verfahren der Investitionsrechnung.

*jekte* oder zum Vergleich weniger Projekte (Partialmodelle) oder Verfahren zur Planung von *Investitionsprogrammen* unter Berücksichtigung von Interdependenzen oder mehr oder weniger großer Teilbereiche des gesamten Unternehmensgeschehens (Modell der Simultanplanung) unterscheidet.

Die hier ausführlicher zu behandelnden Verfahren der Investitionsrechnung, die sich alle mit *einzelnen* Investitionsprojekten isoliert beschäftigen, können wieder in zwei Hauptgruppen eingeteilt werden, die Bild 7 darstellt: Statische Verfahren und Dynamische Verfahren.

Die „Statischen Verfahren" umfassen Rechnungen mehr praxisnaher Orientierung; alle diese Verfahren begnügen sich damit, nur ein Jahr aus der Nutzungsdauer rechnerisch zu erfassen und diese Werte als kennzeichnend für die ganze Investition anzusehen. Schon darin liegt, vom theoretischen Standpunkt aus gesehen, eine entscheidende Schwäche, da Investitionsprojekte durchweg mehrere Jahre umfassen. Diese Schwäche wird in Kauf genommen; man versucht, eine ausreichende Näherungslösung zu erarbeiten, die den Anforderungen nach einer praktikablen Rechenmethode genügt.

Als Datenbasis verwendet man periodisierte Werte, also meist Kosten und Erträge. Das Denken in Kosten- und Ertragsgrößen ist auch bei nur schwach entwickeltem Rechnungswesen, z. B. in kleinen Betrieben, oft noch so ausgeprägt, daß diese Daten ermittelt werden können. Dennoch bestehen Probleme der Datenbeschaffung: da durch die Berechnung für ein „typisches" Jahr die gesamte Investition beurteilt werden soll, müssen auch typische Kosten- und Erlösdaten bereitgestellt werden, d. h. durchschnittliche Werte für die Nutzungsdauer. Deren Schätzung ist oftmals schwierig, so daß man versucht, die Daten des ersten (noch relativ gut absehbaren) Jahres zugrunde zu legen, wodurch leicht schwere Fehler entstehen können, wenn dadurch wesentliche Entwicklungstendenzen (z. B. die Dynamik einzelner Kostenarten) unberücksichtigt bleiben.

Die anspruchsvolleren „Finanzmathematischen Verfahren" oder „Dynamischen Verfahren" basieren auf Angaben über alle Jahre der Nutzungsdauer. Dabei werden die jeweiligen Zahlungen meist vereinfachend als gleichzeitig am Jahresende anfallend angesehen; statt dessen kann man auch kleinere Abrechnungsperioden wählen. Die Zahlungen, die an unterschiedlichen Terminen während der Nutzungsdauer anfallen, dürfen nicht einfach addiert werden, denn gleich hohe Einnahmen werden um so mehr geschätzt, je früher sie erfolgen, Ausgaben werden als belastender empfunden, wenn sie früher anfallen. Deshalb werden die jährlichen Zahlungen durch Zinseszinsrechnung und darauf aufbauende finanzmathematische Rechenverfahren auf einen einheitlichen Termin, z. B den Anfangstermin ($t_0$) des Investitionsprojektes umgerechnet; alle späteren Zahlungen werden auf diesen Zeitpunkt abgezinst (diskontiert).

Die korrektere Vorgehensweise ist also mit zusätzlichen Rechenvorgängen verbunden. Die Rechenarbeit kann allerdings durch Verwendung von Tabellenwerken mit finanzmathematischen Hilfswerten oder heute durch die Verwendung spezieller finanzmathematischer Taschenrechner oder von Rechenprogrammen entscheidend erleichtert werden.

Die Einschränkungen für die Verwendbarkeit dieser Verfahren ergeben sich vor allem aus der Datenbeschaffung: sind überhaupt konkrete Angaben über jährliche Ausgaben und Einnahmen mit ausreichender Wahrscheinlichkeit ermittelbar? Wenn das nicht der Fall ist, so daß die Datenbasis auf sehr unsicheren Prognosen und Hilfsannahmen basiert, kann dadurch der Vorteil der genaueren Rechenmethode überkompensiert werden. Deshalb sind die finanzmathematischen Verfahren zwar als zuverlässiger anzusehen als statische Rechnungen, aber selbstverständlich ist die Gültigkeit der Ergebnisse von den Ausgangsdaten abhängig.

Je nach Datenverfügbarkeit, Art und Volumen des zu beurteilenden Investitionsprojektes sind daher verschiedene Verfahren anwendbar und ausreichend.

*Frage 15:*
*Wie wirken sich die Anschaffungsausgaben einer Investition von 100 000 DM und die durch die Finanzierung entstehende Zinslast bei einer statischen Investitionsrechnung aus? Wie bei den dynamischen Methoden?*

*2.2.2. Statische Verfahren*

2.2.2.1. Die Kostenvergleichsrechnung

Im Rahmen der Kostenvergleichsrechnung werden die Kosten zweier oder mehrerer Investitionen einander gegenübergestellt, um festzustellen, welche der Anlagen die kostengünstigste ist.

Damit sind wir schon in der Lage, die Entscheidungsregel der Kostenvergleichsrechnung grob zu formulieren: Bezeichnen wir die Kosten zweier Anlagen mit $K_I$ und $K_{II}$, dann ist Anlage I vorteilhaft, wenn

$$K_I < K_{II}.$$

Allgemein ist also die Anlage vorzuziehen, die die niedrigsten Kosten hat.

Für die zu vergleichenden Kostengrößen gilt folgendes:

Die Kostenvergleichsrechnung arbeitet – wie alle statischen Methoden – mit Durchschnittswerten. Man ermittelt diese Durchschnittskosten, indem man den Durchschnitt der für die gesamte Lebensdauer der Investition erwarteten Kosten bildet. Wenn nähere Angaben fehlen, werden auch die Kosten des ersten Jahres verwendet. Dabei wird offensichtlich unterstellt, daß diese repräsentativ für die ganze Nutzungsdauer sind oder das sich die Kosten aller miteinander verglichenen Objekte in gleicher Weise entwickeln. Das kann vor allem bei unterschiedlichen Kostenstrukturen der Vergleichsobjekte (unterschiedliche Anlage-, Zins- und Betriebskosten, unterschiedliche Lohnintensität usw.) sehr gefährlich sein. Statt dessen müssen unbedingt geschätzte durchschnittliche Koten ermittelt werden. Dabei sind die einzelnen Kostenarten oder Kostenarten-Gruppen getrennt zu berücksichtigen und vor allem zwei große Gruppen streng getrennt zu halten:

a) Betriebskosten, das sind solche Kosten, die durch den Betrieb der Anlage unmittelbar verursacht werden. Dazu gehören insbesondere Lohnkosten, Energie- und Hilfsstoffkosten sowie Werkzeugkosten usw. (*variable Kosten*).

b) Fixkosten, darunter vor allem die Kosten des Kapitaldienstes, also Abschreibungen und Zinsen auf das eingesetzte Kapital.

Die Unterscheidung dieser Hauptgruppen ist deshalb so wichtig, weil nur die Betriebskosten variabel, d. h. von der erwarteten Beschäftigung (Auslastung) der Anlage abhängig sind. Unter den Fixkosten können neben den Kosten des Kapitaldienstes noch weitere Kostenarten auftreten, z. B. Kosten für Mindest-Instandhaltungsmaßnahmen.

Bei der korrekten Kostenerfassung muß auch beachtet werden, daß eine Kostenart durchaus fixe und variable Teile umfassen kann, die dann zweckmäßigerweise getrennt auszuweisen sind. So können die Instandhaltungskosten teils fix (Mindestmaßnahmen), teils aber auch von der Beschäftigung abhängig sein (variable Kosten), z. B je nach Betriebsstunden anfallen; entsprechendes gilt für Abschreibungen.

Bezeichnen wir die Betriebskosten (variable Kosten) mit $K_v$ und die Kosten des Kapitaldienstes und die übrigen Fixkosten mit $K_f$, dann ist Anlage I vorzuziehen, wenn:

$$K_{vI} + K_{fI} < K_{vII} + K_{fII}.$$

Vorzuziehen ist diejenige Anlage, bei der die Summe aus Betriebskosten und Fixkosten am geringsten ist.

Da die *Kosten des Kapitaldienstes* stets wiederkehrende Bestandteile in den Berechnungen für statische Verfahren sind, soll deren Ermittlung vorab erläutert werden:

Die durchschnittlichen *Abschreibungskosten* ergeben sich aus Anschaffungskosten, dividiert durch die Zahl der Rechenperioden in der Nutzungsdauer; das entspricht der linearen Abschreibungsmethode. Der Ansatz anderer Abschreibungsmethoden, z. B. der buchhalterisch oft bevorzugten degressiven Abschreibung, scheidet aus, da sie nicht die durchschnittlichen Abschreibungen während der Nutzungsdauer wiedergeben. Bei der Schätzung der Nutzungsdauer ist die effektiv erwartete Zeit maßgebend (individuelle betriebliche Nutzungsdauer); es darf nicht mit steuerlich zulässigen Normwerten aus AfA-Tabellen gearbeitet werden, die für buchhalterische Zwecke angewendet werden. Dabei kommt es auf die voraussichtliche Nutzungszeit, nicht auf die technische Verwendbarkeit an. Die anzusetzende Abschreibung entspricht also in diesen Hinsichten der kalkulatorischen Abschreibung; dabei wird jedoch anders als in der laufenden Kostenrechnung auf den Ansatz geschätzter Wiederbeschaffungskosten verzichtet. Von nutzungsbedingten Abschreibungen wird hier abgesehen; sie sind ggf. als variable Kosten zu berücksichtigen.

Die *Zinskosten* ergeben sich aus dem durchschnittlich während der Nutzungsdauer gebundenen Kapital und dem Kalkulationszinssatz $i$[2]).

Dabei ist es sinnvoll, bei abnutzbaren Anlagen davon auszugehen, daß das durchschnittlich gebundene Kapital die Hälfte der Anschaffungskosten A beträgt. Bei gleichmäßig über die Zeit verteilten Abschreibungsrückflüssen ist über den gesamten Investitionszeitraum durchschnittlich Kapital in Höhe von A/2 gebunden, Bild 8 a.

Dieser Kapitalbetrag ist zu verzinsen. Bei einem Zinssatz von i fallen mithin jährlich Zinsen von A • i/2 an.

Beim Vorhandensein eines Restwertes R ändert sich die Berechnung der Kosten des Kapitaldienstes allerdings. Solche Restwerte können sich aus hohen Veräußerungswerten beim Ausscheiden der Anlage oder aus nicht abschreibungsfähigen Teilen des Investitionsprojektes (Grundstück, Beteiligung, Wertpapierbestände) ergeben. Dann wird nur die Anschaffungssumme abzüglich des Restwertes abgeschrieben. Die durchschnittliche Kapitalbindung besteht dann aus der Hälfte der Anschaffungssumme abzüglich des

---

2) Der Kalkulationszinssatz i wird in Dezimalschreibweise verwendet: für 10 % also: i = 0,1; zur Höhe des Kalkulationszinssatzes, vgl. Abschn. 2.2.5.

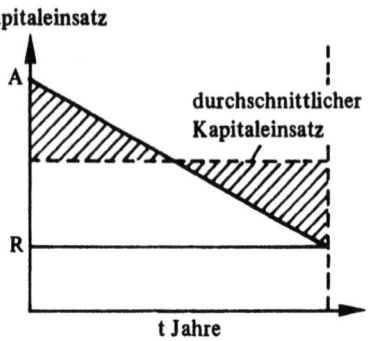

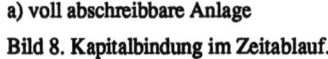

a) voll abschreibbare Anlage          b) Berücksichtigung eines Restwertes R

Bild 8. Kapitalbindung im Zeitablauf.

Restwertes. Dazu kommt dann noch einmal der gesamte Restwert, der ja über die gesamte Lebensdauer der Investition gebunden ist, Bild 8 b.

Die Abschreibungen betragen dann $\frac{A-R}{t}$,

als Zinsen sind anzusetzen:

$$\frac{A-R}{2} \cdot i + R \cdot i = \frac{A+R}{2} \cdot i.$$

*Frage 16:*

*Welche Vereinfachungen werden bei dieser Berechnung der Kapitalbindung vorgenommen? Wie könnte man genauer vorgehen?*

Andere fixe Kosten, die neben den Kosten des Kapitaldienstes zu berücksichtigen sind, und die variablen Kosten (Betriebskosten) müssen individuell ermittelt werden.

Dabei kann, wie aus der Kostenrechnung bekannt ist, eine Kostenart teilweise fixe, teilweise variable Bestandteile enthalten, die für die Rechnung sorgfältig zu trennen sind.

Bei der Ermittlung der variablen Kosten geht man zunächst von einer erwarteten Auslastung aus, die für alle verglichenen Investitionen gleich sein muß.

Das Vorgehen soll an einem Beispiel verdeutlicht werden, an dem danach auch wesentliche Aspekte und einige Probleme der Kostenvergleichsrechnung erläutert werden können.

Dabei sind, um das Beispiel übersichtlich zu halten, verschiedene Kostenarten zusammengefaßt, obwohl im Interesse einer zuverlässigen Kostenplanung bei der praktischen Anwendung jede Kostenart möglichst einzeln geplant werden sollte.

Kostenarten, die von der Wahl der Anlage nicht beeinflußt sind (z. B. Fertigungsmaterial, u. U. auch Fertigungslöhne), können aus dem Kostenvergleich herausgelassen werden. Oft werden sie aber auch einbezogen, damit die Zahlen vollständig und mit den Daten der laufenden Kostenrechnung besser vergleichbar sind, Tabelle 6.

Tabelle 6. Kostenvergleichsmethode - Gesamtkostenvergleich.

|  | Anlage I | Anlage II |
|---|---|---|
| **1. *Daten der Anlagen*** | | |
| 1.1 Anschaffungswert (DM) | 80000,- | 120000,- |
| 1.2 Nutzungsdauer (Jahre) | 8 | 8 |
| 1.3.1 Kapazität (LE/Jahr) | 15000 | 15000 |
| 1.3.2 Auslastung (LE/Jahr) | 10000 | 10000 |
| **2. *Fixe Kosten*** | | |
| 2.1 Abschreibungen | 10000,- | 15000,- |
| 2.2 Zinsen (10 %) | 4000,- | 6000,- |
| 2.3 Sonstige fixe Kosten*) | 1000,- | 1700,- |
| 2.4 Fixe Kosten insgesamt | 15000,- | 22700,- |
| **3. *Variable Kosten*)** | | |
| 3.1 Löhne und Lohnnebenkosten | 16000,- | 8000,- |
| 3.2 Werkzeuge, Betriebsstoffe u. a. | 3800,- | 4000,- |
| 3.3 Energie und sonstige variable Kosten | 1900,- | 2700,- |
| 3.4 Variable Kosten insgesamt | 21700,- | 14700,- |
| (Variable Kosten je LE) | (2,17) | (1,47) |
| **4. *Kosten insgesamt*** | 36700,- | 37400,- |

*) Angenommene Werte, nicht errechenbar.

Die ausgewiesenen gesamten Kosten zeigen, daß unter den zugrundeliegenden Annahmen Anlage I etwas günstiger ist als Anlage II.

Bei der Durchführung und Auswertung eines solchen Kostenvergleichs sind aber einige Punkte zu beachten, auf die hingewiesen werden soll.

Normalerweise ist der *Anschaffungswert* und damit die Kapitalbindung bei jeder Anlage anders. Der Kostenvergleich vernachlässigt die Finanzierbarkeit verschiedener Anschaffungsbeträge und berücksichtigt diesen Unterschied nur in Abschreibungen und Zinskosten. Dadurch wird unterstellt, daß jeder der möglichen Anschaffungsbeträge zu dem angesetzten Zinssatz finanzierbar ist. Deshalb bedeutet ein geringerer Anschaffungswert keinen besonderen Vorteil; bei bestehender Kapitalknappheit müssen Auswirkungen auf die Finanzierungssituation des Betriebes außerhalb der Rechnung berücksichtigt werden.

Die *Nutzungsdauer* der verglichenen Anlagen entspricht den individuellen betrieblichen Erwartungen. Im Idealfall ist sie (wie im Beispiel) gleich, oft gibt es aber Unterschiede. Streng genommen ist ein Vergleich von Anlagen unterschiedlicher Lebensdauer nicht zulässig, da die unterschiedlichen voraussichtlichen Ersatztermine Einfluß auf die Vorteilhaftigkeit haben könnten, wenn z. B. technischer Fortschritt oder Preissteigerungen bis zur Wiederbeschaffung berücksichtigt werden.

Alle Investitionsrechnungen, die Anlagen unterschiedlicher Nutzungsdauer vergleichen, vernachlässigen diese Aspekte[3].

*Kapazität und Auslastung* sind für die Investitionsentscheidung sehr wesentlich, da eine größere Kapazität einer Anlage eine wichtige Reserve für künftige Entwicklungen bedeuten kann. Für die Ermittlung der Zahlenwerte für eine Investitionsrechnung darf jedoch nicht die volle Nutzung der Kapazität unterstellt werden, sondern die effektiv erwartete Auslastung. Beim Kostenvergleich ist unbedingt darauf zu achten, daß *nur gleiche Auslastungen* miteinander verglichen werden dürfen: Kostenminimierung ist nur dann ein sinnvolles Ziel, wenn die Leistungen der verglichenen Anlagen in Menge (und Erlös) identisch sind. Wenn also die Auslastung nicht gleich hoch angesetzt werden kann, muß statt des Kostenvergleichs ein anderes Investitionsrechnungsverfahren angewendet werden, das auch die entsprechenden Leistungsunterschiede mit erfaßt.

*Frage 17:*
*Gelegentlich wird vorgeschlagen, bei unterschiedlichen Auslastungen einen Vergleich der Stückkosten zugrunde zu legen. Wie ist ein Stückkostenvergleich in diesem Fall zu beurteilen?*

Die Höhe der angenommenen Auslastung kann von entscheidender Bedeutung sein, wenn (wie im Beispiel) eine Anlage zwar höhere Fixkosten,

---

[3] Durch die Unterstellung, die Investitionen würden in identischer Folge ständig wiederholt („Investitionsketten") kann dies Problem u. U. überwunden werden [3, S. 63 ff.].

dafür aber geringere variable Kosten je Einheit verursacht. Dabei erleichtert die Berechnung der Kostenfunktionen und der kritischen Auslastung die Entscheidung, wenn die genaue Höhe der Auslastung nicht eindeutig bestimmt ist. Darauf wird nachfolgend eingegangen.

Bei den *Lohn- und Lohnnebenkosten* ist, vor allem bei unterschiedlicher Lohnintensität wie im Beispiel, darauf zu achten, daß die durchschnittlich zu erwartenden Kosten unter Berücksichtigung der Personalkostenentwicklung angesetzt werden, da die gegenwärtigen Lohnsätze keine geeignete Vergleichsbasis garantieren. Die Schwierigkeit, die Lohnkostenentwicklung abzuschätzen, darf nicht dazu führen, daß die Kostenentwicklung vernachlässigt wird. Entsprechendes gilt für die anderen Kostenarten.

Die Angabe der *variablen Kosten je Einheit* erleichtert die Aufstellung einer Kostenfunktion für jede der Anlagen. Dabei wird normalerweise vorausgesetzt, daß die variablen Stückkosten konstant sind (linearer Kostenverlauf).

Wenn die Auslastung der Investition nicht eindeutig feststeht, empfiehlt sich statt des dargestellten starren Kostenvergleichs für eine konkrete Auslastung eine *Ermittlung der Kostenfunktionen* und ggf. die Berechnung der kritischen Menge, bei der die Rangfolge der Alternativen sich ändert.

Aus dem Beispiel lassen sich die Kostenfunktionen in Abhängigkeit von der Auslastung x unmittelbar ableiten:

$$K_I = 15\,000 + 2{,}17\,x$$
$$K_{II} = 22\,700 + 1{,}47\,x.$$

Der Vergleich der Kostenfunktionen zeigt, daß Anlage II höhere Fixkosten, aber geringere Betriebskosten je Einheit hat. In einem solchen Fall existiert stets eine kritische Menge $X_K$. Bis zu dieser Auslastung ist die Anlage mit den niedrigeren Fixkosten vorteilhaft, bei höheren Auslastungen wird der Fixkostennachteil der anderen Anlage durch den Vorteil bei den Betriebskosten überkompensiert, so daß diese Anlage kostengünstiger wird. Bei der kritischen Menge (oder kritischen Auslastung) sind die Kosten beider Anlagen gleich; Bild 9 verdeutlicht diese Zusammenhänge; dabei werden die Werte aus Tabelle 6 verwendet.

Bild 9 zeigt, daß die im Beispiel gewählte Auslastung von 10 000 LE/Jahr knapp unter der kritischen Menge liegt. Bei höheren Auslastungen wäre Anlage II kostengünstiger.

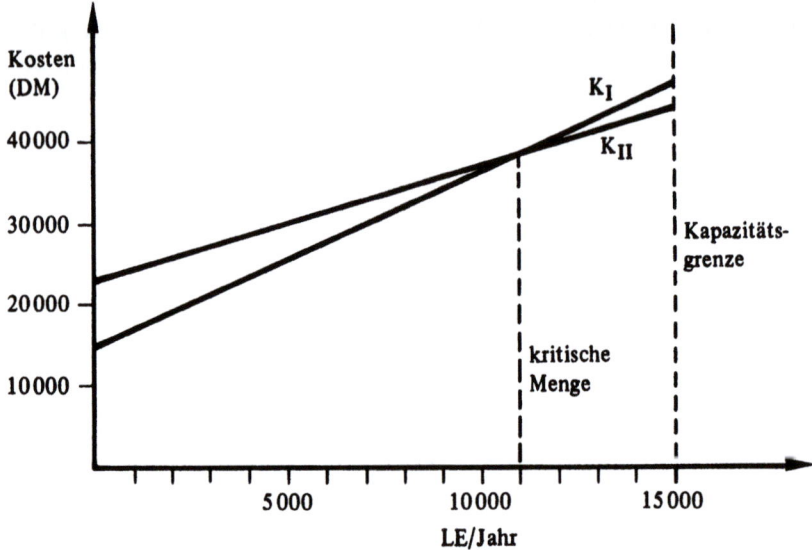

Bild 9. Kostenfunktionen und kritische Menge.

Die rechnerische Bestimmung der kritischen Menge $X_K$ ist durch Gleichsetzen der Kostenfunktionen möglich, da bei dieser Auslastung gilt:

$K_I(X_K) = K_{II}(X_K)$.

Für das Beispiel gilt:

$$15\,000 + 2{,}17\, X_K = 22\,700 + 1{,}47\, X_K$$
$$(2{,}17 - 1{,}47)\, X_K = 22\,700 - 15\,000$$

$$X_K = \frac{22\,700 - 15\,000}{2{,}17 - 1{,}47} = \frac{7\,700}{0{,}70}$$

$$\underline{\underline{X_K = 11\,000 \text{ (LE/Jahr)}}}.$$

*Frage 18:*
*Wie kann die Formel zur Bestimmung der kritischen Menge wirtschaftlich interpretiert werden?*

Die Ermittlung kritischer Größen, hier der kritischen Auslastung, ermöglicht Aussagen über die kostengünstigste Alternative, wenn keine genaue Bestimmung der voraussichtlichen Auslastung möglich ist: Wenn die voraussichtliche Auslastung kleiner oder größer ist als die kritische Menge, ist schon dadurch eine Entscheidung möglich; wenn die (rechnerische) kritische Menge außerhalb des Leistungsbereichs liegt, also größer als die höchste denkbare Auslastung liegt, ist in jedem Fall die Alternative mit den geringeren Fixkosten vorzuziehen.

Die zeichnerische Darstellung verdeutlicht außerdem die Kostenverhältnisse besser, als es durch Berechnungen mit starren Annahmen möglich ist; dieser Vorteil grafischer Darstellungen der Kostenfunktionen ist besonders wichtig, wenn eine größere Zahl verschiedener Anlagen miteinander verglichen werden.

Diese Vorteile der Berechnung kritischer Werte und der zeichnerischen Darstellung der Ergebnisse sind in entsprechender Weise auch bei anderen Investitionsrechnungsverfahren nutzbar, um die Abhängigkeit des Ergebnisses von einer Basisgröße zu verdeutlichen. Das kann selbstverständlich neben der Auslastung auch jeder andere in die Rechnung eingehende Wert (z. B. Zinssatz, Lohn- oder Preissteigerungsraten) sein. Dabei ist allerdings nachteilig, daß jeweils nur eine Größe variiert werden kann, so daß gegebenenfalls mehrere Untersuchungen über das Zusammenwirken verschiedener Einflüsse nötig sind.

In jedem Fall ist zu beachten, daß Kostenvergleiche nur sinnvoll sind, wenn keine Unterschiede der Leistungsseite (Ausbringung, Erlöse der Erzeugnisse) bestehen. Das ist vor allem dann der Fall, wenn die Investition ein einzelnes Glied in einer Gruppe von Produktionsanlagen ist und keine Auswirkungen auf das Produkt feststellbar sind.

In anderen Fällen darf der Kostenvergleich nicht angewendet werden.

### 2.2.2.2. Die Gewinnvergleichsrechnung

Die Gewinnvergleichsrechnung wird nötig, wenn Mengen- oder Preisunterschiede der jeweiligen Leistungen zu berücksichtigen sind oder unter völlig verschiedenen Investitionsmöglichkeiten ausgewählt werden muß.

Die Entscheidungsregel lautet: Vorzuziehen ist die Investition, die den höchsten Gewinn erzielt.

Bei der Kostenermittlung ergeben sich keine Besonderheiten; die Berechnung wird nur um die Erlösdaten (E) erweitert, wobei auch durch Mengen- oder Qualitätseinflüsse auftretende Preisunterschiede berücksichtigt werden können, Tabelle 7.

Tabelle 7. Gewinnvergleich.

|  | Projekt I | Projekt II |
|---|---|---|
| 1. *Daten der Anlagen* <br> 1.1 Anschaffungswert (DM) <br> 1.2 Nutzungsdauer (Jahre) <br> 1.3.1 Kapazität (LE/Jahr) <br> 1.3.2 Auslastung (LE/Jahr) <br> 1.4 Preis (DM/E) <br> 1.5 Sonstige Angaben <br> lineare Abschreibung, Zinssatz 10 % | 80 000,– <br> 8 <br> 10 000 <br> 10 000 <br> 4,50 | 120 000,– <br> 8 <br> 15 000 <br> 15 000 <br> 3,70 |
| 2. *Fixe Kosten* <br> 2.1 Abschreibungen <br> 2.2 Zinsen <br> 2.3 Sonstige fixe Kosten*) | <br> 10 000,– <br> 4 000,– <br> 1 000,– | <br> 15 000,– <br> 6 000,– <br> 1 700,– |
| 2.4 Fixe Kosten insgesamt | 15 000,– | 22 700,– |
| 3. *Variable Kosten\*)* <br> 3.1 Löhne und Lohnnebenkosten <br> 3.2 Werkzeuge, Betriebsstoffe, etc. <br> 3.3 Energie und sonstige variable Kosten | <br> 16 000,– <br> 3 800,– <br> 1 900,– | <br> 12 000,– <br> 6 000,– <br> 4 050,– |
| 3.4 Variable Kosten insgesamt <br> (variable Kosten je LE) | 21 700,– <br> (2,17) | 22 050,– <br> (1,47) |
| 4. *Gesamtkosten* | 36 700,– | 44 750,– |
| 5. *Gesamterlös* | 45 000,– | 55 500,– |
| 6. *Gesamtgewinn* | 8 300,– | 10 750,– |

*) Angenommene Werte, nicht errechenbar.

Das Beispiel zeigt, daß ein Kostenvergleich zu einer falschen Entscheidung führen kann, wenn Leistungsunterschiede bestehen.

Selbstverständlich sollten Berechnungen über kritische Werte und weitere Überlegungen die Rechnung ergänzen. Vor allem aber muß berücksichtigt werden, welchen Einfluß die unterschiedlichen Anschaffungskosten haben können: Da im Beispiel Projekt I um 40 000,– DM geringeren Kapitaleinsatz erfordert, muß geprüft werden, ob durch eine zusätzliche Investition dieses Betrages (Ergänzungsinvestition) zusätzliche Gewinne möglich sind.

Da auch die Gewinne von der Ausbringung abhängig sind, kann eine Ermittlung kritischer Werte und eine grafische Darstellung auch beim Gewinnvergleich zweckmäßig sein.

Bei gleichbleibenden variablen Kosten je Leistungseinheit kann dabei der Gewinn in Abhängigkeit von den Deckungsbeiträgen je Einheit und den Fixkosten dargestellt werden:

G = Stück-Deckungsbeitrag • Ausbringungsmenge − Fixkosten

= (Preis − variable Kosten je LE) • Ausbringungsmenge − Fixkosten.

*Frage 19:*
*Wie lauten die Gewinngleichungen für das Beispiel zum Gewinnvergleich?*
*Wie hoch ist die Menge, von der an Projekt II einen höheren Gewinn ermöglicht als Projekt I?*

Der Gewinnvergleich ist für sehr viele Investitionsentscheidungen grundsätzlich geeignet; er setzt allerdings voraus, daß außer den Kosten auch die Erlöse konkretisiert werden können.

Er ermöglicht außer der Wahl zwischen verschiedenen Investitionen auch die Beurteilung der Vorteilhaftigkeit einer einzelnen Investition: sie ist vorteilhaft, wenn kein Verlust zu erwarten ist.

Bei Wahlproblemen muß allerdings auf die Bedeutung der Differenzinvestition hingewiesen werden, wenn unterschiedliche Investitionssummen der verglichenen Investitionen auftreten.

### 2.2.2.3. Die Rentabilitätsrechnung

Bei der Rentabilitätsrechnung wird der durchschnittliche Jahresgewinn einer Investition zum Kapitaleinsatz ins Verhältnis gesetzt. Als Ergebnis dieser Rechnung erhält man die durchschnittliche jährliche Verzinsung des eingesetzten Kapitals. Es ist also:

$$R = \text{Rentabilität (\%/Jahr)} = \frac{\text{Gewinn (DM/Jahr)}}{\text{Kapitaleinsatz (DM)}} \cdot 100.$$

Die Kosten- und die Gewinnvergleichsrechnung geben in dieser Hinsicht keinerlei Aufschluß. Ist die Unternehmung aber gerade an der Verzinsung des eingesetzten Kapitals interessiert und weniger an einer Kostenersparnis oder an der absoluten Höhe des Gewinns, dann ist ein Übergang zur Rentabilitätsrechnung erforderlich. Danach ist eine Investition vorteilhaft, wenn die Rentabilität größer ist als der Kalkulationszinssatz, der zur Beurteilung herangezogen wird.

Von mehreren Investitionen ist grundsätzlich diejenige vorzuziehen, bei der die höchste Rentabilität erzielt wird.

Bei Anwendung der Rentabilitätsrechnung ist zu beachten, daß bei abnutzbaren Investitionsobjekten der durchschnittliche Kapitaleinsatz anzusetzen ist (vgl. S. 95f.). Sollte es sich hingegen um Investitionen handeln, die nicht im Zeitablauf der Abnutzung unterliegen, so ist die volle Anschaffungssumme als Kapitaleinsatz anzusehen.

Auf den Ansatz *kalkulatorischer Zinsen* wird verzichtet, da sonst nur die über den angesetzten kalkulatorischen Zins evtl. hinausgehende Rendite ermittelt würde. Die insgesamt erreichbare Verzinsung des eingesetzten Kapitals ist aber leichter interpretierbar.

Tabelle 8. Rentabilitätsvergleich.

| | | | Projekt I | Projekt II |
|---|---|---|---|---|
| 1. *Daten der Anlagen* | | | | |
| | 1.1 Anschaffungswert | (DM) | 80 000,– | 120 000,– |
| | 1.2 Nutzungsdauer | (Jahre) | 8 | 8 |
| | 1.3.1 Kapazität | (LE/Jahr) | 10 000 | 15 000 |
| | 1.3.2 Auslastung | (LE/Jahr) | 10 000 | 15 000 |
| | 1.4 Preis | (DM/E) | 4,50 | 3,70 |
| | 1.5 Sonstige Angaben lineare Abschreibung, Zinssatz 10 % | | | |
| 2. *Fixe Kosten* | | | | |
| | 2.1 Abschreibungen | | 10 000,– | 15 000,– |
| | 2.2 Zinsen (nicht angesetzt) | | – | – |
| | 2.3 Sonstige fixe Kosten*) | | 1 000,– | 1 000,– |
| | 2.4 Fixe Kosten insgesamt | | 11 000,– | 16 700,– |
| 3. *Variable Kosten insgesamt\*)* | | | 21 700,– | 22 050,– |
| 4. *Gesamtkosten* | | | 32 700,– | 38 750,– |
| 5. *Gesamterlös* | | | 45 000,– | 55 500,– |
| 6. *Gewinn (vor Zinsen)* | | | 12 300,– | 16 750,– |
| 7. *Durchschnittliche Kapitalbindung* | | | 40 000,– | 60 000,– |
| 8. *Rentabilität* | | | 30,75 % | 27,92 % |

\*) Angenommene Werte, nicht errechenbar.

Aufbauend auf Tabelle 7 zum Gewinnvergleich ergibt sich als Beispiel der Rentabilitätsvergleich, Tabelle 8.

Unter Rentabilitätsgesichtspunkten wäre demnach Projekt I vorzuziehen.

Diese Entscheidung ist aber nicht unproblematisch, da Projekt II ebenfalls finanzierbar ist und lt. Gesamtgewinnvergleich den höheren Gewinn ermöglicht.

Daher ist bei Wahlproblemen, wie schon beim Gewinnvergleich, die Ergänzungsinvestition zusätzlich zu berücksichtigen, wenn der Kapitaleinsatz unterschiedlich ist. Hier kann zusätzlich zur Investition I eine weitere Investition mit dem Anschaffungswert von 40 000,- DM durchgeführt werden, da offensichtlich ein Kapitalbetrag von 120 000,- DM insgesamt aufgebracht werden kann. Um die Erträge dieser Ergänzungsinvestition vergrößert sich im Beispiel der Vorteil des Projektes I weiter. In anderen Fällen kann die (ungünstige) Ergänzung des „kleineren" Projektes dazu führen, daß die Rangfolge der ursprünglich verglichenen Projekte sich ändert, wenn z. B. freie Mittel nur zu geringen Zinsen anlegbar sind.

*Frage 20:*
*Welches Projekt ist vorzuziehen, wenn die Angaben der folgenden Tabelle gelten und der Differenzbetrag nur zu 5 % angelegt werden kann?*

|  | I | II |
|---|---|---|
| Anschaffungswert (DM) | 50 000,- | 80 000,- |
| Nutzungsdauer (Jahre) | 8 | 8 |
| usw. |  |  |
| – |  |  |
| Gesamtkosten (ohne Zinsen) (DM) | 35 000,- | 39 000,- |
| Gesamterlös (DM) | 40 000,- | 46 000,- |
| Gesamtgewinn (DM) | 5 000,- | 7 000,- |

Im Gegensatz zur Kostenvergleichsrechnung und besser als die Gewinnvergleichsrechnung kann der Rentabilitätsvergleich auch auf das Problem der Vorteilhaftigkeit einer einzelnen Investition angewendet werden, indem ein Mindestzinssatz (erwartete Mindestrendite) vorgegeben wird. Liegt die Verzinsung des Kapitaleinsatzes über diesem Mindestzinssatz, dann ist die Investition vorteilhaft. Die Höhe der Mindestrendite bestimmt sich vor allem nach den Kosten des Kapitaleinsatzes. Auf diese Weise soll sichergestellt werden, daß die Verzinsung des eingesetzten Kapitals die Kapitalkosten deckt. Wird eine Investition vollständig fremdfinanziert, dann wird man den Zinssatz für Fremdkapital als Mindestrendite wählen. Ist eine Investition eigen- und fremdfinanziert, wählt man einen Mischzinssatz aus Eigen- und Fremdkapitalkosten. Als Eigenkapitalkosten sind hierbei die Renditeansprüche der Eigentümer einer Unternehmung oder die Dividendenansprüche der Aktionäre usw. zu verstehen.

Die Rangfolge nach Rentabilitäten wird vor allem benutzt, um eine größere Zahl von möglichen Investitionen zu ordnen, wenn nicht alle finanziert werden können.

### 2.2.2.4. Die Amortisationsrechnung

Während die anderen Investitionsrechnungsverfahren sich an Erfolgsgrößen (Kostenminimierung, Gewinn, Rentabilität) orientieren, wird bei der Amortisationsrechnung (Pay-Off-Methode) der Zeitraum ermittelt, in dem der Kapitaleinsatz einer Investition durch den Umsatzprozeß wiedergewonnen wird. Den so berechneten Zeitraum bezeichnet man als Amortisationszeit. In welcher Höhe darüber hinaus Rückflüsse zu erwarten sind, die Überschüsse ergeben, ist nicht Gegenstand der Berechnung.

Eine kurze Amortisationszeit gilt als vorteilhaft, da man bei kurzer und dadurch überschaubarer Amortisationszeit davon ausgehen kann, wenigstens das investierte Kapital wiedergewinnen zu können. Die Amortisationsrechnung steht daher eher im Dienst des Sicherheits- als des Erfolgsstrebens.

Die einfachste Form der (statischen) Amortisationsrechnung ermittelt die voraussichtlichen jährlichen Rückflüsse auf der Basis der durchschnittlichen Kosten und Erlöse. Dabei gilt der Durchschnittsgewinn (G) als Basis (ermittelt wie beim Gewinnvergleich). Zusätzlich werden die Abschreibungen (Ab) als Rückfluß angesetzt, da sie im Gegensatz zu den anderen Kosten nicht ausgabewirksam werden, sondern als Freisetzung des bei der Anschaffung gebundenen Kapitals angesehen werden (Kapitalfreisetzungseffekt der Abschreibung, Abschn. 1.4.3.)[4]. Der so ermittelte durchschnittliche Rückfluß oder Cash flow wird ins Verhältnis zu den Anschaffungsausgaben (A) des Investitionsprojektes gesetzt, um auszurechnen, nach welcher Zeit die Anschaffung amortisiert ist:

$$\text{Amortisationszeit (Pay-Off-Periode)} = \frac{A}{G + Ab}$$

---

[4] Auch die kalkulatorischen Zinsen, die bei der Gewinnermittlung abgezogen wurden, werden oft wieder hinzugerechnet; in diesem Fall berechnet man eine Amortisation ohne jede Verzinsung des eingesetzten Kapitals.

Ist die auf diese Weise ermittelte effektive Amortisationszeit ($t_e$) geringer als die vom Investor als maximal zulässig angesehene Amortisationszeit ($t_{max}$), gilt eine Investition als vorteilhaft.

Die Entscheidungsregel der Amortisationsrechnung lautet entsprechend:

te < $t_{max}$.

Die als maximal zulässig angesehene Amortisationszeit muß kleiner sein als die Nutzungsdauer, da sonst eine Amortisation nicht erreicht wird. Sie wird entscheidend durch die Risikobereitschaft des Unternehmers bestimmt.

Von mehreren vorteilhaften Investitionen gilt die mit der kürzesten Amortisationsdauer als die Beste.

Die Orientierung an der Rückflußdauer des gebundenen Kapitals zeigt den Nachteil der Amortisationsrechnung. Sie orientiert sich eben ausschließlich am Sicherheitsstreben. Das Sicherheitsstreben wird jedoch nie oberste Zielsetzung einer Unternehmung sein. Es wird bestenfalls in Verbindung mit anderen Zielsetzungen auftauchen bzw. Nebenbedingung einer übergeordneten Zielsetzung sein.

Die Amortisationsrechnung sollte daher nie als alleiniges Beurteilungskriterium Verwendung finden, sondern lediglich in Verbindung mit anderen Verfahren.

Man wird ja eine Investition nicht nur deshalb ablehnen, weil sie eine höhere Amortisationszeit besitzt als eine andere. Es ist nämlich denkbar, daß dieselbe Investition unter Gewinn- bzw. Rentabilitätsgesichtspunkten wesentlich günstiger ist. Gleichwohl kann die Amortisationsrechnung den Ausschlag geben, wenn zwei oder mehrere Investitionen rentabilitätsmäßig nicht oder nur wenig voneinander abweichen, sich in den Amortisationszeiten aber wesentlich unterscheiden. Als zusätzlichem Entscheidungskriterium kann der Amortisationsrechnung also durchaus Bedeutung zukommen.

Die Amortisationsrechnung erfreut sich in der Praxis großer Beliebtheit. Dies ist aber aus den oben genannten Gründen nicht immer gerechtfertigt.

Entsprechende Bedenken gelten auch für verbesserte Formen dieses Verfahrens:

Statt durchschnittlicher jährlicher Rückflüsse kann man die geschätzten effektiven Rückflüsse der einzelnen Jahre bis zur Amortisation zugrundelegen. Das ist eine wesentliche Verbesserung der statischen Amortisationsrechnung, da die effektiven Rückflüsse der *ersten* Jahre entscheidend sind.

Eine weitere Verbesserung der Genauigkeit kann durch die Berücksichtigung der Zinsen auf das jeweils gebundene Kapital erreicht werden: bei der *dynamischen Amortisationsrechnung* werden die jährlichen Rückflüsse auf den Investitionszeitpunkt $t_0$ diskontiert und ermittelt, wie lange es dauert, bis die diskontierten jährlichen Rückflüsse die Anschaffungsausgaben tilgen.

Eine andere Form der dynamischen Amortisationsrechnung stellt einen kleinen Finanzplan für die Investition auf und ermittelt das jeweils am Ende eines Jahres noch gebundene Kapital. Die Amortisationsdauer ergibt sich aus diesem Plan als Zeit, in der die Anschaffungsausgaben voll getilgt werden.

Die genannten Rechenwege sollen am Beispiel in Tabelle 9 erläutert werden (vgl. auch Tabelle 7, Gewinnvergleich):

Tabelle 9. Amortisationsberechnung.

| | | | Projekt I | Projekt II |
|---|---|---|---|---|
| 1. *Daten der Investitionen* | | | | |
| 1.1 Anschaffungswert | (DM) | | 80 000,– | 120 000,– |
| 1.2 Nutzungsdauer | (Jahre) | | 8 | 8 |
| 1.3.1 Kapazität | (LE/Jahr) | | 10 000 | 15 000 |
| 1.3.2 Auslastung | (LE/Jahr) | | 10 000 | 15 000 |
| 1.4 Preis | (DM/LE) | | 4,50 | 3,70 |
| 1.5 Sonstige Angaben | | | | |
| lineare Abschreibung, Zinssatz 10 % | | | | |
| 2. *Fixe Kosten* | | | | |
| 2.1 Abschreibungen | | | 10 000,– | 15 000,– |
| 2.2 Zinsen | | | 4 000,– | 6 000,– |
| 2.3 Sonstige fixe Kosten*) | | | 1 000,– | 1 700,– |
| 2.4 Fixe Kosten insgesamt | | | 15 000,– | 22 700,– |
| 3. *Variable Kosten insgesamt\*)* | | | 21 700,– | 22 050,– |
| 4. *Gesamtkosten* | | | 36 700,– | 44 750,– |
| 5. *Gesamterlös* | | | 45 000,– | 55 500,– |
| 6. *Gewinn* | | | 8 300,– | 10 750,– |
| 7. *Rückfluß* | | | | |
| 7.1 Gewinn + Abschreibung | | | 18 300,– | 25 750,– |
| (7.2 Gewinn + Abschreibung + Zinsen) | | | (22 300,–) | (31 750,–) |
| 8. *Amortisationszeit* $\left(\dfrac{\text{Zeile 1.1}}{7}\right)$ | | | 4,37 Jahre | 4,66 Jahre |
| (ohne Verzinsung des Kapitals) | | | (3,59 Jahre) | (3,78 Jahre) |

\*) Angenommene Werte, nicht errechenbar.

Die statische Amortisationsrechnung zeigt also, daß die Amortisationszeit der Anlage I günstiger ist; da der Unterschied der Amortisationszeit gering ist, unterscheiden sich beide Anlagen hinsichtlich dieses Risikomaßstabes wenig. Die Ertragskriterien (Gewinn, Rentabilität) werden daher bei der Beurteilung starkes Gewicht behalten.

*Frage 21:*
*Wie ist die Amortisationszeit zu berechnen, wenn Projekt II in den ersten 4 Jahren jeweils einen Gewinn (nach kalk. Zins) von 15 000,- DM, danach jeweils nur 6 500,- DM erwarten läßt?*

*Berechnen Sie die Amortisationszeit*
*a) ohne Berücksichtigung von Zinsen,*
*b) durch Abzinsen der Rückflüsse,*
*c) durch Finanzplan über die jeweils gebundenen Mittel, die jährlichen Zinsausgaben dazu und die Rückflüsse.*

Wegen der genaueren Erfassung der Rückflüsse einzelner Jahre (falls zuverlässige Voraussagen möglich sind) und der genaueren Zinsberechnung auf die jeweilige Kapitalbindung ist die dynamische Amortisationsrechnung der einfachen Grundform vorzuziehen. In jedem Fall sollte aber die Amortisationszeit nur ein zusätzliches Kriterium sein, wenn durch ein anderes geeignetes Verfahren die Erfolgserwartungen der Investitionen beurteilt wurden.

### 2.2.3. Besonderheiten bei Ersatzentscheidungen mit statischen Verfahren

Zahlreiche Investitionsentscheidungen beziehen sich nicht auf Vorteilhaftigkeit oder Auswahl neuer Projekte, sondern auf die Frage, ob eine vorhandene (alte) Anlage durch eine andere (neue) ersetzt werden soll.

Da in diesem Fall oft keine Leistungsunterschiede feststellbar sind, da es für die betriebliche Gesamtleistung unwesentlich ist, ob die alte oder eine neue Maschine ihre Aufgabe im Produktionsprozeß erfüllt[5]), bietet sich gerade für Ersatzentscheidungen der Kostenvergleich an.

Bei diesen Ersatzvergleichen wird untersucht, ob die alte Anlage jetzt (zum Zeitpunkt $t_0$) oder später ersetzt werden soll. Die untersuchte Vergleichsperiode ist meist ein Jahr, da danach eine neue Entscheidung getroffen werden kann. Statt dessen kann aber auch für eine längere Ver-

---

[5]) Von technischen Vorteilen und zusätzlichen Nutzungsmöglichkeiten der neuen Anlage wird hier abgesehen.

gleichsperiode gerechnet werden, wenn z. B. ein weiterer Betrieb der Altanlage nur nach einer Generalüberholung möglich ist, nach der mit z. B. 3 Jahren guter Funktionstätigkeit zu rechnen ist. In diesem Fall würde man zweckmäßigerweise untersuchen, ob die Altanlage überholt und dann noch voraussichtlich drei Jahre weiter betrieben werden soll, oder ob schon jetzt eine Ersatzanlage vorteilhafter erscheint.

Die hier verwendete Bezeichnung „Altanlage" ist problematisch, da es nicht auf das Alter ankommt: jede vorhandene Anlage ist „Altanlage" im Sinne dieser Überlegungen, sobald sie installiert ist. Die „neue Anlage" ist eine noch zu beschaffende Anlage. Also sollte eigentlich die „vorhandene" der „zu beschaffenden" Anlage gegenüber gestellt werden.

Die in die Rechnung eingehenden Kosten für die Altanlage sind für die Vergleichsperiode (z. B. 1 Jahr) konkret zu ermitteln, während für die Ersatzanlage die durchschnittlichen Kosten der gesamten Nutzungsdauer anzusetzen sind.

Da die alte Anlage bereits installiert ist, fallen die Kosten des Kapitaldienstes in jedem Fall an. Abschreibung und Verzinsung der Altanlage fallen ja auch weiter an, wenn die Ersatzanlage zusätzlich beschafft wird. Da sie also von der zu treffenden Entscheidung nicht beeinflußt werden, sind sie nicht relevant für die Berechnung und bleiben außer Ansatz: Restbuchwert, planmäßige und sonstige Abschreibungen und kalkulatorische Zinsen der Altanlage sind also nicht zu berücksichtigen.

Demgegenüber werden die Kosten der neuen Ersatzanlage vollständig einbezogen: da die Abschreibungen und kalkulatorischen Zinsen erst durch die bevorstehende Investitionsentscheidung verursacht werden, sind sie *entscheidungsrelevant*. Die Entscheidung für die neue Anlage lohnt also nur, wenn

$$B_N + KD_N < B_A,$$

also die durchschnittlichen Kosten der neuen Anlage (Betriebskosten $B_N$ und Kosten des Kapitaldienstes $KD_N$) geringer sind als die Betriebskosten der alten Anlage ($B_A$). Dahinter steht die Überlegung, daß sich durch die Ersatzanlage nur die Betriebskosten der alten Anlage vermeiden lassen, während die neue Anlage Betriebskosten und Kapitaldienst verursacht.

Zusätzlich zu diesen Überlegungen ist allerdings zu berücksichtigen, daß die Altanlage beim Ersatz oft veräußert werden könnte. Dadurch ergibt sich ein Liquidationserlös L, der meist geringer sein wird, wenn die Ersatzentscheidung erst im nächsten Jahr erfolgen würde. Es tritt also, wenn die Altanlage weiter betrieben wird, dadurch eine Minderung des erzielbaren

Liquidationserlöses ein, die durch den Weiterbetrieb verursacht ist. Diese Differenz ($L_1 - L_0$) ist (statt der Abschreibung der Altanlage) zu berücksichtigen, da dieser Wertverlust durch ein Weiterbetreiben in der Vergleichsperiode verursacht ist.

Wenn ein *Liquidationserlös* $L_0$ beim sofortigen Ersatz erzielbar ist, ergeben sich daraus auch Folgerungen für die Zinskosten: der Betrag $L_0$ könnte verzinslich angelegt werden, wenn die Altanlage veräußert (und ersetzt) würde. Bei ihrem weiteren Betrieb verursacht sie Zinskosten in Höhe der entgehenden Zinsen auf den Liquidationserlös: statt durchschnittlicher kalkulatorischer Zinsen auf der Basis der ursprünglichen Kapitalbindung sind jetzt also konkrete Zinskosten von $L_0 \cdot i$ (Zinssatz = i) anzusetzen. Berücksichtigt man diese Besonderheiten, so ist eine sofortige Ersatzinvestition vorteilhaft, wenn

$$B_N + KD_N < B_A + L_0 - L_1 + L_0 \cdot i,$$

also die Gesamtkosten (Betriebskosten plus Kapitaldienst) der neuen Anlage kleiner sind als die Betriebskosten zuzüglich der Minderung des Liquidationserlöses und der Zinsen auf den Liquidationserlös bei sofortiger Veräußerung der alten Anlage.

Diese Formel zeigt auch, daß hohe Resterlöse (Zinsentgang) und hohe bevorstehende Wertverluste bei weiterer Nutzung die Kosten der alten Anlage erhöhen und dadurch den Sofortersatz begünstigen.

Entsprechende Überlegungen gelten bei den anderen statischen Rechenverfahren, wenn ein Ersatzvergleich durchgeführt werden soll. Dabei wird die erreichte Kosteneinsparung eines Verfahrens als „Gewinn" interpretiert, so daß auch Renditen und Amortisationszeiten berechenbar sind.

Abschließend soll das Vorgehen mit einem Beispiel zur Ersatzentscheidung mit Hilfe des Kostenvergleichs noch einmal verdeutlicht werden, Tabelle 10.

Dabei ist zu errechnen, ob die Anlage sofort ersetzt oder zunächst 1 Jahr weiter betrieben werden soll.

Die Altanlage wird im Folgejahr also voraussichtlich 5 000,– DM günstiger sein als die Ersatzanlage.

Der Rationalisierungserfolg durch die geringeren Betriebskosten der neuen Anlage reicht im Beispiel nicht aus, den sofortigen Ersatz zu rechtfertigen.

Tabelle 10. Kostenvergleich (Ersatzproblem).

| | Vorhandene Anlage | Neue Anlage |
|---|---|---|
| 1. *Daten der Anlagen* <br> 1.1 Anschaffungswert (DM) <br> 1.2.1 Nutzungsdauer (Jahre) <br> 1.2.2 Restnutzungsdauer <br>  Altanlage (Jahre) <br> 1.3.1 Kapazität (LE/Jahr) <br> 1.3.2 Auslastung (LE/Jahr) <br> 1.4 Sonstige Angaben <br>  lineare Abschreibung, Zinssatz 10 % <br>  Restbuchwert Altanlage 45 000,– <br>  Liquidationswert Altanlage <br>  $t_0 = 50000,–$ <br>  $t_1 = 30000,–$ <br>  $t_2 = 10000,–$ <br>  $t_3 = \phantom{00}0,–$ | 160 000,– <br> 8 <br><br> 3 <br> 15 000 <br> 10 000 | 240 000,– <br> 8 <br><br><br> 15 000 <br> 10 000 |
| 2. *Fixe Kosten* <br> 2.1 Abschreibung <br> 2.2 Kalkulatorischer Zins <br> 2.3 Liquidationsverlust Altanlage <br> 2.4 Zinsentgang Altanlage <br> 2.5 Fixkosten insgesamt | <br> – <br> – <br> 20 000,– <br> 5 000,– <br> 25 000,– | <br> 30 000,– <br> 12 000,– <br><br><br> 42 000,– |
| 3. *Variable Kosten\*)* <br> 3.1 Löhne und Lohnnebenkosten <br> 3.2 Werkzeuge, Betriebsstoffe usw. <br> 3.3 Energie und sonstige variable Kosten <br> 3.4 Variable Kosten insgesamt | <br> 48 000,– <br> 9 000,– <br> 4 000,– <br> 61 000,– | <br> 22 000,– <br> 16 000,– <br> 11 000,– <br> 49 000,– |
| 4. *Gesamtkosten* | 86 000,– | 91 000,– |

\*) Angenommene Werte, nicht errechenbar;
Werte der Altanlage für das nächste Jahr, bei der neuen Anlage Durchschnittswerte für die Nutzungsdauer.

## 2.2.4. Dynamische Verfahren

### 2.2.4.1. Das Zeitmoment in der Investitionsrechnung

Im Rahmen der statischen Verfahren werden Jahresgewinne, Kosteneinsparungen, die Jahresverzinsung oder Wiedergewinnungszeiten ermittelt. Dabei wird mit Durchschnittswerten gearbeitet, die auf Kosten- und Erlösgrößen basieren.

Bei den dynamischen Verfahren dagegen erfolgt eine Totalbetrachtung, bei der die Ausgaben und Einnahmen während der gesamten Lebensdauer einer Investition berücksichtigt werden. Es wird also davon ausgegangen, daß die gesamten Einnahmen und Ausgaben einer Investition bekannt sind. Fast alle vorkommenden Investitionen erfordern zunächst eine größere Ausgabe (die Anschaffungssumme), sodann laufend weitere kleinere Ausgaben (insbesondere für Löhne, Energie und Hilfsstoffe, Werkzeuge und Instandhaltung usw.). Diesen laufenden Ausgaben stehen Einnahmen gegenüber. Dabei werden die laufenden jährlichen Ausgaben und Einnahmen in der Regel eine unterschiedliche Höhe aufweisen[6]).

Für Investitionsrechnungen ist jedoch nicht nur die absolute Höhe der einzelnen Ausgaben und Einnahmen von Bedeutung. Die dynamischen Verfahren berücksichtigen, daß zu unterschiedlichen Zeitpunkten anfallende Ausgaben und Einnahmen ökonomisch auch dann nicht gleichwertig sind, wenn sie in ihrer Höhe übereinstimmen.

Wenn z. B. ein Unternehmer heute und in einem Jahr eine Einnahme von jeweils 1 000,– DM erhält, dann sind die beiden Beträge wirtschaftlich nicht gleichwertig, wenn die erste Einnahme zwischenzeitlich zinsbringend angelegt werden kann. Bei einem Zinssatz von z. B. 6 % p. a. hätte die erste Einnahme nach einem Jahr nämlich einen Wert von 1 000,– DM + 0,06 · 1 000,– DM = 1 060,– DM. Die sofortige Einnahme besitzt also im Vergleich zu späteren einen um 60,– DM höheren Wert. Wir haben also, um die zu unterschiedlichen Zeitpunkten anfallenden Beträge vergleichen zu können, die erste Einnahme unter Berücksichtigung von Zinsen auf den Zeitpunkt der zweiten bezogen, d. h. wir haben die erste Einnahme *aufgezinst*, ihren „Endwert" berechnet.

Bezeichnen wir die Einnahme mit $E_0$ und den Zinssatz mit i, dann ergibt sich als Endwert zum Zeitpunkt $t_1$

$$E_1 = (1 + i) \cdot E_0 = E_0 \cdot q;$$

dabei wird der Zinsfaktor q = 1 + i verwendet, wie in vielen Schreibweisen üblich.

Umgekehrt können wir aber auch die spätere Einnahme auf den heutigen Zeitpunkt beziehen, d. h. wir fragen, wieviel die spätere Einnahme heute

---

6) Genau genommen handelt es sich um kontinuierliche Ausgaben- und Einnahmenströme. Der Einfachheit halber wird jedoch im allgemeinen angenommen, daß alle Einnahmen und Ausgaben am Anfang oder am Ende eines Jahres anfallen. Generell ist es möglich, auch tägliche Ausgaben und Einnahmen zu betrachten. Dies würde jedoch den Rechenaufwand – insbesondere bezüglich der im folgenden zu zeigenden Zinsrechnung – außerordentlich vergrößern.

wert ist („Barwert"). Gesucht wird dann der Betrag, der unter Berücksichtigung der Verzinsung in einem Jahr auf 1 000,- DM anwächst. Gegeben ist jetzt $E_1$ mit 1 000,- DM. Wir erhalten den Wert der späteren Einnahme zum Zeitpunkt $t_0$ durch einfache Umformung der obigen Gleichung mit

$$E_0 = \frac{E_1}{(1+i)} = \frac{E_1}{q}.$$

Bei einer Verzinsung von 6 % ist $E_0$ = 943,- DM, d. h. 1 000,- DM in einem Jahr haben zum heutigen Zeitpunkt nur einen Wert von 943,- DM. In einem Jahr wachsen nämlich bei einer 6 %igen Verzinsung 943,- DM gerade auf 1 000,- DM an. Wir haben die zu unterschiedlichen Zeitpunkten anfallenden Beträge hier dadurch vergleichbar gemacht, daß wir die zweite Einnahme auf den Zeitpunkt der ersten bezogen, d. h. wir haben die spätere Einnahme *abgezinst (diskontiert)* oder ihren „Barwert" berechnet.

Dies war nur ein ganz einfacher Fall, bei dem zwei Einnahmen im Abstand von einem Jahr vorlagen. Es waren dabei lediglich Zinsen zu beachten. In der Regel werden jedoch mehrere Einnahmen durch eine Investition hervorgerufen, d. h. die einzelnen Beträge sind dann über eine Vielzahl von Jahren auf- bzw. abzuzinsen.

Wird ein Betrag $E_0$ mit einem Zinssatz von i aufgezinst, so ergibt sich unter Verwendung des Zinsfaktors $q = 1 + i$ nach einem Jahr ein Wert von

$$E_1 = q \cdot E_0.$$

Fragen wir, wie groß ein Betrag $E_0$ nach zwei Jahren ist, dann ergibt sich

$$E_2 = E_1 \cdot q = E_0 \cdot q \cdot q$$
$$= E_0 \cdot q^2.$$

Ganz allgemein kann man sagen, daß eine Einnahme zum heutigen Zeitpunkt nach n Jahren einen Wert hat von

$$E_n = E_0 \cdot q^n.$$

Der Faktor $(1+i)^n = q^n$ wird *Aufzinsungsfaktor* genannt und liegt für die verschiedenen Zinssätze und Jahre in tabellarischer Form vor. Es ist damit sehr einfach, den Wert einer Einnahme für einen bestimmten Zeitpunkt zu errechnen.

Will man umgekehrt den Wert einer späteren Einnahme (im allgemeinen Fall nach n Jahren) zum heutigen Zeitpunkt ermitteln, dann kann dies sehr einfach durch Umformung der vorstehenden Gleichung geschehen. Es ist dann

$$E_0 = \frac{E_n}{q^n}.$$

Der Faktor $\frac{1}{q^n}$, der im Rahmen der dynamischen Verfahren sehr häufig gebraucht wird, nennt sich *Abzinsungs- oder Diskontierungsfaktor* und liegt ebenfalls in tabellarischer Form vor (vgl. Tabelle 16).

In gleicher Weise, wie dies für die Einnahmen geschehen ist, müssen auch die zu verschiedenen Zeitpunkten anfallenden Ausgaben auf- bzw. abgezinst werden, damit sie vergleichbar werden.

Prinzipiell ist es gleichgültig, ob alle im Zusammenhang mit einer Investition erfolgenden Ausgaben und Einnahmen auf einen bestimmten Zeitpunkt auf- oder abgezinst werden. Jedoch ist es weiter verbreitet, die Ausgaben und Einnahmen auf den Zeitpunkt unmittelbar vor Beginn der Investition, d. h. auf den Entscheidungszeitpunkt zu diskontieren; daneben setzt sich zunehmend auch die Ermittlung des Endwertes durch.

Nachdem jetzt gekennzeichnet worden ist, wie der unterschiedliche zeitliche Anfall der Ausgaben und Einnahmen durch das Auf- bzw. Abzinsen berücksichtigt werden kann, sollen im folgenden die dynamischen Verfahren im Einzelnen erläutert werden.

Die Wahl des Kalkulationszinssatzes i, die für das Ergebnis sehr wesentlich sein kann, wird in Abschn. 2.2.5. gesondert behandelt.

### 2.2.4.2. Die Kapitalwertmethode

Bei der Kapitalwertmethode werden sämtliche durch eine Investition hervorgerufenen Ausgaben und Einnahmen mit einem gegebenen Zinssatz, dem Kalkulationszinssatz, auf den Zeitpunkt unmittelbar vor Beginn der Investition abgezinst.

Um die Berechnung zu vereinfachen, werden i. d. R. nicht die einzelnen Einnahmen und Ausgaben diskontiert, sondern für jedes Jahr der Saldo der Zahlungen gebildet.

Die Investition ist also durch eine charakteristische Zahlungsreihe beschrieben, die normalerweise mit der Anschaffungsausgabe beginnt und später die Ausgaben- und vor allem Einnahmenüberschüsse der einzelnen Jahre ausweist. Diese Zahlungsreihe wird abgezinst, um den Kapitalwert zu bilden. Bezeichnet man den Kapitalwert mit C, die Ausgaben mit A und wie oben die Einnahmen mit E und den Kalkulationszinssatz mit i, dann sieht das im allgemeinen Fall bei einer Lebensdauer der Investition von n Jahren wie folgt aus:

$$C = -A_0 - \frac{A_1}{q} - \frac{A_2}{q^2} - \frac{A_3}{q^3} - \ldots - \frac{A_n}{q^n}$$

$$+ \frac{E_1}{q} + \frac{E_2}{q^2} + \frac{E_3}{q^3} + \ldots + \frac{E_n}{q^n}.$$

Bei der Zusammenfassung der jährlichen Ausgaben und Einnahmen zu Einnahmenüberschüssen EÜ ($EÜ_t = E_t - A_t$) ergibt sich die vereinfachte Berechnungsweise

$$C = -A_0 + \frac{EÜ_1}{q} + \frac{EÜ_2}{q^2} + \ldots + \frac{EÜ_n}{q^n}.$$

Ist $A_t > E_t$, liegt ein Ausgabenüberschuß vor; rechnerisch ändert sich (bis auf das Vorzeichen) nichts.

Ein Zahlenbeispiel soll diese Berechnungsweise verdeutlichen, Tabelle 11.

Tabelle 11. Berechnung des Kapitalwertes einer Investition.

| Anschaffungsausgabe 100 000,- DM; Nutzungsdauer 5 Jahre; Kalkulationszinssatz 10 %. Die jährlichen Einnahmen und Ausgaben ergeben sich aus der Tabelle. | | | | | |
|---|---|---|---|---|---|
| Jahr | Einnahmen DM | Ausgaben DM | Einnahmen-Überschüsse DM | Diskontierungsfaktor für i = 10 % **) | abgezinste Einnahmen-Überschüsse DM |
| 0 | – | 100 000,-*) | –100 000,– | 1 | –100 000,– |
| 1 | 60 000,– | 30 000,– | 30 000,– | 0,909 | 27 270,– |
| 2 | 70 000,– | 30 000,– | 40 000,– | 0,826 | 33 040,– |
| 3 | 60 000,– | 30 000,– | 30 000,– | 0,751 | 22 530,– |
| 4 | 50 000,– | 30 000,– | 20 000,– | 0,683 | 13 660,– |
| 5 | 50 000,– | 30 000,– | 20 000,– | 0,621 | 12 420,– |
| Kapitalwert | | | | | 8 920,– |
| *) Anschaffungsausgabe **) vgl. Tabelle 16 | | | | | |

Der Kapitalwert von 8 920,– DM bedeutet, daß die Investition über die Tilgung und Verzinsung des eingesetzten Kapitals mit dem Kalkulationszinssatz hinaus Überschüsse erbringt, die auf den Zeitpunkt $t_0$ diskontiert 8 920,– DM betragen. Die Rendite des eingesetzten Kapitals liegt also über dem Kalkulationszinssatz. Die Höhe des Kapitalwertes ist daher vom angesetzten Kalkulationszinssatz abhängig.

Bei normalen Investitionsprojekten, bei denen zuerst Ausgaben- und dann Einnahmenüberschüsse erzielt werden, sinkt der Kapitalwert typischerweise, wenn der Kalkulationszinssatz erhöht wird. Wenn der Kapitalwert genau Null wird, verzinst sich das eingesetzte Kapital gerade zum gewählten Kalkulationszinssatz.

*Eine Investition ist grundsätzlich vorteilhaft, wenn sie einen positiven Kapitalwert hat.*

Da die Ermittlung individueller Einnahmenüberschüsse für jedes Jahr der Nutzungsdauer oft problematisch ist, und um gleichzeitig eine Vereinfachung der Rechnung zu ermöglichen, findet man oft einen anderen Rechenweg vorgeschlagen. Diese Vereinfachung ist dann möglich, wenn mit gleichbleibenden jährlichen Einnahmenüberschüssen gerechnet wird.

Bezeichnen wir diese *konstanten Überschüsse der Einnahmen über die Ausgaben* mit EÜ, dann können wird den Kapitalwert wie folgt schreiben:

$$C = -A_0 + \frac{EÜ}{q} + \frac{EÜ}{q^2} + \ldots + \frac{EÜ}{q^n}$$

oder umgeformt

$$C = -A_0 + EÜ \left( \frac{1}{q} + \frac{1}{q^2} + \ldots + \frac{1}{q^n} \right).$$

Der Klammerausdruck stellt eine sog. geometrische Reihe dar und läßt sich mathematisch ermitteln. Es ist dann:

$$C = -A_0 + EÜ \frac{q^n - 1}{i \cdot q^n}.$$

Der Faktor $\frac{q^n - 1}{i \cdot q^n}$ nennt sich Abzinsungs- bzw. Diskontierungssummenfaktor oder Rentenbarwertfaktor[7]).

Er liegt wie die einfachen Aufzinsungs- bzw. Abzinsungsfaktoren ebenfalls in tabellarischer Form für unterschiedliche Zinssätze und Laufzeiten (Nutzungsdauern) vor. Der Kapitalwert läßt sich dann sehr einfach ermitteln, indem man die durchschnittlichen Einnahmenüberschüsse mit dem entsprechenden Faktor multipliziert und davon die Anschaffungsausgabe subtrahiert, Tabelle 12.

---

7) Für eine nachträgliche (d. h. am Jahresende) fällige Rente.

Tabelle 12. Vereinfachte Berechnung des Kapitalwertes einer Investition mit gleichbleibenden Einnahmenüberschüssen von 28 000,- DM, einer Anschaffungsausgabe von 100 000,- DM, einer Lebensdauer von 5 Jahren und einem Kalkulationszinssatz von 10 %.

| Konst. EÜ | DM 28 000,- |
|---|---|
| Diskontierungssummenfaktor 10 % / 5 Jahre*) | 3,791 |
| Barwert der EÜ | DM 106 148,- |
| ·/. Anschaffungsausgabe | DM 100 000,- |
| = Kapitalwert C | DM 6 148,- |

*) Vgl. Tabelle 17

Dieses Vorgehen ist jedoch nur sinnvoll, wenn tatsächlich konstante Überschüsse vorliegen, da im anderen Falle entscheidungsrelevante Informationen nicht beachtet werden.

Durch das Abzinsen fallen Beträge um so weniger ins Gewicht, je weiter sie in der Zukunft liegen. Bei einer Durchschnittsbildung würde dies zu falschen Ergebnissen führen. Wenn z. B. gerade am Anfang hohe Einnahmen-Überschüsse vorliegen, dann fallen diese wesentlich schwerer ins Gewicht, wenn sie einzeln abgezinst werden als wenn sie gleichmäßig auf die ganzen Jahre verteilt werden. Durch eine ungenaue Datenbasis oder eine künstliche Glättung der Einnahmenüberschüsse könnte die höhere Genauigkeit der dynamischen Rechenverfahren leicht zunichte gemacht werden.

Muß eine Auswahl zwischen zwei oder mehreren Investitionen getroffen werden, dann ist diejenige vorzuziehen, bei der der Kapitalwert am größten ist.

Allerdings ist die Kapitalwertmethode auf das *Wahlproblem* nur bedingt anwendbar, was am folgenden Beispiel erläutert werden soll, Tabelle 13.

Bei einem Kalkulationszinssatz von 10 % ergibt sich für die Anlage I ein Kapitalwert von 428,- DM, für die Anlage II ein Kapitalwert von 218,-DM. Das bedeutet, daß beide Investitionen vorteilhaft sind und die Anlage I der Anlage II vorzuziehen ist. Es bleibt aber zu fragen, ob dieses Ergebnis die Verhältnisse vollständig und richtig wiedergibt.

Tabelle 13. Anlagenauswahl mit der Kapitalwertmethode.

Zur Wahl stehen zwei Anlagen I und II mit folgenden Zahlungsreihen:

| Zeitpunkt | $t_0$ | $t_1$ | $t_2$ | $t_3$ | $t_4$ | $t_5$ |
|---|---|---|---|---|---|---|
| Anlage I | -10 000 | 2 000 | 3 000 | 2 500 | 3 500 | 3 000 |
| Anlage II | -6 000 | 2 500 | 2 500 | 2 500 | - | - |

Die Antwort auf diese Frage kann ohne Einbeziehung der sog. Ergänzungsinvestitionen nicht gegeben werden. *Ergänzungsinvestitionen werden erforderlich*, wenn sich die Investitionen:

1. in ihrer Lebensdauer unterscheiden,
2. eine unterschiedliche Anschaffungsausgabe erfordern oder
3. in den einzelnen Jahren unterschiedliche Einnahmen-Überschüsse aufweisen.

Entscheidet sich die Unternehmung für die Anlage II, dann hätte sie im Vergleich zur Anlage I eine um 4 000,- DM niedrigere Anschaffungsausgabe und könnte im Zeitpunkt $t_0$ eine Ergänzungsinvestition in gleicher Höhe tätigen. Außerdem verfügt die Unternehmung im Falle der Anlage II am Ende des ersten Jahres über höhere Einnahmen-Überschüsse und hat bereits am Ende des dritten Jahres alle Ausgaben zurückgewonnen, so daß sie weitere Investitionen tätigen kann. Entscheidet sich die Unternehmung für die Anlage I, so kann sie im Vergleich zur Anlage II am Ende des zweiten, vierten und fünften Jahres Ergänzungsinvestitionen tätigen. Zum genauen Vergleich müssen die Kapitalwerte dieser Ergänzungsinvestitionen dem Kapitalwert der Grundinvestition hinzugezählt werden.

Auf eine Einbeziehung der Ergänzungsinvestitionen kann nur verzichtet werden, wenn sich das dort eingesetzte Kapital gerade zum Kalkulationszinssatz verzinst, weil dann der Kapitalwert der Ergänzungsinvestitionen Null wird. Es brauchen dann nur die Kapitalwerte der Grundinvestitionen miteinander verglichen werden. Daher kann man auch sagen: *die Kapitalwertmethode eignet sich zum Vergleich von Investitionsprojekten nur, wenn unterstellt werden kann, daß freigesetztes Kapital sich genau zum Kalkulationszinssatz anlegen läßt.*

Diese Unterstellung wird jedoch mit der Realität im allgemeinen nicht übereinstimmen. Wir hatten an anderer Stelle gesagt, der Kalkulationszinssatz bestimmt sich nach den Kapitalkosten. Es ist zwar sinnvoll, für das eingesetzte Kapital eine Verzinsung in der Höhe der Kapitalkosten anzusetzen, es ist jedoch nicht immer sinnvoll anzunehmen, daß sich Einnahmen bzw. Einnahmenüberschüsse auch gerade zu diesem Zinssatz anlegen lassen. Dies würde bedeuten, daß Soll- und Habenzins in diesem Fall gleich sind (z. B. durch Tilgung vorhandener Kredite statt einer Mittelanlage). Es ist daher auch nicht einzusehen, warum die Grundinvestitionen durchaus positive Kapitalwerte aufweisen können, während die Ergänzungsinvestitionen grundsätzlich einen Kapitalwert von Null haben sollen.

Häufig ist es jedoch sehr schwierig, die Kapitalwerte konkreter Ergänzungsinvestitionen zu ermitteln. Es bleibt einem dann nichts anderes übrig, als sie zu schätzen und zu prüfen, ob sich dadurch eine Änderung in der Rangfolge der Investitionen ergibt.

Die Einführung eines besonderen Zinssatzes für Mittelanlagen neben dem Kalkulationszinssatz (als Zins für Mittelaufnahmen) bedeutet eine Schätzung über ergänzende Investitionsgelegenheiten ohne deren konkrete Festlegung, wenn der Anlagenzinssatz als erreichbarer interner Zins möglicher Ergänzungsinvestitionen interpretiert wird. Zu Rechnungen mit gespaltenem Soll- und Habenzins vgl. z. B. [3].

Die Kapitalwertmethode kann sinngemäß auch angewendet werden, wenn einer Investition keine Einnahmen zugerechnet werden können. Man minimiert dann mit Hilfe dieser Rechentechnik den Barwert der erwarteten Ausgaben (vgl. dazu Aufgabe 26). Wegen der genaueren Berücksichtigung der Zinsen ist dieses Verfahren dem statischen Kostenvergleich überlegen.

### 2.2.4.3. Die Endwertmethode

Statt alle Zahlungen auf den Anfangszeitpunkt $t_0$ abzuzinsen, kann man sie auch bis zum Endzeitpunkt der Investition aufzinsen, also den Überschuß (bzw. das Defizit) am Ende der Investition unter Berücksichtigung von Zins- und Zinseszinsen ermitteln.

Ein positiver Endwert zeigt dabei an, daß das Projekt mehr als den Kalkulationszinssatz erwirtschaftet und daher vorteilhaft ist. Von mehreren Projekten ist das mit dem höchsten Endwert vorzuziehen; dabei müssen alle Projekte auf den gleichen Endzeitpunkt T bezogen werden, so daß unterschiedliche Investitionsdauern ausgeglichen sind.

Formal entspricht das Endwertverfahren dem Kapitalwert, da Endwerte und Kapitalwerte durch Zinseszinsrechnung jederzeit ineinander überführt werden können: Der Endwert $C_n$ entspricht dem aufgezinsten Kapitalwert C

$$C_n = C \cdot q^n.$$

Der Endwert ergibt sich durch Aufzinsen der Zahlungsreihe:

$$C_n = A_0 \cdot q_n + E\ddot{U}_1 \cdot q^{(n-1)} + E\ddot{U}_2 \cdot q^{(n-2)} + \ldots E\ddot{U}_n.$$

Faßt man die Anschaffungsausgaben $A_0$ als (negativen) Einnahmeüberschuß zum Zeitpunkt $t_0$ auf, gilt:

$$C_n = \sum_{t=0}^{n} E\ddot{U}_t \cdot q^{(n-t)}.$$

Die Endwertermittlung läßt sich auch ohne Zinstabellen besonders übersichtlich darstellen und ermöglicht auch die Berücksichtigung aller Ergänzungsinvestitionen und *unterschiedlicher Zinssätze* für Kapitalaufnahme und -anlage in besonders übersichtlicher Weise, wenn ein Finanzplan aufgestellt wird, wie ihn das folgende Beispiel zeigt; dabei wird der auf den jeweilig gebundenen Betrag fällig werdende Zins berechnet und die Summe in die Folgeperiode übertragen, Tabelle 14.

Durch das jährliche Fortrechnen des Projektes können auch die Entwicklung der Kapitalbindung und die Amortisationszeit (hier etwa 4,25 Jahre) gut beobachtet werden.

Tabelle 14. Berechnung des Endwertes einer Investition.

Nutzungsdauer 5 Jahre, Kalkulationszinssatz 10 %, Anschaffungsausgabe und Einnahmenüberschüsse ergeben sich aus der angegebenen Zahlungsreihe (vgl. auch Tabelle 11).

| Zeitpunkt | $t_0$ | $t_1$ | $t_2$ | $t_3$ | $t_4$ | $t_5$ |
|---|---|---|---|---|---|---|
| Zahlungsreihe | – 100 000 | 30 000 | 40 000 | 30 000 | 20 000 | 20 000 |
| Übertrag | – | – 110 000 | – 88 000 | – 52 800 | – 25 080 | – 5 588 |
| gebundenes (–) bzw. überschüssiges (+) Kapital | – 100 000 | – 80 000 | – 48 000 | – 22 800 | – 5 080 | 14 412 |
| Zinsbedarf | – 10 000 | – 8 000 | – 4 800 | – 2 280 | – 508 | Endwert |
| zu übertragen | – 110 000 | – 88 000 | – 52 800 | – 25 080 | – 5 588 | |

Um zu zeigen, daß Kapitalwert- und Endwertmethode gleichwertig sind, soll der ermittelte Endwert um 5 Jahre auf $t_0$ diskontiert werden:

$$C = 14\,412 \cdot \frac{1}{1{,}1^5} = 14\,412 \cdot 0{,}621^{8)} = 8\,950.$$

Der in Tabelle 11 ermittelte Kapitalwert beträgt 8 920,– DM; die Differenz ist auf Rundungsfehler durch die Anwendung der Abzinsungsfaktoren mit nur 3 Dezimalstellen zurückzuführen.

*Frage 22:*
*Wie ergibt sich der Endwert dieses Projektes durch Aufzinsen der Zahlungsreihe?*

*Frage 23:*
*Worin liegt der Vorteil der projektbezogenen Finanzpläne für die Berechnung der Endwerte?*

### 2.2.4.4. Die Methode des internen Zinssatzes

Bei der Methode des internen Zinssatzes wird gefragt, mit welcher Rentabilität sich das eingesetzte Kapital während der Lebensdauer einer Investition verzinst.

Schon bei der Kapitalwertmethode haben wir gesehen, daß der Kapitalwert gerade Null ist, wenn sich das eingesetzte Kapital zum Kalkulationszinssatz verzinst. Daraus folgt: *Der interne Zinssatz ist der Zinssatz, mit dem die Ausgaben und Einnahmen abgezinst werden, so daß der Kapitalwert Null wird.*

Die Methode des internen Zinssatzes stellt also in gewisser Weise nur eine Umformulierung der Kapitalwertmethode dar.

Nach der Methode des internen Zinssatzes kann daher eine Investition als vorteilhaft angesehen werden, wenn ihr interner Zinssatz größer oder zumindest gleich einem als angemessen angesehenen Kalkulationszinssatz ist, der sich an den Kosten der Kapitalbeschaffung orientiert. Hier wird also der Kalkulationszinssatz nicht in der Rechnung benötigt, aber als Vergleichsbasis herangezogen.

Im folgenden wollen wir den internen Zinssatz immer mit r bezeichnen, d. h. die Entscheidungsregel bei der Methode des internen Zinssatzes lautet dann:

$r \geq i.$

Soll eine Auswahl zwischen zwei oder mehreren Investitionen getroffen werden, dann ist diejenige vorzuziehen, die den höchsten internen Zinssatz aufweist. Die genaue Berechnung des internen Zinssatzes ist ohne Rechner

---

8) Tabelle 16, Abschn. 3, bei 10 % und 5 Jahren.

meist zu aufwendig; er kann aber durch *Näherungsverfahren* ausreichend genau abgeschätzt werden. Man errechnet zunächst Kapitalwerte für einige angenommene Zinssätze. Ist der Kapitalwert jeweils größer (kleiner) als Null, war der Kalkulationszinssatz zu niedrig (zu hoch) und muß durch eine bessere Schätzung ersetzt werden. Hat man je einen nicht zu großen positiven und negativen Kapitalwert, kann durch Interpolation der interne Zinssatz geschätzt werden.

Beispiel:

Eine Investition ist durch folgende Zahlungsreihe gekennzeichnet:

| Zeitpunkt | $t_0$ | $t_1$ | $t_2$ |
|---|---|---|---|
| Zahlung | – 1 000 | – 300 | + 1 700 |

Der interne Zinssatz ist durch Errechnen von Kapitalwerten und Interpolieren zu schätzen.

Für die angenommenen Kalkulationszinssätze $i_1$, $i_2$ und $i_3$ ergeben sich folgende Kapitalwerte:

| Kalkulationszinssatz | $i_1 = 10\ \%$ | $i_2 = 15\ \%$ | $i_3 = 17\ \%$ |
|---|---|---|---|
| Kapitalwert | 132,– | 24,– | './. 14,– |

Einer Zinsspanne von 2 % entspricht also in der Nähe des Kapitalwertes Null eine Kapitalwertdifferenz von 38,– DM.

Daraus läßt sich durch lineare Interpolation mit Hilfe des Dreisatzes eine befriedigende Näherungslösung errechnen:

$$\frac{38,- \text{DM}}{2\ \%} = \frac{24,- \text{DM}}{x\ \%}$$

$$x = \frac{24 \cdot 2}{38} = 1,3\ \%.$$

Der interne Zinssatz liegt also um etwa 1,3 % über dem Zinssatz $i_2$, d. h. er beträgt ca. 15 + 1,3 = 16,3 %. Da die Funktion der Kapitalwerte nicht linear verläuft, aber hier linear interpoliert wird, wird das Rechenergebnis umso genauer, je näher die bei der Interpolation verwendeten Kapitalwerte an Null liegen.

Die Methode des internen Zinssatzes wird in der Literatur oft wegen möglicher Komplikationen abgelehnt: es kann sein, daß kein positiver interner

Zinssatz existiert, je nach der Gestalt der Zahlungsreihen können auch mehrere Lösungen auftreten. Zusammen mit dem gegenüber der Kapitalwertmethode größeren Rechenaufwand sind das erhebliche grundsätzliche Schwierigkeiten, denen aber für die Praxis entgegensteht, daß die Angabe eines internen Zinssatzes dem verbreiteten Denken in Renditegröße entspricht und einen Vergleich mit den Kosten der Finanzierung leicht ermöglicht.

Allerdings ist bei Vergleichen und bei Rangfolgen auf der Basis interner Zinssätze (also beim Wahlproblem) zu berücksichtigen, daß nur das jeweils im Projekt gebundene Kapital zum internen Zinssatz angelegt ist. Alle Arten von Ergänzungsinvestitionen müßten auch hier konkret einbezogen werden, wenn eine vollständige Beurteilung mehrerer zu vergleichender Investitionen durchgeführt werden soll. Ohne die Einbeziehung konkreter Ergänzungsinvestitionen über Differenzen der Anschaffungsausgaben, der Rückflüsse und der Nutzungsdauern ist das Ergebnis des Vergleichs interner Zinssätze nur dann richtig, wenn unterstellt werden kann, daß die Ergänzungsinvestitionen den gleichen internen Zinssatz aufweisen wie die zugehörige Grundinvestition. Diese Annahme ist aber wirklichkeitsfremd. Wie im Falle der Kapitalwertmethode bleibt daher im allgemeinen nichts weiter übrig, als die effektiv möglichen Ergänzungsinvestitionen in die Betrachtung einzubeziehen. Wenn die Wiederanlage zu einem gegebenen Zins oder Ertrag geplant werden kann, kann man auf dieser Basis auch aussagefähige Kapitalwerte und interne Zinssätze für das Gesamtprojekt errechnen, da voll vergleichbare Alternativen vorliegen. Das läßt sich allerdings leichter durch die Errechnung des Endwertes mit Hilfe eines Projekt-Finanzplans durchführen (vgl. Tabelle 14), weshalb sich die Endwertberechnung zunehmend durchsetzt.

*Frage 24:*
*Berechnen Sie die internen Verzinsungen für die Projekte I und II aus Tabelle 13.*
*Würdigen Sie das Ergebnis dieser Rechnung kritisch.*

*Frage 25:*
*Berechnen Sie die Endwerte der Projekte I und II aus Tabelle 13.*
*Kommentieren Sie auch dieses Ergebnis.*

2.2.4.5. Die Annuitätenmethode

Auch die Annuitätenmethode ist, wie alle dynamischen Verfahren, nur eine Abwandlung der finanzmathematischen Rechentechnik. Man versteht unter einer Annuität eine gleichhohe Zahlung über eine bestimmte Zahl von Jahren.

Die Annuitätenmethode ermittelt daher mit Hilfe der Zinseszinsrechnung die Höhe des durchschnittlichen jährlichen Einnahmenüberschusses nach Abzug des Kapitaldienstes. Während die Kapital- bzw. Endwertmethode den gesamten Überschuß des Investitionsprojektes („Totalgewinn") ermittelt und auf den Beginn oder das Ende der Nutzungsdauer bezieht, bestimmt man mit der Annuitätenmethode den durchschnittlichen jährlichen Überschuß („Jahresgewinn") der Investition.

Dazu wird zunächst wie bei der Kapitalwertmethode der Kapitalwert einer Investition durch Abzinsen der einzelnen Einnahmen und Ausgaben mit dem Kalkulationszinssatz ermittelt. Die Umrechnung des Kapitalwertes in gleiche Jahresbeträge (Annuitäten) erfolgt durch Multiplikation des Kapitalwertes mit dem sog. Wiedergewinnungsfaktor. Dieser ist der Kehrwert des Diskontierungssummen- oder Rentenbarwertfaktors (vgl. dazu Abschn. 2.2.4.2. und Tabelle 17, Abschn. 3). Mit dem Wiedergewinnungsfaktor wird der Kapitalwert in je eine gleiche Zahlung für jedes Jahr der Nutzungsdauer umgerechnet. Auch Wiedergewinnungsfaktoren liegen als Tabelle vor (vgl. Tabelle 18, Abschn. 3).

Die Entscheidungsregel der Annuitätenmethode lautet demnach:

$$C \cdot \frac{q^n i}{q^n - 1} \geq 0.$$

Die Investition ist vorteilhaft, wenn der durchschnittliche Gewinn größer oder zumindest gleich Null ist. Soll eine Auswahl zwischen zwei oder mehreren Investitionen getroffen werden, so ist diejenige vorzuziehen, bei der der durchschnittliche Gewinn am größten ist.

Die Berechnung soll am Beispiel zur Kapitalwertmethode erläutert werden.

Beispiel:

Die Annuität der Investition aus Tabelle 11 (Abschn. 2.2.4.2.) bei einem Zinssatz von 10 % ist zu berechnen.

Der Kapitalwert wurde in Abschn. 2.2.4.2. bereits ermittelt. Er beträgt 8 920,- DM. Die Nutzungsdauer der Investition ist 5 Jahre. Der entsprechende Wiedergewinnungsfaktor W für 10 % und 5 Jahre ist aus der Tabelle 18 in Abschn. 3 zu ersehen und beträgt 0,264. Die jährliche Annuität beträgt:

AN = C • W
AN = 8 920,- DM • 0,264 = 2 355,- DM.

Die positive Annuität zeigt, daß die Investition vorteilhaft ist. Sie läßt einen durchschnittlichen Gewinn von 2 355,- DM pro Jahr erwarten.

Wenn jährlich gleiche Einnahmenüberschüsse vorliegen, kann die Berechnung der Annuität auch anders durchgeführt werden: von den jährlich konstanten Einnahmenüberschüssen ist dann nur der (finanzmathematisch ermittelte) Kapitaldienst der Investition (jährliche Abschreibungs- und Zinsanteile) abzusetzen. Dazu wird nur die Anschaffungsausgabe $A_0$ mit Hilfe des Wiedergewinnungsfaktors auf die Nutzungsdauer verteilt und die Annuität des Kapitaldienstes vom jährlichen festen Einnahmenüberschuß abgezogen.

Beispiel:

Die Annuität der Investition mit jährlich gleichbleibendem Einnahmenüberschuß aus Tabelle 12 (bei 10 % Zins; Nutzungsdauer fünf Jahre) ist zu berechnen.

| | |
|---|---:|
| Jährlich konstanter Einnahmenüberschuß | 28 000,- DM |
| ./. Annuität der Anschaffungsausgabe 100 000 · 0,264 | 26 400,- DM |
| Annuität der Investition | 1 600,- DM |

Die Investition ist vorteilhaft, da sie (über Abschreibungen und Zins hinaus) einen durchschnittlichen jährlichen Gewinn von 1 600,- DM verspricht.

Besonders diese Art der Berechnung macht deutlich, daß die Annuitätenmethode überprüft, ob die (durchschnittlichen) jährlichen Einnahmenüberschüsse höher sind als der Kapitaldienst der Investition.

Die Annuitätenmethode führt bei der Beurteilung einer einzelnen Investition stets zum gleichen Ergebnis wie die übrigen finanzmathematischen Verfahren.

Beim Vergleich mehrerer Investitionsalternativen (Wahlproblem) nimmt sie eine Mittelstellung zwischen Kapital- und Endwertmethode einerseits und der Methode des internen Zinssatzes andererseits ein: Ergänzungsinvestitionen während der Nutzungsdauer haben keinen Einfluß auf die Wahlentscheidung, wenn sie zum Kalkulationszinssatz erfolgen können - das kann man bei der Festlegung des Kalkulationszinssatzes berücksichtigen, damit diese Implikation nicht zu unrealistisch wird. Für Ergänzungsinvestitionen, die den Ausgleich verschieden langer Nutzungsdauern bewirken, wird aber unterstellt, daß sie die gleichen durchschnittlichen Gewinne (d. h. die gleiche Annuität) erzielen wie die Basisinvestition. Dies entspricht einer Wiederanlage zum internen Zins der Basisinvestition wie bei der Methode des internen Zinssatzes; es ist vor allem dann ausreichend realistisch, wenn eine Wiederholung identischer Investitionen nach Ablauf der jeweiligen Nutzungsdauer zu erwarten ist.

Da die Annuitätenmethode oft rechentechnisch aufwendiger ist als andere Verfahren, hat sie besondere Bedeutung nur für das Ersatzproblem, weil die anderen finanzmathematischen Verfahren zur Entscheidung über Ersatzinvestitionen sehr problematisch sind.

Die Kapitalwertmethode ist zur Lösung des Ersatzproblems nicht geeignet, da bei der vorhandenen Anlage nur die Einnahmenüberschüsse während der Restlebensdauer zum Kapitalwert beitragen. Es geht ja allein darum, die künftigen Einnahmen und Ausgaben möglichst günstig zu gestalten. Einnahmen und Ausgaben, die bereits in der Vergangenheit getätigt wurden, sind nicht mehr korrigierbar. Vor allem die Anschaffungsausgabe scheidet deshalb bei der „Altanlage" aus der Berechnung aus. Bei kurzer Restnutzungsdauer der alten Anlage verbleiben außerdem nur wenige Einnahmenüberschüsse der restlichen Jahre. Bei der neuen Anlage tragen hingegen die Einnahmenüberschüsse während der gesamten Lebensdauer zum Kapitalwert bei. Das führt dazu, daß der Kapitalwert einer alten Anlage, wenn sie eine bestimmte Anzahl von Jahren in Betrieb ist, unvergleichbar mit dem Kapitalwert einer neuen Anlage ist. Auch die sehr unterschiedliche Dauer der Nutzbarkeit stört sehr.

Die Methode des internen Zinssatzes ist zur Lösung des Ersatzproblems nicht geeignet, weil sich hier für die alte Anlage überhaupt kein interner Zins bestimmen läßt. Die Anschaffungsausgabe gehört der Vergangenheit an und geht daher in die Bestimmungsgleichung für den internen Zins mit einem Wert von Null ein. Wie sich leicht nachprüfen läßt, kann in diesem Fall kein interner Zinssatz berechnet werden, wenn nicht ein möglicher Liquidationserlös der vorhandenen Anlage zugrundegelegt werden kann.

Als einzige der klassischen Methoden ist daher die Annuitätenmethode auf das Ersatzproblem anwendbar. Sie gleicht im Gegensatz zur Kapitalwertmethode Unterschiede in der Lebensdauer der alten und der neuen Anlage aus, indem sie mit durchschnittlichen Gewinnen arbeitet.

Im Falle des Ersatzproblems wird der Kapitaldienst der alten Anlage beim Ersatzvergleich herausgelassen, da die Anschaffungsausgabe der alten Anlage der Vergangenheit angehört (vgl. dazu die Ausführungen bei den statischen Verfahren). Bezeichnen wir die alte Anlage mit (A) und die neue Anlage mit (N), dann lautet die Entscheidungsregel der Annuitätenmethode beim Ersatzvergleich:

**Tabelle 15. Ersatzvergleich mit Hilfe der Annuitätenmethode.**

| Die erwarteten Zahlungen ergeben sich aus den Tabellen. Abzinsungs- und Wiedergewinnungsfaktoren vgl. Tabellen 16 bzw. 18, Abschn. 3, i = 0,1. |
|---|
| Alte Anlage: Rest-Nutzungsdauer 4 Jahre; erzielbarer Liquidationserlös jetzt ($t_0$) = 35 000,- DM als Ausgabe in $t_0$ angesetzt, da die bei Weiterbetrieb entgehende Einnahme als (fiktive) Ausgabe angesehen wird. |

| Jahr | Einnahmen | Ausgaben | Einnahmen-Überschüsse | Abzinsungsfaktor für i = 10 % | abgezinste Einnahmen-Überschüsse |
|---|---|---|---|---|---|
|  | DM | DM | DM |  | DM |
| 0 | – | 35 000,– | – 35 000,– | 1,000 | – 35 000,– |
| 1 | 60 000,– | 12 000,– | 48 000,– | 0,909 | 43 632,– |
| 2 | 60 000,– | 15 000,– | 45 000,– | 0,826 | 37 170,– |
| 3 | 50 000,– | 18 000,– | 32 000,– | 0,751 | 24 032,– |
| 4 | 60 000,– | 20 000,– | 40 000,– | 0,683 | 27 320,– |
| Kapitalwert |  |  |  |  | 97 154,– |
| Multiplikation mit dem Wiedergewinnungsfaktor |  |  |  |  | 0,315 |
| = Annuität |  |  |  |  | 30 604,– |

| Neue Anlage: Nutzungsdauer 6 Jahre, $A_0$ = 100 000,– DM |
|---|

| Jahr | Einnahmen | Ausgaben | Einnahmen-Überschüsse | Abzinsungsfaktor für i = 10 % | abgezinste Einnahmen-Überschüsse |
|---|---|---|---|---|---|
|  | DM | DM | DM |  | DM |
| 0 | – | 100 000,– | – 100 000,– | 1,000 | – 100 000,– |
| 1 | 70 000,– | 15 000,– | 55 000,– | 0,909 | 49 995,– |
| 2 | 75 000,– | 19 000,– | 56 000,– | 0,826 | 46 256,– |
| 3 | 50 000,– | 20 000,– | 30 000,– | 0,751 | 22 530,– |
| 4 | 70 000,– | 22 000,– | 48 000,– | 0,683 | 32 784,– |
| 5 | 80 000,– | 24 000,– | 56 000,– | 0,621 | 34 776,– |
| 6 | 75 000,– | 24 000,– | 51 000,– | 0,564 | 28 764,– |
| Kapitalwert |  |  |  |  | 115 105,– |
| Multiplikation mit dem Wiedergewinnungsfaktor |  |  |  |  | 0,230 |
| = Annuität |  |  |  |  | 26 474,– |

| Die alte Anlage hat die höhere Annuität, so daß ein Ersatz jetzt nicht in Frage kommt. |
|---|

$$E_{(A)} - A_{(A)} \gtreqless E_{(N)} - A_{(N)} - A_{O(N)} \frac{(1+i)^n \, 1}{(1+i)^n - 1}.$$

Vorzuziehen ist die Anlage mit der höheren Annuität.

Wie man leicht sieht, unterscheidet sich dieses Kriterium von dem entsprechenden Kriterium bei der Gewinnvergleichsrechnung nur dadurch, daß beim Kapitaldienst Zinseszinsen berücksichtigt werden. Während beim Gewinnvergleich von durchschnittlichen Werten ausgegangen wird, werden im Rahmen der Annuitätenmethode die einzelnen Einnahmen und Ausgaben zunächst durch das Abzinsen vergleichbar gemacht und dann erst mit Hilfe des Wiedergewinnungsfaktors gleichmäßig auf die einzelnen Jahre verteilt. Wie beim statischen Ersatzvergleich ist auch hier der erzielbare Liquidationserlös der Altanlage gegebenenfalls einzubeziehen, indem er in die Zahlungsreihe der Altanlage eingebaut wird: bei Weiterbetrieb der Altanlage verzichtet man auf den Liquidationserlös, der zum Entscheidungszeitpunkt $t_0$ erzielbar wäre, Tabelle 15. Diese entgehende Einnahme wird mit negativem Vorzeichen in die Zahlungsreihe der Altanlage eingestellt.

Die Annuitätenmethode kann auch auf „Ausgabenprojekte" angewendet werden, denen keine Einnahmen zugerechnet werden können. Dabei beschränkt man sich auf den Vergleich der Ausgaben-Annuitäten mehrerer Alternativen. Das Verfahren entspricht einer dynamischen Version der Kostenvergleichsrechnung und ist statischen Kostenvergleichen durch die Berücksichtigung der Zahlungsfälligkeiten und der Zinsen überlegen (vgl. dazu auch Aufgabe 26).

*2.2.5. Die Wahl des Kalkulationszinssatzes*

Sowohl beim Ansatz kalkulatorischer Zinsen in den statischen Verfahren als auch in den dynamischen Verfahren der Investitionsrechnung kann die Höhe des gewählten Kalkulationszinssatzes entscheidend für das Rechenergebnis werden, da die Zinsbelastung für Investitionsprojekte je nach der Höhe der Anschaffungsausgaben und der Entwicklung der Rückflüsse ein sehr wichtiger Faktor werden kann. Bei zahlreichen Rechenverfahren entscheidet der Kalkulationszinssatz über die Vorteilhaftigkeit oder über die Auswahl unter mehreren Alternativen direkt mit: Bei höherem Kalkulationszinssatz erscheinen weniger Projekte als vorteilhaft, und die Rangfolge von Alternativen kann sich bei verschieden hohen Kalkulationszinssätzen ändern, da zinsempfindliche Projekte auf Erhöhungen des Zinssatzes natürlich stärker reagieren als Projekte günstigerer Zahlungsstrukturen. Schließlich hat der Kalkulationszinssatz auch bei der Rentabilitäts- und der internen Zinssatz-Methode Bedeutung, da er als Vergleichsbasis für die Beurteilung der ermittelten Renditen bzw. internen Zinssätze benötigt wird.

Aus der breiten Diskussion über den Kalkulationszinssatz lassen sich folgende auch für die Praxis wesentlichen Punkte zusammenfassen:

1. Der Kalkulationszinssatz muß einerseits *Ausdruck der Kapitalkosten* sein, denn er repräsentiert die dem Unternehmen entstehenden Belastungen für die Kapitalbeschaffung. Daraus ergibt sich, daß der Kalkulationszinssatz (mindestens) dem sogenannten Sollzinssatz entsprechen sollte, der für die Beschaffung des einzusetzenden Kapitals tatsächlich aufzuwenden ist. Weil die effektive Finanzierung hinsichtlich der Zusammensetzung der aufgenommenen Kapitalien und der Zinshöhe nur in Ausnahmefällen bekannt ist (wenn gleichzeitig mit einem Investitionsprojekt auch über die Finanzierung entschieden wird), orientiert man sich dabei an der jeweiligen Kapitalmarktsituation. Je nach der beabsichtigten Finanzierung kann der Zins für Fremdkapital der entsprechenden Fristigkeit oder auch ein Mischsatz aus Fremd- und Eigenkapitalkosten verwendet werden. Dabei geht man meist davon aus, daß Eigenkapital wegen des höheren Risikos einen höheren Zinssatz rechtfertige.

Die Orientierung am Zins für Kapitalbeschaffungsmöglichkeiten ist vor allem dann wesentlich, wenn tatsächlich entsprechende Mittel beschafft werden müssen.

2. Der Kalkulationszinssatz ist gleichermaßen aber auch *Ausdruck von Anlagemöglichkeiten* für Rückflüsse und Differenzbeträge bei den Anschaffungsausgaben verschiedener Projekte, wenn Kapital für die Investitionen zur Verfügung steht; in diesen Fällen werden freie Kapitalbeträge ja tatsächlich als Finanzinvestition (zum sog. Habenzins) oder durch Investition im Betrieb (zum internen Zins dieses Projektes) angelegt[9]).

Der Anlageaspekt verliert aber an Bedeutung, wenn statt einer Mittelanlage Überschüsse vor allem zur Tilgung aufgenommener Kredite ver-

---

9) Daneben findet sich auch die Auffassung, der Kalkulationszinssatz sollte sich an der internen Verzinsung der besten nicht mehr durchgeführten Sachinvestition orientieren; das ist jedoch unrealistisch, da vor der Planung des gesamten Investitionsprogramms einer Unternehmung nicht bekannt sein kann, welche interne Rendite die beste nicht mehr durchführbare Investition hat, und nach der optimalen Planung des Investitionsprogrammes kein Kalkulationszinssatz mehr benötigt wird.

wendet werden. Da die meisten Unternehmen in großem Umfang Fremdkapital einsetzen, kann dies eine realistische Annahme sein. In diesen Fällen ist der Habenzins nicht von Bedeutung; allein der (in der Regel höhere) Sollzins ist für das Projekt maßgebend.

3. Wenn nicht eindeutig ist, ob stärker die Kapitalaufnahme und die Tilgung aufgenommener Beträge aus Einnahmeüberschüssen (also der Sollzins) oder der Anlageaspekt (und damit der Habenzins) der betrieblichen Situation entsprechen, kann man versuchen, einen Kalkulationszinssatz zu bestimmen, der als Sollzins = Habenzins beiden Aspekten etwa Rechnung trägt und ein generelles Maß für Kapitalkosten und -nutzen gleichermaßen darstellt; das ist, wie oben dargestellt, vor allem bei der Möglichkeit zur Tilgung vorhandener Kredite realistisch und verlangt keinen „vollkommenen Kapitalmarkt", sondern nur diese spezielle Möglichkeit.

4. Bei verfeinerten Rechenverfahren, auf die hier nicht ausdrücklich eingegangen wurde, kann man unterschiedliche Soll- und Habenzinssätze und sogar konkret absehbare Finanzierungs- und Anlagemöglichkeiten berücksichtigen. Dazu bietet sich vor allem die Berechnung des Endwertes unter Berücksichtigung der jeweils (voraussichtlich) konkret bestehenden Möglichkeiten der Finanzierung, Tilgung und Mittelanlage an. Dabei tritt jedoch statt der Schwierigkeiten bei der Festlegung des Kalkulationszinssatzes das Problem auf, ob ausreichend gesicherte konkrete Möglichkeiten prognostizierbar sind.

5. Es wird oft vorgeschlagen, zur Berücksichtigung der Ungewißheit aller in die Berechnung eingehenden Größen eine Korrektur des Zinssatzes vorzunehmen, indem zum eigentlichen Zins noch ein Risikozuschlag addiert wird.

Abgesehen davon, daß die Höhe eines solchen Zuschlages neue Fragen aufwerfen würde, wäre ein solcher Zuschlag ein völlig falscher Weg: Man kann Ungewißheiten über die verschiedensten Basisdaten (Nutzungsdauer, Einnahmen, Ausgaben u. a.) nicht durch einen Zinszuschlag angemessen berücksichtigen, der verschieden zinsempfindliche Projekte auch noch völlig unterschiedlich trifft. Das Problem, daß verschiedene Zukunftsentwicklungen möglich sind, muß mit Alternativrechnungen und anderen angemessenen Techniken angegangen werden, die die verschiedenen denkbaren Ergebnisse darzustellen gestatten, statt die Ungewißheit mit einem Rechentrick unsichtbar zu machen.

## 2.2.6. Die Berücksichtigung der Unsicherheit der Rechengrundlagen

Zahlreiche Rechengrundlagen der Investitionsrechnung sind unsicher, da es sich um (voraussichtlich eintretende) zukünftige Größen handelt. In den dargestellten Verfahren der Investitionsrechnung wurde diese Unsicherheit jedoch nicht berücksichtigt - vielmehr wurden die Rechengrundlagen stets als eindeutig gegeben angesehen.

Da dies nicht der Realität entspricht, soll hier wenigstens kurz auf Möglichkeiten hingewiesen werden, bestehende Unsicherheiten über die verwendeten Daten in der Investitionsrechnung zu berücksichtigen. Die ausführliche Darstellung der geeigneten Verfahren würde allerdings den hier gegebenen Rahmen sprengen (vgl. dazu Einführungen z. B.[3 sowie 15]).

Die am leichtesten durchführbaren Möglichkeiten bestehen in der *Korrektur eingegebener Daten.* So können z. B. die Höhe der Einnahmenüberschüsse und die Nutzungsdauer „vorsichtig" angesetzt werden, oder der Kalkulationszinssatz wird erhöht. Die wesentlichen Nachteile dieser Vorgehensweise sind offensichtlich: auch dadurch wird am Rechenergebnis nicht deutlich, daß mehrere Ergebnisse für möglich gehalten werden; statt dessen wird eine eher pessimistische Haltung eingenommen, die einer realistischen Sicht auch der Chancen des Projektes unmöglich machen kann. Dies gilt vor allem, wenn durch mehrere Korrekturen (z. B. an der Nutzungsdauer, den Einnahmenüberschüssen und dem Kalkulationszins) die Auswirkungen unüberschaubar komplex werden. Bis auf eine gewisse Vorsicht bei der Datenermittlung, die eine ausgesprochen optimistische Beurteilung verhindern soll, sind Korrekturverfahren abzulehnen.

Eine weitere Gruppe von Verfahren versucht die Auswirkungen möglicher Datenänderungen durch Alternativrechnungen in etwa zu erfassen. Eine einfache Form einer solchen „Sensitivitätsanalyse" (auch: Sensibilitätsanalyse) ist das Verfahren der *Ermittlung kritischer Werte*, das in Abschn. 2.2.2. im Hinblick auf den Kostenvergleich vorgestellt wurde. Entsprechend kritische Werte kann man für alle Verfahren für jeweils eine als unsicher erachtete Rechengrundlage ermitteln. Auch die sukzessive Untersuchung verschiedener unsicherer Daten und von Datenkombinationen ist möglich, so daß eine ungefähre Vorstellung davon erarbeitet werden kann, wie sich die Vorteilhaftigkeit eines Investitionsprojektes durch Veränderung der Eingangsdaten ändert.

Weitere Verfahren der ausführlichen mathematischen *Risikoanalyse* erzeugen aus vielen möglichen Eingangsdaten, deren Eintrittswahrscheinlichkeiten oft mit einbezogen werden, eine große Zahl von Ergebnissen des gewählten Vorteilhaftigkeitsmaßes (z. B. von Kapitalwerten).

An der sich so ergebenden *Wahrscheinlichkeitsverteilung möglicher Ergebnisse* kann dann nach Lage der Verteilung, Streuung usw. eine Beurteilung des Projektes vorgenommen werden, die ausdrücklich alle möglichen Datenkonstellationen und deren Einfluß auf das Ergebnis des Investitionsprozesses berücksichtigt.

### 2.2.7. Weitere Ansätze der Investitionsrechnung und Investitionsprogrammplanung

Im Rahmen dieser Einführung kann auf zahlreiche weitere Bereiche der Investitionstheorie nicht eingegangen werden; kurze Hinweise sollen es aber dem Leser ermöglichen, sich gegebenenfalls mit Hilfe weiterer Literatur diese Gebiete zu erschließen. Dabei beschränken sich die Literaturhinweise auch hier vorwiegend auf Lehrbücher, da deren Darstellungsweise und Kommentierung der vorgestellten Verfahren für eine Einarbeitung meist besser geeignet ist als die Originalquelle der jeweiligen Verfahren. Die dort genannten Originalquellen können gegebenenfalls zum weiteren Studium herangezogen werden.

Zur Beurteilung einzelner Investitionen gibt es neben den dargestellten Verfahren zahlreiche weitere Rechentechniken, die meist spezielle Abwandlungen der Grundformen darstellen. Ein sehr bekanntes Verfahren ist die *MAPI-Methode* [3, S. 101 ff.], die ein streng formalisiertes und für die Handhabung in der Praxis vorbereitetes Verfahren zur Ermittlung einer besonders definierten Rentabilität darstellt.

Weitere hier nicht behandelte Problemstellungen sind die Betrachtung von Folgen gleicher Investitionen, sog. *Investitionsketten*; dadurch können bestimmte Annahmen über die Wiederanlage nach Ablauf der Nutzungsdauer konkretisiert werden. Das ist besonders bei der *Ermittlung der optimalen Nutzungsdauer* einer Einzelinvestition von Bedeutung. Vgl. dazu [3, S. 63 ff. ; 15, S. 100 ff.].

Alle dargestellten Verfahren beschränken sich auf die Betrachtung der Investition ohne die Einbeziehung steuerlicher Effekte, obwohl steuerliche Effekte in allen wesentlichen Fragestellungen von Bedeutung sein können und in Sonderfällen (z. B. bei Leasingprojekten, steuerbegünstigten Kapitalanlagen) sehr wesentlich werden.

Die *Einbeziehung der (ertragsabhängigen) Steuern* führt dabei zu einer Veränderung der Zahlungsreihen um die eintretenden Steuereffekte und zu einer Modifizierung des anzusetzenden Kalkulationszinssatzes, der dabei als „Kalkulationszinssatz nach Steuern" ($i_s$) anzusetzen ist und sich unter

Berücksichtigung des Ertragsteuersatzes s wie folgt ergibt: $i_s = i(1 - s)$. Auch der *Einfluß steuerlicher Abschreibungen* auf das Investitionsprojekt läßt sich nur unter Berücksichtigung der Steuern in der Investitionsrechnung erfassen. Vgl. zu diesem Bereich z. B. [14].

Schließlich befaßt sich eine Reihe von investitionstheoretischen Modellen ausdrücklich mit der Planung einer Mehrzahl von Projekten, also der *Investitionsprogrammplanung*, angefangen von einfachen Modellen zur Abstimmung von Investitions- und Finanzierungsprogrammen bis zu höchst komplexen mathematischen Modellen unter Einbeziehung zahlreicher Bereiche der Unternehmensplanung.

Einfache Kapitalbudgetierungsmodelle versuchen eine Entscheidung über das optimale Investitionsprogramm herbeizuführen, indem die möglichen Investitionsprojekte mit Hilfe der Kapitalwert- oder der internen Zinsfuß-Berechnung in eine Rangfolge gebracht werden. Dann wird das verfügbare Kapital den ranghöchsten Projekten zugeteilt, bis der Kapitalfonds erschöpft ist.

Zahlreiche Mängel dieses Basiskonzeptes (vgl. z. B. [3, S. 278 ff.]) veranlaßten Ausweitungen der Modellansätze bis hin zu mehrperiodischen Modellen der linearen Optimierung, die auch die Einhaltung von Finanzierungsbedingungen und anderen Nebenbedingungen in den Folgeperioden einbeziehen und teilweise den Produktions- und Absatzbereich in die Planung des Investitionsprogrammes mit einbeziehen, vorzunehmen. Eine Übersicht über diese Modellentwicklungen gibt [3, S. 271 ff.].

### 2.3. Datenbeschaffung und Anwendungsgebiete der Investitionsrechnungsverfahren

Die dargestellten Verfahren zur Beurteilung einzelner Investitionen unterscheiden sich hinsichtlich ihrer Genauigkeit und der Anwendungsvoraussetzungen sehr voneinander. Dementsprechend sind auch die Bereiche, in denen die Anwendung zweckmäßig erscheint, sehr unterschiedlich.

Die *statischen Verfahren der Investitionsrechnung* basieren auf „typischen" Werten oder Durchschnittswerten. Damit wird der Tatsache Rechnung getragen, daß es vielfach nicht möglich ist, die Ausgaben und Einnahmen einer Investition während ihrer gesamten Lebensdauer zu schätzen. Dies erklärt wohl zu einem großen Teil, warum statische Verfahren noch so häufig angewendet werden. Dabei spielt es auch eine Rolle, daß in den meisten Betrieben das Denken in Kosten- und Leistungsdaten ausgeprägter ist als das Rechnen in Zahlungsströmen, weil der ständige Umgang mit Zahlen aus der Kostenrechnung und der kurzfristigen Erfolgsrechnung diese Denkweise schult. Daneben sind die statischen Verfahren weniger rechenaufwendig. Insofern können sie im Vergleich zu den dynamischen Verfahren wirtschaftlicher sein, was natürlich besonders bei *kleineren Projekten* ins Gewicht fällt.

Tatsächlich werden sie oft als ausreichend angesehen, wenn ein bestimmtes, nicht generell zu bezifferndes Investitionsvolumen von einem Projekt nicht überschritten wird.

Die *dynamischen Verfahren* setzen einen höheren Informationsstand voraus, da sie die Einnahmen und Ausgaben während der gesamten Lebensdauer einer Investition in die Betrachtung einbeziehen. Im Vergleich zu den statischen Verfahren sind sie jedoch wesentlich exakter: sie berücksichtigen, daß zu unterschiedlichen Zeitpunkten anfallende Zahlungen wirtschaftlich nicht gleichwertig sind. *Dynamische Verfahren sind daher grundsätzlich vorzuziehen*, vor allem für größere Investitionsprojekte. Allerdings hängt die Wahl des zu verwendenden Verfahrens auch von den verfügbaren Daten ab.

Schon bei kleinen Projekten kann sich ein dynamisches Rechenverfahren anbieten, wenn im Einzelfall die Zahlungsgrößen konkret vorgegeben sind; andererseits darf der Vorteil, den dynamische Rechenverfahren grundsätzlich bieten, nicht überschätzt werden, wenn nur sehr ungenaue Informationen über die erwarteten Kosten- und Leistungsdaten vorliegen und daher die Zahlungsströme nur grob abgeschätzt werden können.

*Aufgabe 26:*

*Ein Betrieb beabsichtigt, eine bestimmte Datenverarbeitungsanlage durch Leasingvertrag zu beschaffen. Es liegen zwei Leasingangebote mit je 60 Monaten Vertragsdauer vor, die sich durch die Gestaltung der Leasingraten unterscheiden:*

|  | *Angebot I* | *Angebot II* |
|---|---|---|
| Vertragsdauer | *60 Monate* | *60 Monate* |
| Anzahlung | – | – |
| Leasingraten | *60 Monate je* | *24 x 2 166,– DM* |
|  | *1 758,– DM* | *12 x 1 622,– DM* |
|  |  | *12 x 1 415,– DM* |
|  |  | *12 x 1 249,– DM* |

*Grundsätzlich hält der Betrieb bei Investitionen dieser Größenordnung statische Investitionsrechenverfahren für ausreichend; bei dynamischen Investitionsrechnungen ist ein Kalkulationszinssatz von 10 % üblich.*

*Welches Rechenverfahren sollte im vorliegenden Fall angewendet werden? Welches Angebot ist vorzuziehen?*

Tatsächlich werden in vielen Fällen die benötigten Zahlungsreihen aus Informationen über die durchschnittlich zu erwartenden (Betriebs-)Kosten ermittelt, indem die darin enthaltenen Kosten für Abschreibungen, kalkulatorischen Zins und ggf. andere Kostenarten, die nicht ausgabenwirksam sind, eliminiert werden. Im übrigen wird angenommen, daß die Kosten gleichzeitig Ausgaben sind. Dabei sollte in der Praxis sorgfältig überprüft werden, ob das für die einbezogenen Kostenarten vertretbar ist. So kann z. B. die Kostenart Instandhaltung und Reparatur wesentliche Teile enthalten, die nicht jährlich anfallen, sondern durch die Verteilung größerer Maßnahmen über die Nutzungszeiten entstehen. Hier sollte eine Korrektur vorgenommen werden, wenn eine nennenswerte Verschiebung zwischen Kostenverrechnung und dem Ausgabenzeitpunkt vorliegt. Auch wenn Durchschnittswerte einer Kostenart angesetzt werden, die einer starken Entwicklung unterliegt (etwa Durchschnitt der Lohnkosten aus jährlich steigenden Lohnsummen), sollte für die Ausgabenermittlung eine Korrektur durchgeführt werden.

Die zweifellos verbleibenden Unsicherheiten und Ungenauigkeiten einer jeden Prognose von Zahlungsreihen dürfen nicht dazu verleiten, vermeidbare Ungenauigkeiten zur Vereinfachung bestehen zu lassen. Nur, wo tatsächlich keine detaillierteren Informationen verfügbar sind, darf mit gleichbleibenden (also durchschnittlichen) Einnahmenüberschüssen gerechnet werden.

*Aufgabe 27:*

*Entwickeln Sie zu den Investitionen I und II aus Tabelle 6 die charakteristische Ausgabenreihe, indem Sie Zins- und Abschreibungskosten eliminieren. Welche weitere Korrektur sollte u. U. erwogen werden?*

Das bekannte Problem, daß die benötigten Daten eines einzelnen Investitionsprojektes nicht ermittelbar sind, darf ebenfalls nicht unbeachtet bleiben; es gibt dabei zwei Hauptfälle:

1. Wenn Investitionsprojekten zwar Kosten oder Ausgaben, aber keine Erträge oder Einnahmen zurechenbar sind, da diese nicht allein von dieser Investition beeinflußt werden, muß man sich auf Kostenvergleiche oder die Ermittlung des Ausgabenbarwertes (bzw. der Ausgabenannuität) beschränken. In diesen Fällen ist oft die Annahme realistisch, daß die Investition keinen Einfluß auf die Ertrags- oder Einnahmensituation des

Betriebes hat, so daß es tatsächlich genügt, Kosten- bzw. Ausgabenminimierung zu betreiben.

2. Wenn wichtige Daten einem Investitionsprojekt deshalb nicht konkret zugerechnet werden können, weil starke Interdependenzen zu anderen Investitionen oder sonstigen Entscheidungen bestehen, kann das Projekt nicht isoliert beurteilt werden. Deshalb müssen in diesem Fall mögliche Kombinationen geprüft und für jede relevante Kombination von Investitionsvorhaben (bzw. Entscheidungen) eine Beurteilung mit Hilfe eines geeigneten Verfahrens der Investitionsrechnung vorgenommen werden. Dadurch wird eine zielgerichtete Entscheidung über die jeweils verbundenen Projekte und Entscheidungsmöglichkeiten gleichzeitig gesichert.

## 2.4. Investitionskontrolle

Einige Hinweise zur Notwendigkeit und zu den Möglichkeiten der Investitionskontrolle sollen dazu beitragen, daß bei der Beschäftigung mit Investitionsentscheidungen die Investitionskontrolle nicht völlig vergessen wird.

Investitionsentscheidungen beruhen auf Erwartungen und damit auf unsicheren Daten; deshalb ist eine Kontrolle des Entscheidungsprozesses und der Ergebnisse der Realisation sehr wesentlich für die Verbesserung zukünftiger Entscheidungsverfahren. Dabei werden vor allem folgende Ziele verfolgt:

– Feststellung von Abweichungen gegenüber den prognostizierten Daten aus dem Investitionsentscheidungsverfahren;

– gegebenenfalls Einleiten von Maßnahmen, unerwünschte Entwicklungen des Projektes zu korrigieren;

– Verbesserung künftiger Investitionsentscheidungen durch Verbesserungen des Verfahrens und die Einschränkung von Manipulationsmöglichkeiten bei der Antragstellung.

Dazu ist eine objektweise durchgeführte Investitionskontrolle zweckmäßig, die etwa nach Ende der Anlaufzeit oder vor wesentlichen Folgeentscheidungen, die das Projekt betreffen, durchgeführt werden sollte.

Wie bei jeder Kontrolle, können sich auch bei der Investitionskontrolle Fehler verschiedener Art zeigen, die möglichst genau diagnostiziert werden sollten, um Wiederholungen zu vermeiden.

Schätzfehler bei der Prognose von Daten und Manipulation von Investitionsanträgen können zum Teil schon durch eine Kontrolle vorliegender

Anträge vermieden werden. Weitere Fehler dieser Art, Fehler bei der Methodenwahl der Investitionsrechnung und -entscheidung sowie nicht vorhersehbare Entwicklungen von Daten sind durch Kontrollmaßnahmen nach der Realisation aufdeckbar. Gegebenenfalls können sich die Kontrollmaßnahmen auf einzelne Daten und Aspekte konzentrieren, die sich als kritisch erwiesen haben.

Wie jede Kontrollmaßnahme, sollte auch die Investitionskontrolle vorwiegend von unabhängiger Seite durchgeführt werden; es handelt sich um einen Arbeitsbereich der internen Revision.

Vgl. zur Investitionskontrolle [12] mit weiteren Nachweisen.

# 3. Zinstabellen

## Tabelle 16. Abzinsungsfaktor oder Diskontierungsfaktor $\frac{1}{(1+i)^n} = \frac{1}{q^n}$.

| Jahre | | | | | Zinssatz | | | | | |
|---|---|---|---|---|---|---|---|---|---|---|
| n | 1% | 2% | 3% | 4% | 5% | 6% | 7% | 8% | 9% | 10% | 11% |
| 1 | 0,990 | 0,980 | 0,971 | 0,962 | 0,952 | 0,943 | 0,935 | 0,926 | 0,917 | 0,909 | 0,901 |
| 2 | 0,980 | 0,961 | 0,943 | 0,925 | 0,907 | 0,890 | 0,873 | 0,857 | 0,842 | 0,826 | 0,812 |
| 3 | 0,971 | 0,942 | 0,915 | 0,889 | 0,864 | 0,840 | 0,816 | 0,794 | 0,772 | 0,751 | 0,731 |
| 4 | 0,961 | 0,924 | 0,888 | 0,855 | 0,823 | 0,792 | 0,763 | 0,735 | 0,708 | 0,683 | 0,659 |
| 5 | 0,951 | 0,906 | 0,863 | 0,822 | 0,784 | 0,747 | 0,713 | 0,681 | 0,650 | 0,621 | 0,593 |
| 6 | 0,942 | 0,888 | 0,837 | 0,790 | 0,746 | 0,705 | 0,666 | 0,630 | 0,596 | 0,564 | 0,535 |
| 7 | 0,933 | 0,871 | 0,813 | 0,760 | 0,711 | 0,665 | 0,623 | 0,583 | 0,547 | 0,513 | 0,482 |
| 8 | 0,923 | 0,853 | 0,789 | 0,731 | 0,677 | 0,627 | 0,582 | 0,540 | 0,502 | 0,467 | 0,434 |
| 9 | 0,914 | 0,837 | 0,766 | 0,703 | 0,645 | 0,592 | 0,544 | 0,500 | 0,460 | 0,424 | 0,391 |
| 10 | 0,905 | 0,820 | 0,744 | 0,676 | 0,614 | 0,558 | 0,508 | 0,463 | 0,422 | 0,386 | 0,352 |
| 11 | 0,896 | 0,804 | 0,722 | 0,650 | 0,585 | 0,527 | 0,475 | 0,429 | 0,388 | 0,350 | 0,317 |
| 12 | 0,887 | 0,788 | 0,701 | 0,625 | 0,557 | 0,497 | 0,444 | 0,397 | 0,356 | 0,319 | 0,286 |
| 13 | 0,879 | 0,773 | 0,681 | 0,601 | 0,530 | 0,469 | 0,415 | 0,368 | 0,326 | 0,290 | 0,258 |
| 14 | 0,870 | 0,758 | 0,661 | 0,557 | 0,505 | 0,442 | 0,388 | 0,340 | 0,299 | 0,263 | 0,232 |
| 15 | 0,861 | 0,743 | 0,642 | 0,555 | 0,481 | 0,417 | 0,362 | 0,315 | 0,275 | 0,239 | 0,209 |
| 16 | 0,853 | 0,728 | 0,623 | 0,534 | 0,458 | 0,394 | 0,339 | 0,292 | 0,252 | 0,218 | 0,188 |
| 17 | 0,844 | 0,714 | 0,605 | 0,513 | 0,436 | 0,371 | 0,317 | 0,270 | 0,231 | 0,198 | 0,170 |
| 18 | 0,836 | 0,700 | 0,587 | 0,494 | 0,416 | 0,350 | 0,296 | 0,250 | 0,212 | 0,180 | 0,153 |
| 19 | 0,828 | 0,686 | 0,570 | 0,475 | 0,396 | 0,331 | 0,277 | 0,232 | 0,194 | 0,164 | 0,138 |
| 20 | 0,820 | 0,673 | 0,554 | 0,456 | 0,377 | 0,312 | 0,258 | 0,215 | 0,178 | 0,149 | 0,124 |

| Jahre | | | | | Zinssatz | | | | | |
|---|---|---|---|---|---|---|---|---|---|---|
| n | 12% | 13% | 14% | 15% | 16% | 17% | 18% | 19% | 20% | 30% |
| 1 | 0,893 | 0,885 | 0,877 | 0,870 | 0,862 | 0,855 | 0,847 | 0,840 | 0,833 | 0,769 |
| 2 | 0,797 | 0,783 | 0,769 | 0,756 | 0,743 | 0,731 | 0,718 | 0,706 | 0,694 | 0,592 |
| 3 | 0,712 | 0,693 | 0,675 | 0,658 | 0,641 | 0,624 | 0,609 | 0,593 | 0,579 | 0,455 |
| 4 | 0,636 | 0,613 | 0,592 | 0,572 | 0,552 | 0,534 | 0,516 | 0,499 | 0,482 | 0,350 |
| 5 | 0,567 | 0,543 | 0,519 | 0,497 | 0,476 | 0,456 | 0,437 | 0,419 | 0,402 | 0,269 |
| 6 | 0,507 | 0,480 | 0,456 | 0,432 | 0,410 | 0,390 | 0,370 | 0,352 | 0,335 | 0,207 |
| 7 | 0,452 | 0,425 | 0,400 | 0,376 | 0,354 | 0,333 | 0,314 | 0,296 | 0,279 | 0,159 |
| 8 | 0,404 | 0,376 | 0,351 | 0,327 | 0,305 | 0,285 | 0,266 | 0,249 | 0,233 | 0,123 |
| 9 | 0,361 | 0,333 | 0,308 | 0,284 | 0,263 | 0,243 | 0,225 | 0,209 | 0,194 | 0,094 |
| 10 | 0,322 | 0,295 | 0,270 | 0,247 | 0,227 | 0,208 | 0,191 | 0,176 | 0,162 | 0,073 |
| 11 | 0,287 | 0,261 | 0,237 | 0,215 | 0,195 | 0,178 | 0,162 | 0,148 | 0,135 | 0,056 |
| 12 | 0,257 | 0,231 | 0,208 | 0,187 | 0,168 | 0,152 | 0,137 | 0,124 | 0,112 | 0,043 |
| 13 | 0,229 | 0,204 | 0,182 | 0,163 | 0,145 | 0,130 | 0,116 | 0,104 | 0,093 | 0,033 |
| 14 | 0,205 | 0,181 | 0,160 | 0,141 | 0,125 | 0,111 | 0,099 | 0,088 | 0,078 | 0,025 |
| 15 | 0,183 | 0,160 | 0,140 | 0,123 | 0,108 | 0,095 | 0,084 | 0,074 | 0,065 | 0,020 |
| 16 | 0,163 | 0,141 | 0,123 | 0,107 | 0,093 | 0,081 | 0,070 | 0,062 | 0,054 | 0,015 |
| 17 | 0,146 | 0,125 | 0,108 | 0,093 | 0,080 | 0,069 | 0,060 | 0,052 | 0,045 | 0,012 |
| 18 | 0,130 | 0,111 | 0,095 | 0,081 | 0,069 | 0,059 | 0,051 | 0,044 | 0,038 | 0,009 |
| 19 | 0,116 | 0,098 | 0,083 | 0,070 | 0,060 | 0,051 | 0,043 | 0,037 | 0,031 | 0,007 |
| 20 | 0,104 | 0,087 | 0,073 | 0,061 | 0,051 | 0,043 | 0,037 | 0,031 | 0,026 | 0,005 |

**Tabelle 17. Abzinsungssummenfaktor oder Rentenbarwertfaktor (nachschüssig)** $\dfrac{(1+i)^n - 1}{i(1+i)^n} = \dfrac{q^n - 1}{(q-1)q^n}$.

Jahre — Zinssatz

| n | 1% | 2% | 3% | 4% | 5% | 6% | 7% | 8% | 9% | 10% | 11% |
|---|---|---|---|---|---|---|---|---|---|---|---|
| 1 | 0,990 | 0,980 | 0,971 | 0,962 | 0,952 | 0,943 | 0,935 | 0,926 | 0,917 | 0,909 | 0,901 |
| 2 | 1,970 | 1,942 | 1,913 | 1,886 | 1,859 | 1,833 | 1,808 | 1,783 | 1,758 | 1,736 | 1,713 |
| 3 | 2,941 | 2,884 | 2,829 | 2,775 | 2,723 | 2,673 | 2,624 | 2,577 | 2,529 | 2,487 | 2,445 |
| 4 | 3,902 | 3,808 | 3,717 | 3,630 | 3,546 | 3,465 | 3,387 | 3,312 | 3,236 | 3,170 | 3,105 |
| 5 | 4,853 | 4,713 | 4,580 | 4,452 | 4,329 | 4,212 | 4,100 | 3,993 | 3,884 | 3,791 | 3,700 |
| 6 | 5,795 | 5,601 | 5,417 | 5,242 | 5,076 | 4,917 | 4,766 | 4,623 | 4,478 | 4,355 | 4,236 |
| 7 | 6,728 | 6,472 | 6,230 | 6,002 | 5,786 | 5,582 | 5,389 | 5,206 | 5,023 | 4,868 | 4,719 |
| 8 | 7,652 | 7,325 | 7,020 | 6,733 | 6,463 | 6,210 | 5,971 | 5,747 | 5,523 | 5,335 | 5,154 |
| 9 | 8,566 | 8,162 | 7,786 | 7,435 | 7,107 | 6,802 | 6,515 | 6,247 | 5,982 | 5,759 | 5,546 |
| 10 | 9,471 | 8,983 | 8,530 | 8,111 | 7,722 | 7,360 | 7,024 | 6,710 | 6,403 | 6,145 | 5,899 |
| 11 | 10,368 | 9,787 | 9,253 | 8,760 | 8,306 | 7,887 | 7,499 | 7,139 | 6,789 | 6,495 | 6,217 |
| 12 | 11,255 | 10,575 | 9,954 | 9,385 | 8,863 | 8,384 | 7,943 | 7,536 | 7,143 | 6,814 | 6,504 |
| 13 | 12,134 | 11,348 | 10,635 | 9,986 | 9,394 | 8,853 | 8,356 | 7,904 | 7,468 | 7,103 | 6,763 |
| 14 | 13,004 | 12,106 | 11,296 | 10,563 | 9,899 | 9,295 | 8,745 | 8,244 | 7,766 | 7,367 | 6,996 |
| 15 | 13,865 | 12,849 | 11,938 | 11,118 | 10,380 | 9,712 | 9,108 | 8,559 | 8,039 | 7,606 | 7,206 |
| 16 | 14,718 | 13,578 | 12,561 | 11,652 | 10,838 | 10,106 | 9,447 | 8,851 | 8,289 | 7,824 | 7,395 |
| 17 | 15,562 | 14,292 | 13,166 | 12,166 | 11,274 | 10,477 | 9,763 | 9,122 | 8,518 | 8,022 | 7,565 |
| 18 | 16,398 | 14,992 | 13,754 | 12,659 | 11,690 | 10,828 | 10,059 | 9,372 | 8,728 | 8,201 | 7,718 |
| 19 | 17,226 | 15,678 | 14,324 | 13,134 | 12,085 | 11,158 | 10,335 | 9,604 | 8,921 | 8,365 | 7,856 |
| 20 | 18,046 | 16,351 | 14,877 | 13,590 | 12,462 | 11,470 | 10,594 | 9,818 | 9,098 | 8,514 | 7,980 |

Jahre — Zinssatz

| n | 12% | 13% | 14% | 15% | 16% | 17% | 18% | 19% | 20% | 30% |
|---|---|---|---|---|---|---|---|---|---|---|
| 1 | 0,893 | 0,885 | 0,877 | 0,870 | 0,862 | 0,855 | 0,847 | 0,840 | 0,833 | 0,769 |
| 2 | 1,690 | 1,668 | 1,647 | 1,626 | 1,605 | 1,586 | 1,566 | 1,546 | 1,528 | 1,361 |
| 3 | 2,402 | 2,361 | 2,322 | 2,283 | 2,246 | 2,211 | 2,174 | 2,139 | 2,106 | 1,816 |
| 4 | 3,037 | 2,974 | 2,914 | 2,855 | 2,798 | 2,745 | 2,690 | 2,637 | 2,589 | 2,166 |
| 5 | 3,605 | 3,517 | 3,433 | 3,352 | 3,274 | 3,202 | 3,127 | 3,055 | 2,991 | 2,436 |
| 6 | 4,111 | 3,998 | 3,889 | 3,784 | 3,685 | 3,593 | 3,498 | 3,406 | 3,326 | 2,643 |
| 7 | 4,564 | 4,424 | 4,288 | 4,160 | 4,039 | 3,927 | 3,812 | 3,701 | 3,605 | 2,802 |
| 8 | 4,968 | 4,801 | 4,639 | 4,487 | 4,344 | 4,213 | 4,078 | 3,949 | 3,837 | 2,925 |
| 9 | 5,328 | 5,135 | 4,946 | 4,772 | 4,607 | 4,458 | 4,303 | 4,157 | 4,031 | 3,019 |
| 10 | 5,650 | 5,431 | 5,216 | 5,019 | 4,833 | 4,667 | 4,494 | 4,332 | 4,192 | 3,092 |
| 11 | 5,988 | 5,693 | 5,453 | 5,234 | 5,029 | 4,846 | 4,656 | 4,479 | 4,327 | 3,147 |
| 12 | 6,194 | 5,925 | 5,660 | 5,421 | 5,197 | 4,999 | 4,793 | 4,602 | 4,439 | 3,190 |
| 13 | 6,424 | 6,130 | 5,842 | 5,583 | 5,342 | 5,130 | 4,910 | 4,705 | 4,533 | 3,223 |
| 14 | 6,628 | 6,311 | 6,002 | 5,724 | 5,468 | 5,242 | 5,008 | 4,792 | 4,611 | 3,249 |
| 15 | 6,811 | 6,471 | 6,142 | 5,847 | 5,575 | 5,338 | 5,092 | 4,865 | 4,675 | 3,268 |
| 16 | 6,974 | 6,613 | 6,265 | 5,954 | 5,669 | 5,420 | 5,162 | 4,926 | 4,730 | 3,283 |
| 17 | 7,120 | 6,739 | 6,373 | 6,047 | 5,749 | 5,490 | 5,222 | 4,977 | 4,775 | 3,295 |
| 18 | 7,250 | 6,851 | 6,467 | 6,128 | 5,818 | 5,550 | 5,273 | 5,020 | 4,812 | 3,304 |
| 19 | 7,366 | 6,950 | 6,550 | 6,198 | 5,877 | 5,601 | 5,316 | 5,056 | 4,844 | 3,311 |
| 20 | 7,469 | 7,038 | 6,623 | 6,259 | 5,929 | 5,645 | 5,353 | 5,089 | 4,870 | 3,316 |

## Tabelle 18. Wiedergewinnungsfaktor $\dfrac{i(1+i)^n}{(1+i)^n - 1} = \dfrac{(q-1)q^n}{q^n - 1}$.

| Jahre n | 1% | 2% | 3% | 4% | 5% | 6% | 7% | 8% | 9% | 10% | 11% |
|---|---|---|---|---|---|---|---|---|---|---|---|
| 1 | 1,010 | 1,020 | 1,030 | 1,040 | 1,050 | 1,060 | 1,070 | 1,080 | 1,090 | 1,100 | 1,110 |
| 2 | 0,508 | 0,515 | 0,522 | 0,530 | 0,538 | 0,545 | 0,553 | 0,561 | 0,568 | 0,576 | 0,584 |
| 3 | 0,340 | 0,347 | 0,354 | 0,360 | 0,367 | 0,374 | 0,381 | 0,388 | 0,395 | 0,402 | 0,409 |
| 4 | 0,256 | 0,263 | 0,269 | 0,275 | 0,282 | 0,289 | 0,295 | 0,302 | 0,309 | 0,315 | 0,322 |
| 5 | 0,206 | 0,212 | 0,218 | 0,225 | 0,231 | 0,237 | 0,244 | 0,250 | 0,257 | 0,264 | 0,271 |
| 6 | 0,173 | 0,179 | 0,185 | 0,191 | 0,197 | 0,203 | 0,210 | 0,216 | 0,223 | 0,230 | 0,236 |
| 7 | 0,149 | 0,155 | 0,161 | 0,167 | 0,173 | 0,179 | 0,186 | 0,192 | 0,199 | 0,205 | 0,212 |
| 8 | 0,131 | 0,137 | 0,142 | 0,149 | 0,155 | 0,161 | 0,167 | 0,174 | 0,181 | 0,187 | 0,194 |
| 9 | 0,117 | 0,123 | 0,128 | 0,134 | 0,141 | 0,147 | 0,153 | 0,160 | 0,167 | 0,174 | 0,181 |
| 10 | 0,106 | 0,111 | 0,117 | 0,123 | 0,130 | 0,136 | 0,142 | 0,149 | 0,156 | 0,163 | 0,170 |
| 11 | 0,096 | 0,102 | 0,108 | 0,114 | 0,120 | 0,127 | 0,133 | 0,140 | 0,147 | 0,154 | 0,161 |
| 12 | 0,089 | 0,095 | 0,100 | 0,107 | 0,113 | 0,119 | 0,126 | 0,133 | 0,140 | 0,147 | 0,154 |
| 13 | 0,082 | 0,088 | 0,094 | 0,100 | 0,106 | 0,113 | 0,120 | 0,127 | 0,134 | 0,141 | 0,148 |
| 14 | 0,077 | 0,083 | 0,089 | 0,095 | 0,101 | 0,108 | 0,114 | 0,121 | 0,128 | 0,136 | 0,143 |
| 15 | 0,072 | 0,078 | 0,084 | 0,090 | 0,096 | 0,103 | 0,110 | 0,117 | 0,124 | 0,131 | 0,139 |
| 16 | 0,068 | 0,074 | 0,080 | 0,086 | 0,092 | 0,099 | 0,106 | 0,113 | 0,120 | 0,128 | 0,136 |
| 17 | 0,064 | 0,070 | 0,076 | 0,082 | 0,089 | 0,095 | 0,102 | 0,110 | 0,117 | 0,125 | 0,132 |
| 18 | 0,061 | 0,067 | 0,073 | 0,079 | 0,086 | 0,092 | 0,099 | 0,107 | 0,114 | 0,122 | 0,130 |
| 19 | 0,058 | 0,064 | 0,070 | 0,076 | 0,083 | 0,090 | 0,097 | 0,104 | 0,112 | 0,120 | 0,128 |
| 20 | 0,055 | 0,061 | 0,067 | 0,074 | 0,080 | 0,087 | 0,094 | 0,102 | 0,110 | 0,117 | 0,126 |

| Jahre n | 12% | 13% | 14% | 15% | 16% | 17% | 18% | 19% | 20% | 30% |
|---|---|---|---|---|---|---|---|---|---|---|
| 1 | 1,120 | 1,130 | 1,140 | 1,150 | 1,160 | 1,170 | 1,180 | 1,190 | 1,200 | 1,300 |
| 2 | 0,592 | 0,599 | 0,607 | 0,615 | 0,623 | 0,631 | 0,639 | 0,647 | 0,655 | 0,735 |
| 3 | 0,416 | 0,424 | 0,431 | 0,438 | 0,445 | 0,453 | 0,460 | 0,467 | 0,475 | 0,551 |
| 4 | 0,329 | 0,336 | 0,343 | 0,350 | 0,357 | 0,365 | 0,372 | 0,379 | 0,386 | 0,462 |
| 5 | 0,277 | 0,284 | 0,291 | 0,298 | 0,305 | 0,313 | 0,320 | 0,327 | 0,334 | 0,411 |
| 6 | 0,243 | 0,250 | 0,257 | 0,264 | 0,271 | 0,279 | 0,286 | 0,293 | 0,301 | 0,378 |
| 7 | 0,219 | 0,226 | 0,233 | 0,240 | 0,248 | 0,255 | 0,262 | 0,270 | 0,277 | 0,357 |
| 8 | 0,201 | 0,208 | 0,216 | 0,223 | 0,230 | 0,238 | 0,245 | 0,253 | 0,261 | 0,342 |
| 9 | 0,188 | 0,195 | 0,202 | 0,210 | 0,217 | 0,225 | 0,232 | 0,240 | 0,248 | 0,331 |
| 10 | 0,177 | 0,184 | 0,192 | 0,199 | 0,207 | 0,215 | 0,223 | 0,230 | 0,239 | 0,323 |
| 11 | 0,168 | 0,176 | 0,183 | 0,191 | 0,199 | 0,207 | 0,215 | 0,223 | 0,231 | 0,318 |
| 12 | 0,161 | 0,169 | 0,177 | 0,184 | 0,192 | 0,200 | 0,209 | 0,217 | 0,225 | 0,313 |
| 13 | 0,156 | 0,163 | 0,171 | 0,179 | 0,187 | 0,195 | 0,204 | 0,212 | 0,221 | 0,310 |
| 14 | 0,151 | 0,159 | 0,167 | 0,175 | 0,183 | 0,191 | 0,200 | 0,208 | 0,217 | 0,308 |
| 15 | 0,147 | 0,155 | 0,163 | 0,171 | 0,179 | 0,188 | 0,196 | 0,205 | 0,214 | 0,306 |
| 16 | 0,143 | 0,151 | 0,160 | 0,168 | 0,176 | 0,185 | 0,194 | 0,203 | 0,211 | 0,305 |
| 17 | 0,140 | 0,149 | 0,157 | 0,165 | 0,174 | 0,183 | 0,191 | 0,200 | 0,209 | 0,304 |
| 18 | 0,138 | 0,146 | 0,155 | 0,163 | 0,172 | 0,181 | 0,190 | 0,199 | 0,208 | 0,303 |
| 19 | 0,136 | 0,144 | 0,153 | 0,161 | 0,170 | 0,179 | 0,188 | 0,197 | 0,206 | 0,302 |
| 20 | 0,134 | 0,142 | 0,151 | 0,160 | 0,169 | 0,178 | 0,187 | 0,196 | 0,205 | 0,302 |

## 4. Antworten auf die im Text gestellten Fragen

1. Typische Beispiele sind

für Bilanzverlängerung:
Einlage von Bar- oder Sachwerten durch den Eigner
Aufnahme von Fremdkapital durch langfristiges Darlehen oder Inanspruchnahme von Lieferantenkredit

für Bilanzverkürzung:
Entnahmen durch den Eigner
Rückzahlung von Fremdkapital, z. B. Tilgung eines langfristigen Darlehens

für Passivtausch:
Umwandlung von Rücklagen in Grundkapital (Kapitalerhöhung aus Gesellschaftsmitteln) bei der Aktiengesellschaft

Umwandlung des Kapitals eines ausscheidenden Gesellschafters in ein Darlehen

Umwandlung einer Verbindlichkeit aus erhaltenen Warenlieferungen in ein langfristiges Darlehen des Lieferanten

für Aktivtausch:
Verkauf von nicht betriebsnotwendigen Vermögensteilen
Kapitalfreisetzung durch Abschreibungen

2. In den Wirtschaftswissenschaften spricht man immer dann von einem Gleichgewicht, wenn eine Konstellation allen gestellten Anforderungen genügt, so daß keine Kräfte mehr auf eine Veränderung der Konstellation hinwirken. Eine solche Situation stellt das finanzwirtschaftliche Gleichgewicht für den Finanzbereich einer Unternehmung dar.

3. Die Rentabilität des Gesamtkapitals, also der sog. Sachzins, ist von allen erfolgsbestimmenden Faktoren abhängig, z. B. von der Absatzlage hinsichtlich Menge und erzieltem Preis, von der Kostensituation, d. h. den Löhnen, Preisen beschaffter Werkstoffe usw., und von der Wirtschaftlichkeit der betrieblichen Prozesse. Bei Unternehmen mit

Auslandskontakten wirken sich auch Einflüsse der Wechselkurse aus usw....

Der Marktzins für Fremdkapital ergibt sich zunächst am Kapitalmarkt. Er muß jedoch für die Dauer der Kapitalaufnahme im voraus geschätzt werden, da nur teilweise die Möglichkeit besteht, den Zinssatz vertraglich für diese Zeit festzuschreiben.

Die Möglichkeit, den Marktzins wenigstens bei einigen Kreditarten zu fixieren, und die unübersehbare Zahl von Einflußfaktoren auf die Gesamtrentabilität führen dazu, daß diese schwerer zu prognostizieren ist als der Marktzins. Trotz aller Unsicherheiten künftiger Kapitalmarktentwicklungen muß die Hauptaufmerksamkeit auf die Schätzung des Sachzins gelegt werden. (Dazu können die Verfahren der Investitionsrechnung eine Hilfe sein.)

4. Für einen außerhalb des Betriebes stehenden Analytiker besteht keine Möglichkeit einer hinreichend genauen Aufteilung auf die einzelnen Vermögensgruppen auf der Grundlage eines veröffentlichten Jahresabschlusses und Geschäftsberichtes. Darüber hinaus aber ergeben sich auch für interne Aufgliederungen große Schwierigkeiten, besonders wegen der Anbindung an die Kapazität des Betriebes. Es handelt sich also primär um Unterscheidungen, die Faktoren und Zusammenhänge deutlich machen, die von den Finanzierungsregeln nicht berücksichtigt wurden.

5. Die Finanzplanung eines laufenden Betriebes dient vor allem der Sicherung der Liquidität und der Handlungsfähigkeit des Betriebes, indem sie die zu erwartenden Liquiditätsengpässe und -überschüsse rechtzeitig aufzeigt, damit man sich durch Mittelbeschaffung oder -anlage optimal darauf einstellen kann.

Die Hauptschwierigkeiten liegen einmal in der systematischen Erfassung aller betrieblichen Prozesse für den Planungsprozeß und der Abstimmung des Finanzplans mit allen anderen Teilplänen der Unternehmensplanung, da oft kein koordiniertes Planungssystem vorliegt, daneben in der realistischen Prognose der Ausgaben und vor allem der Einnahmen bzw. der realistischen Planung von Reserven und Alternativen, wenn sich ursprüngliche Prognosen als unzutreffend erweisen sollten.

6. Eigenkapital übt im Gegensatz zum Fremdkapital zwei Funktionen aus: Es kann im Betriebsprozeß eingesetzt werden (Arbeitsfunktion) wie das Fremdkapital; es trägt aber darüber hinaus noch die betrieblichen Risiken in stärkerem Maß als Fremdkapital, denn Verluste zehren

zuerst das Eigenkapital auf (Voraushaftungs- oder Garantiefunktion des Eigenkapitals, Begriff Risikokapital).

Diese spezifische Funktion des Eigenkapitals kann auch von Kapital ausgeübt werden, das dem Betrieb noch nicht oder nicht ständig zur Verfügung steht, da zur Ausnutzung von Leverage-Effekten Fremdkapital eingesetzt wird oder z. B. in der Gründungsphase einer Kapitalgesellschaft das vorgeschriebene Mindest-Eigenkapital noch nicht benötigt wird.

7. Der Ausweis des Gewinnes richtet sich nach dem Realisationsprinzip. Ein Gewinn gilt als realisiert, wenn die Ware geliefert und dadurch eine Forderung auf Zahlung des Kaufpreises entstanden ist. Bis zur Bezahlung des Kaufpreises stehen dem Betrieb aber noch keine liquiden Mittel zur Verfügung, die finanzwirksam sind. Erst im Zeitpunkt des Mittelzuflusses beginnt die Selbstfinanzierungsmöglichkeit. Der formelle oder faktische Beschluß, diese Gewinne nicht auszuschütten, verdeutlicht nur den Prozeß der Selbstfinanzierung; eine Ausschüttung würde die bis dahin vollzogene Selbstfinanzierung beenden.

8. Wir betrachten eine stille Rücklage von 30 000,- DM von der Bildung bis zur Auflösung. Wegen der stillen Rücklage sind bei Eigenkapital, Gewinn und Rentabilität jeweils ausgewiesener und effektiver Wert zu unterscheiden. Der effektive Jahresgewinn beträgt konstant 150 000,- DM.

|  | Eigenkapital in Mill. DM | | Gewinn in TDM | | Rentabilität in % | |
|---|---|---|---|---|---|---|
|  | ausgew. | eff. | ausgew. | eff. | ausgew. | eff. |
| 1. Jahr Bildung der Rücklage von 30 000,- DM | 1,00 | 1,00 | 120 | 150 | 12,00 | 15,00 |
| 2. Jahr Beibehaltung der Rücklage | 1,00 | 1,03 | 150 | 150 | 15,00 | 14,56 |
| 3. Jahr Auflösung der Rücklage | 1,00 | 1,03 | 180 | 150 | 18,00 | 14,56 |

Die ausgewiesene Rentabilität unterscheidet sich stark von der effektiven: Sie steigt stark an, während die effektive Rentabilität gesunken ist.

9. Während Darlehen von Kreditinstituten praktisch allen Kreditnehmern bei entsprechenden Besicherungsmöglichkeiten zur Verfügung stehen, werden bei Schuldscheindarlehen höhere Anforderungen an die Bonität der Kreditnehmer gestellt. Industrieobligationen können praktisch nur von sehr großen Kapitalgesellschaften emittiert werden. Entsprechendes gilt für die typischen Kredithöhen: sie können vor allem bei Darlehen auch kleinere Beträge umfassen, sind bei Schuldscheindarlehen meist über 100 000,– DM bis zu mehrstelligen Millionenbeträgen und haben bei Industrieobligationen mindestens ein Volumen zweistelliger Millionenbeträge. Die Kosten bestehen, abgesehen von den Kosten für die Bestellung von Sicherheiten, bei allen Formen aus Zins und Disagio, wobei die Effektivzinsen bei den Industrieobligationen meist am niedrigsten, bei Darlehen jedoch wegen der Kosten der Refinanzierung und des Geschäftsbetriebes der Kreditinstitute am höchsten sind. Die Kostenbelastung bei Industrieobligationen wird aber dadurch erhöht, daß Nebenkosten für die Emission, die jährliche Zinsauszahlung usw. den günstigen Zins deutlich erhöhen. Dadurch ist das Schuldscheindarlehen oft die kostengünstigste Kapitalbeschaffungsmöglichkeit.

10. Ob der Diskontkredit tatsächlich günstiger ist als der Kontokorrentkredit, hängt davon ab, ob der Kontokorrentkredit dauerhaft oder nur zeitweise in Anspruch genommen wird. Kann das Bankkonto z. B. monatlich etwa 10 Tage ausgeglichen werden, bis es durch größere Zahlungen wieder kreditorisch wird, so muß der höhere Zinssatz von 12 % nur etwa 2/3 der Kalendertage gezahlt werden. Dagegen ist der Diskontkredit vom Diskontierungstermin bis zur Wechselfälligkeit in Anspruch zu nehmen. Ein ausschließlich auf Zinssätze bezogener Vergleich ist also nicht aussagefähig, da i. d. R. Wechsel nicht in genau passender Höhe und Restlaufzeit zur Verfügung stehen.

11. Wie bei vielen Gestaltungen, spielen die steuerlichen Folgen bei der Vorteilhaftigkeitsprüfung eine wesentliche Rolle und können in manchen Fällen ausschlaggebend sein. Andererseits darf der steuerliche Aspekt in keinem Fall überbetont werden. Es muß stets eine umfassende Beurteilung aller Vor- und Nachteile der sich bietenden Alternativen durchgeführt werden. Dabei können sich anerkannte Leasingverhältnisse gegenüber anderen Gestaltungen durchaus als nachteilig erweisen, während auch steuerlich nicht anerkannte Leasinggestaltungen z. B. bei besonders günstigen Finanzierungsverhältnissen vorteilhaft sein können.

12. Die Bonität des Kreditnehmers ist sogar von erstrangiger Bedeutung. Sie ist allerdings schwieriger zu beurteilen als der Wert sachlicher

Sicherheiten und unterliegt bei längerfristigen Kreditverhältnissen u. U. auch einem stärkeren, unvorhersehbaren Wandel. Außerdem schreiben vor allem für langfristige Kreditgeschäfte die Anlagebestimmungen der Kreditgeber meist die Notwendigkeit von Sicherheiten (vor allem Grundpfandrechten) vor.

13. Die wesentlichen ständigen Quellen der Innenfinanzierung sind Selbstfinanzierung, Finanzierung aus Abschreibungsgegenwerten und Finanzierung aus Rückstellungen und ggf. der Erhöhung von Sonderposten mit Rücklageanteil. Dazu kommt die Möglichkeit der Kapitalfreisetzung durch Veräußerung von Vermögensgegenständen. Zur Ermittlung des Cash flow werden Gewinn ( ˙/. Ausschüttung), Abschreibungsaufwand und Aufwand für die Bildung langfristiger Rückstellungen und von Sonderposten mit Rücklageanteil erfaßt; das zeigt diese Finanzierungsquellen auf, soweit sie vom externen Beobachter festgestellt werden können.

14. Die angegebene Zahlungsreihe bedeutet, daß im ersten Jahr ein Ausgabenüberschuß von 100 vorliegt („Anschaffungsausgaben"), während in den drei Folgejahren stets Einnahmenüberschüsse (von 40, 60 und 40) erzielt werden. Die Nutzungsdauer des Investitionsprojektes ist also 3 Jahre. Vereinfachend wird unterstellt, daß die jährlichen Einnahmen- bzw. Ausgabenüberschüsse Ende des Jahres anfallen. Die Zahlungsreihe kennzeichnet nur die monetären Wirkungen der Investition, also nur die für Investitionsrechnungen wesentlichen Daten. Bei der Investitionsentscheidung sind auch andere Aspekte, die hier nicht sichtbar werden, zu berücksichtigen.

15. Bei den statischen Methoden der Investitionsrechnung führt die Anschaffungsausgabe zum Ansatz jährlicher Abschreibungen unter den Kosten der Investition, z. B. bei fünf Jahren Nutzungsdauer zu jährlich 20 000,- DM Abschreibungskosten. Die Zinsen werden als kalkulatorischer Zins erfaßt und in die Kosten einbezogen.

Bei den finanzmathematischen Verfahren ist die Anschaffungsausgabe von 100 000,- DM zum Zahlungszeitpunkt als Ausgabe anzusetzen. Abschreibungen in den einzelnen Jahren der Nutzungsdauer entfallen, da sie nicht zahlungswirksam sind. Ein besonderer Ansatz für Finanzierungszinsen entfällt, da die Finanzierungskosten durch die Wahl des Kalkulationszinsfußes erfaßt werden.

16. Es wird unterstellt, Abschreibungskosten führten zum Zufluß liquider Mittel, die die Kapitalbindung senken (vgl. Kapitalfreisetzungseffekt der Abschreibung, Abschn. 1.4.3.). Von Verlusten, zeitlichen Verschie-

bungen bis zum Zufluß liquider Abschreibungsgegenwerte und von der Möglichkeit, auch weitere Liquiditätsüberschüsse (Gewinngegenwerte) zur Tilgung aufgenommenen Kapitals einzusetzen, wird abgesehen.

Eine genauere Berechnung würde voraussetzen, daß die einzelnen Zahlungszeitpunkte des Investitionsprojektes und die Tilgungspläne für aufgenommenes Kapital genauer bekannt sind. Das sprengt aber den Rahmen der bei statischen Verfahren und Näherungslösungen üblicherweise verwendbaren Daten.

Andererseits hängt die Qualität der Ergebnisse statischer Verfahren sehr davon ab, ob die Kostendaten tatsächlich kennzeichnend sind. Man könnte daher versuchen, den Fehler der Zinskosten-Berechnung zu vermeiden, der sich aus der Vernachlässigung des Zinseszins ergibt. (Kapitalbindung und Zinskosten sind stets am Beginn am höchsten, so daß unter Berücksichtigung der fallenden Tendenz eine Kapitalbindung von mehr als A/2 angesetzt oder die Annuität des Kapitaldienstes verwendet werden könnte.) Solche Vorgehen sind bei statischen Verfahren nicht üblich. Je genauer aber das Zinsproblem gelöst wird, desto besser entspricht das Rechenergebnis dem der aufwendigeren Verfahren.

17. Der Vergleich von Stückkosten verschleiert, daß Kostenvergleiche nur bei Anlagen identischer Leistung sinnvoll sein können. Wenn Leistungsunterschiede bestehen, durch die es zu den verschiedenen Auslastungen kommen kann, müssen diese Leistungsunterschiede auch in der Rechnung berücksichtigt werden (Gewinnvergleich). Dabei kann durchaus eine Anlage mit höheren Stückkosten durch die größere Ausbringungsmenge (oder einen höheren Preis für das Erzeugnis) vorteilhafter sein als die Anlage mit geringeren Stückkosten:

|  |  | Anlage I | Anlage II |
|---|---|---|---|
| Kapazität | (LE/Jahr) | 15 000 | 12 000 |
| Auslastung | (LE/Jahr) | 14 000 | 12 000 |
| Preis | (DM/LE) | 3,– | 3,– |
| Stückkosten | (DM/LE) | 2,14 | 2,09 |
| Gewinn | (DM/Jahr) | <u>12 040</u> | 10 920 |

Stückkostenvergleiche sind daher abzulehnen!

18. Eine kritische Menge kann bestimmt werden, wenn eines der Verfahren einen Nachteil hinsichtlich der Fixkosten, aber einen Vorteil hinsichtlich der variablen Kosten je Einheit hat. Die kritische Menge ergibt

sich, wo der Fixkostennachteil (im Beispiel 7 700,- DM) vom Vorteil bei den variablen Kosten (0,70 DM je Einheit) gerade ausgeglichen wird. Daher kann, wie die Berechnung aus den Kostengleichungen gezeigt hat, die kritische Menge (bei linearem Kostenverlauf) ermittelt werden, indem der Fixkostennachteil durch den Vorteil der variablen Betriebskosten je Einheit dieser Anlage dividiert wird:
7 700 : 0,70 = 11 000.

19. $G_I = (4,50 - 2,17) \cdot x_I - 15\,000 \quad [x_I \leq 10\,000]$
    $= 2,33\, x_I - 15\,000$

    $G_{II} = (3,70 - 1,47) \cdot x_{II} - 22\,700 \quad [x_{II} \leq 15\,000]$
    $= 2,23 \cdot x_{II} - 22\,700$

Bei $X_I = X_{II} = 10\,000$ LE ist Projekt I noch vorzuziehen; bei Projekt I beträgt der Gewinn 8 300,- DM, bei Projekt II nur 5 600,- DM. Die kritische Auslastung für Projekt II liegt im Beispiel da, wo der Gewinn des Projektes II größer wird als der maximale Gewinn des Projektes I, also:

$G_{II}$ = 8 300

$2,23\, x_{II(Krit)} - 22\,700$ = 8 300

$x_{II(Krit)}$ = $\dfrac{8\,300 + 22\,700}{2,23}$

$x_{II(Krit)}$ = 13 901 (LE)

Nur, wenn Projekt II Auslastungen von mehr als 13 901 LE erreicht, wird (bei einem Verkaufspreis von 3,70 DM) ihr Gewinn höher, als mit Projekt I erreichbar ist.

Es bleibt zu prüfen, ob der angenommene Preis von 3,70 DM auch bei allen Auslastungen zutrifft, also von der Ausbringung unabhängig ist.

20. Da abnutzbare Anlagen ohne Restwert am Ende der Nutzungsdauer vorliegen, ist die durchschnittliche Kapitalbindung die Hälfte der Anschaffungswerte. Die Rentabilitäten betragen:

$R_I = \dfrac{5\,000}{25\,000} = 20\,\%, \quad R_{II} = \dfrac{7\,000}{40\,000} = 17,5\,\%$

Demnach wäre Projekt I wegen der höheren Rentabilität vorzuziehen.

Trotz der geringeren Rentabilität von nur 17,5 % erzielt aber das größere Projekt II den höheren Gewinn. Es muß deshalb auch die Ergänzungsinvestition zu I mit einem Differenzbetrag von 30 000,- DM mit betrachtet werden, da es nicht zweckmäßig ist, verschieden große Projekte miteinander zu vergleichen. Wenn aus der Ergänzungsinvestition mindestens der Unterschied der Gewinne vor Zinsen ausgeglichen werden kann, ist Projekt I und Ia unzweifelhaft besser. Das ist der Fall, wenn die Ergänzungsinvestition mindestens 2 000,- DM zusätzlichen Gewinn jährlich erbringt.

Bei der vorgegebenen Anlagemöglichkeit zu nur 5 % ist das nicht der Fall! Projekt II ist trotz geringerer Rentabilität gewinngünstiger. Der Rentabilitätsvergleich ist also problematisch.

21. a)  1. bis 4. Jahr      Gewinn                            15 000
                            + Abschreibung                    15 000
                            gesamter Rückfluß                 30 000

Dadurch ergibt sich aus der jährlichen Kumulation der Rückflüsse eine Amortisation nach vier Jahren. Die späteren Rückflüsse gehen nicht in die Rechnung ein. (Ohne Berücksichtigung kalkulatorischer Zinskosten von jährlich 6 000,- DM ist der Rückfluß 36 000,- DM, die Amortisationszeit drei Jahre.)

b) Der Rückfluß von jährlich 36 000,- DM ist jeweils um 1, 2, 3, bzw. 4 Jahre abzuzinsen. Beim Zinssatz von 10 % ergibt das:[10][11]

|  |  |  | d. h. kum. Rückfluß |
|---|---|---|---|
| 36 000 | · 0,909[10]) = | 32 724,- | 32 724,- |
| 36 000 | · 0,826 = | 29 736,- | 62 460,- |
| 36 000 | · 0,751 = | 27 036,- | 89 496,- |
| 36 000 | · 0,683 = | 24 588,- | 114 084,- |
| 27 500[11]) | · 0,621 = | 17 078,- | 131 162,- |

Die Amortisationszeit ist etwa 4,35 Jahre[12]).

---

10) Abzinsungsfaktoren vgl. Tabelle 16 für Zinssatz = 10 %.

11) Gewinn + Abschreibung + Zins im 5. Jahr = 6 500,- DM + 15 000,- DM + 6 000,- DM = 27 500,- DM.

12) Lineare Interpolation ergibt
$$\frac{120\,000 - 114\,084}{17\,078} = \frac{5\,916}{17\,078} = 0{,}35 \text{ (also etwa 4,35 Jahre)}.$$

c)

|  | $t_0$ | $t_1$ | $t_2$ |
|---|---|---|---|
| AK/gebundenes Kapital am Periodenbeginn | 120 000 | 120 000 | 96 000 |
| + Zinsen | – | 12 000 | 9 600 |
| – Rückfluß | – | 36 000 | 36 000 |
| Kapitalbindung | 120 000 | 96 000 | 69 600 |
| Überschuß | – | – | – |

|  | $t_3$ | $t_4$ | $t_5$ |
|---|---|---|---|
| AK/gebundenes Kapital am Periodenbeginn | 69 600 | 40 560 | 8 616 |
| + Zinsen | 6 960 | 4 056 | 862 |
| – Rückfluß | 36 000 | 36 000 | 27 500 |
| Kapitalbindung | 40 560 | 8 616 | – |
| Überschuß | – | – | 18 022 |

Auch dieser Rechenweg ergibt also eine Amortisationszeit von etwa 4,4 Jahren. Der Finanzplan zeigt die Entwicklung der Kapitalbindung deutlicher als die anderen Rechnungen.

22.

| Zahlungsreihe |  | aufgezinst |
|---|---|---|
| ./. 100 000 · $1,1^5$ | = | ./. 161 051 |
| 30 000 · $1,1^4$ | = | 43 923 |
| 40 000 · $1,1^3$ | = | 53 240 |
| 30 000 · $1,1^2$ | = | 36 300 |
| 20 000 · $1,1^1$ | = | 22 000 |
| 20 000 · 1 | = | 20 000 |
| Endwert | = | 14 412 |

23. Projektgebundene Finanzpläne (vgl. Tabelle 14) verdeutlichen die jeweilige Kapitalbindung und machen gleichzeitig mit der Endwertermittlung die Amortisationszeit deutlich: sobald statt einer Kapitalbindung ein Überschuß erzielt wird (was in Tabelle 14 erst während des 5. Jahres der Fall ist), ist die Amortisation erfolgt.

Außerdem läßt sich ggf. mit verschiedenen Zinssätzen für Soll- und Habenzins und sogar mit jährlich wechselndem Zins arbeiten, wenn das nötig erscheint.

24. Wie bei Tabelle 13 ermittelt wurde, haben beide Anlagen bei einem Kalkulationszinssatz von 10 % Kapitalwerte von 428,– DM bzw. 218,– DM. Als erste weitere Näherung sollen deshalb die Kapitalwerte bei i = 12 % berechnet werden:

| Abzinsungsfaktor i = 12 % | Projekt I Zahlungsreihe | diskontiert | Projekt II Zahlungsreihe | diskontiert |
|---|---|---|---|---|
| 1,000 | –10 000 | –10 000 | – 6 000 | – 6 000 |
| 0,893 | 2 000 | 1 786 | 2 500 | 2 232 |
| 0,797 | 3 000 | 2 391 | 2 500 | 1 994 |
| 0,712 | 2 500 | 1 780 | 2 500 | 1 780 |
| 0,636 | 3 500 | 2 226 | – | – |
| 0,567 | 3 000 | 1 701 | – | – |
| Kapitalwert (12 %) | | – 116 | | 6 |

Bei Projekt I ergibt eine ähnliche Berechnung mit 11 % Kalkulationszins den Kapitalwert von 151. (Wenn entsprechende Tabellen oder Rechenmöglichkeiten bestehen, sollte besser 11,5 % verwendet werden.) Lineare Interpolation ergibt danach

$$\frac{151 + 116}{1} = \frac{151}{x}$$

$$x = 0{,}57 \%$$

Der interne Zins ist also etwa 11,57 %.

Bei Projekt II liegt der Kapitalwert bei 12 % so nahe an Null, daß (etwas über) 12 % als interner Zins anzusehen ist[13]).

Anders als bei Verwendung der Kapitalwertmethode (vgl. Tabelle 13) erscheint hier Anlage II besser als Anlage I, da die interne Verzinsung um etwa 1/2 Prozent höher ist.

Allerdings ist bei diesem Vergleich weder die zusätzlich zu Projekt II mögliche Ergänzungsinvestition von 4 000,– DM zum Zeitpunkt $t_0$

---

13) Durch Interpolation unter Verwendung des Wertes für 10 % (218,– DM) ergibt sich ca. 12,06 %:

$$\frac{218 - 6}{2} = \frac{6}{x}; \quad x = 0{,}057.$$

noch spätere Ergänzungsinvestitionen zurückgeflossener Beträge und die Verwendung im 4. und 5. Jahr berücksichtigt. Der Unterschied der internen Zinssätze gibt die wirkliche Differenz beider Projekte nur dann richtig wieder, wenn jede Ergänzung zu Projekt II ebenfalls zu (etwas über) 12 % angelegt werden kann, während jede Ergänzung zu Projekt I mit etwa 11,57 % angelegt wird. Es ist aber unrealistisch, freie Mittel je nach ihrer „Herkunft" verschieden anzulegen. Deshalb ist die interne Zinssatz-Methode für Wahlprobleme kaum geeignet.

25. Zum Vergleich müssen beide Endwerte auf den gleichen Zeitpunkt bezogen werden, am besten auf $t_5$. Mit Hilfe der Finanzpläne (vgl. Tabelle 14) ergeben sich folgende Endwerte:

Der Endwert des Projekts I ist mit 691,- DM wesentlich höher als der des Projekts II (350,- DM); Projekt I ist daher vorzuziehen.

Dieser Vergleich wird allerdings noch dadurch beeinträchtigt, daß der aus Projekt II Ende des dritten Jahres erzielte Endwert von 289,- DM im 4. und 5. Jahr nur noch zum Kalkulationszinssatz verzinslich angelegt ist, während eine Sachinvestition eine über dem Kalkulationszinssatz liegende Rendite erzielen könnte (z. B. bei Wiederholung der Investition II Anfang des 4. Jahres). Entsprechendes gilt für die mögliche zusätzliche Investition IIa mit einer Anschaffungsausgabe von 4 000,- DM im Zeitpunkt $t_0$ und die jährlichen Ergänzungsinvestitionen aus Unterschieden der Einnahmenüberschüsse.

Bei Anwendung eines einheitlichen Zinssatzes zeigt die Endwertmethode deutlich, daß freigesetztes Kapital zum Kalkulationszinssatz angelegt wird, wie es auch die Kapitalwertmethode unterstellt, aber weniger deutlich sichtbar macht. Wenn ein geeigneter Kalkulationszinssatz gewählt wird, ist dies jedenfalls weniger problematisch als die Unterstellung einer Wiederanlage zum internen Zinssatz, die bei der internen Zinssatz-Methode impliziert ist.

Das Ergebnis der Auswahlrechnung stimmt bei Kapitalwert- und Endwertkriterium überein. Durch Aufzinsen der in Tabelle 13 ermittelten Kapitalwerte um 5 Jahre bei 10 % kann man die oben ermittelten Endwerte überprüfen (geringe Rundungsdifferenzen).

Allerdings kann bei der Endwertmethode leicht mit unterschiedlichen Zinsen für Kapitalaufnahme und -anlage gerechnet werden, so daß die Rechnung noch realistischer gestaltet werden kann.

**Projekt I**

| Zeitpunkt | $t_0$ | $t_1$ | $t_2$ | $t_3$ | $t_4$ | $t_5$ |
|---|---|---|---|---|---|---|
| Zahlungsreihe | −10000 | 2000 | 3000 | 2500 | 3500 | 3000 |
| Übertrag aus Vorjahr | — | −11000 | −9900 | −7590 | −5599 | −2309 |
| gebundenes (−)/ überschüssiges (+) Kapital | −10000 | −9000 | −6900 | −5090 | −2099 | (+) 691 |
| Zins darauf | −1000 | −900 | −690 | −509 | −210 | Endwert |
| zu übertragen | −11000 | −9900 | −7590 | −5599 | −2309 | |

**Projekt II**

| Zeitpunkt | $t_0$ | $t_1$ | $t_2$ | $t_3$ | $t_4$ | $t_5$ |
|---|---|---|---|---|---|---|
| Zahlungsreihe | −6000 | 2500 | 2500 | 2500 | — | — |
| Übertrag aus Vorjahr | — | −6600 | −4510 | −2211 | (+) 318 | (+) 350 |
| gebundenes (−)/ überschüssiges (+) Kapital | −6000 | −4100 | −2010 | (+) 289 | (+) 318 | (+) 350 |
| Zins darauf | −600 | −410 | −201 | (+) 29 | (+) 32 | Endwert |
| zu übertragen | −6600 | −4510 | −2211 | (+) 318 | (+) 350 | |

26. Da Ertrags- und Einnahmendaten nicht vorliegen, kommen nur Kostenvergleich, Ausgabenbarwert oder Ausgabenannuität als Rechenverfahren in Frage. Die Vernachlässigung der Einnahmen- bzw. Ertragssituation ist unbedenklich, da die Datenverarbeitungsanlage und vor allem die Art des Leasingvertrages keine Einflüsse auf Erträge und Einnahmen des Betriebes haben wird. Auch von Steuereffekten wird abgesehen.

Grundsätzlich wäre der Kostenvergleich anwendbar, der einen Vorteil bei Angebot II ergeben würde, da die durchschnittliche monatliche Rate 1 723,60 DM beträgt gegenüber 1 758,- DM bei Angebot II.

Da im vorliegenden Fall aber konkrete Zahlungsreihen gegeben sind und die Strukturen sich stark unterscheiden, sollte besser der Barwert der Leasingraten ermittelt werden, um Zinseffekte genauer erfassen zu können.

Dabei ergibt sich:

Angebot I    60 · 1 758,- DM = 105 480,- DM Summe der Zahlungen.

Barwert näherungsweise[14]):

CI = 105 480 · 0,952 · 0,826 = 82 944,- DM

Angebot II   24 · 2 166 ·              0,909 = 47 253,- DM

12 · 1 622 · 0,952 · 0,826 = 15 306,- DM

12 · 1 415 · 0,952 · 0,751 = 12 140,- DM

12 · 1 249 · 0,952 · 0,683 =  9 745,- DM

$C_{II}$                              = 84 444,- DM

Im Gegensatz zum statischen Kostenvergleich ergibt sich beim Vergleich der Ausgabenbarwerte ein Vorteil des Angebotes I, da die hohen Belastungen der ersten 24 Monate die Vorteilhaftigkeit von Angebot II ungünstig beeinflussen.

Die entsprechenden jährlichen *Ausgaben-Annuitäten*, berechnet mit Hilfe des Wiedergewinnungsfaktors für 10 % und 5 Jahre aus Tabelle 18 sind:

Angebot I   82 944 · 0,264 = 21 897,- DM

---

14) Der Betrag wird um 2,5 Jahre abgezinst, da dies (etwa) dem durchschnittlichen Zahlungstermin der 60 Monatsraten entspricht. Dabei werden aus der zur Verfügung stehenden Tabelle der Abzinsungsfaktoren für jährliche Fälligkeit zuerst der Faktor für 1 Jahr bei 5 % (entspricht etwa 1/2 Jahr bei 10 %), dann der Abzinsungsfaktor für 10 %, 2 Jahre angewendet. Gegenüber genauer Rechnung bei monatlich im voraus fälliger Zahlung tritt ein geringerer Rundungsfehler auf. Entsprechend wird bei Angebot II gerechnet.

Angebot II  84 444 · 0,264 = 22 293,– DM

Selbstverständlich bleibt die Rangfolge gegenüber den Ausgabenbarwerten unverändert.

27. Die Zahlungsreihen weisen jeweils die Anschaffungsausgabe und die Kosten (ohne Abschreibung und Zins) aus; es wird also unterstellt, alle anderen Kostenarten seien gleichzeitig ausgabewirksam:

| Zeitpunkte | $t_0$ | $t_1$ | $t_2$ | ... | $t_8$ |
|---|---|---|---|---|---|
| Ausgaben (in DM) | | | | | |
| Anlage I | 80 000 | 22 700 | 22 700 | | 22 700 |
| Anlage II | 120 000 | 16 400 | 16 400 | | 16 400 |

Die daraus ermittelbaren Ausgabenbarwerte bestätigen übrigens den Vorteil, den schon der Kostenvergleich bei Anlage I ergeben hat:

I   80 000 + 5,335[15]) · 22 700 = 201 105
II  120 000 + 5,335[15]) · 16 400 = 207 494

Zusätzlich könnte geprüft werden, welchen Einfluß die voraussichtliche Lohnentwicklung hat, da beide Anlagen sehr unterschiedliche Lohnkosten haben. Wenn die Lohnkosten, wie empfohlen, als Durchschnittswerte unter Berücksichtigung von Lohnsteigerungen ermittelt sind, könnte man stattdessen die effektiven jährlichen Lohnausgaben ermitteln, die um die voraussichtliche jährliche Lohnsteigerungsrate steigen und im Durchschnitt 16 000,– DM bzw. 8 000,– DM betragen.

---

15) Abzinsungsfaktor für 8 Jahre, 10 %, vgl. Tabelle 17.

# 5. Repetitorium

1. Was ist Finanzierung?
2. Welche Umstrukturierungen der Aktivseite der Bilanz sind Finanzierungsvorgänge?
3. Was versteht man unter langfristiger Finanzierung?
4. Welche Möglichkeiten der Eigenfinanzierung gibt es?
5. Was haben Kapitalfreisetzung und Selbstfinanzierung gemeinsam?
6. Ist Eigenfinanzierung Innenfinanzierung? Begründen Sie bitte Ihre Stellungnahme.
7. Welche betrieblichen Ziele sind bei allen finanzwirtschaftlichen Maßnahmen zu beachten?
8. Nennen Sie die Voraussetzungen und Grenzen des Leverage-Effektes.
9. Von welchen Größen hängt die Stärke des Leverage-Effektes ab?
10. Was ist Liquidität?
11. Welche Mängel hat die Liquiditätsanalyse auf der Grundlage der Bilanz?
12. Sichert die Einhaltung der goldenen Finanzierungsregel die Liquidität?
13. Was sollte eine Vermögensgliederung berücksichtigen, aus der Richtlinien zur Finanzierung des Betriebes abgeleitet werden?
14. Wodurch entsteht Kapitalbedarf?
15. Nennen Sie die Hauptbestimmungsfaktoren des Kapitalbedarfs.
16. Nach welcher Näherungsformel kann man den Kapitalbedarf abschätzen?
17. Was ist ein Finanzplan?

18. Bei der Kapitalbedarfsermittlung durch den Finanzplan gilt für jeden Zeitpunkt eine einfache Formel; wie ist der Kapitalbedarf zu ermitteln?
19. Wie setzt sich das Eigenkapital einer Kapitalgesellschaft zusammen?
20. Was ist ein „Bezugsrecht"? Welche Funktionen hat es?
21. Welche Arten von Erhöhungen des Grundkapitals von Aktiengesellschaften gibt es?
22. Ist die sog. Kapitalerhöhung aus Gesellschaftsmitteln eine Erhöhung des Eigenkapitals der Gesellschaft?
23. Was ist Selbstfinanzierung?
24. Welche Vorteile bietet die „stille Selbstfinanzierung" gegenüber offenen Formen? Welche Nachteile hat sie?
25. Erklären Sie, warum stille Selbstfinanzierung die Beurteilung der Rentabilität des Betriebes erschwert! Welche Effekte treten ein?
26. Inwiefern kann auch die Aufnahme von Fremdkapital die Unabhängigkeit der Betriebsleitung von den Kapitalgebern beeinträchtigen?
27. Nennen Sie Gesichtspunkte für die Gestaltung eines Darlehens als Rückzahlungsdarlehen bzw. als Annuitätendarlehen.
28. Nennen Sie die wichtigsten Kennzeichen eines Schuldscheindarlehens.
29. Welche Funktion hat das Disagio bei der Ausgabe von Schuldverschreibungen?
30. Wodurch unterscheiden sich Wandelanleihe und Optionsanleihe?
31. Inwiefern könnte man den Kontokorrentkredit teilweise als mittel- oder langfristig gewährten Kredit bezeichnen?
32. Wie kommt es, daß bei den hohen Zinssätzen dennoch soviel Kontokorrentkredite in Anspruch genommen werden?
33. Was ist Diskontierung, was ist Rediskontierung?
34. Welche anderen Formen des kurzfristigen Kredits können mit der Ausstellung von Wechseln verbunden sein?
35. Was ist das Besondere beim Scheck-Wechsel-Verfahren?

36. Was ist der Unterschied zwischen *Geldleihe* und *Kreditleihe*?
37. Nennen Sie Formen der Kreditleihe.
38. Was ist lombardieren?
39. Betreibt die Deutsche Bundesbank Lombardgeschäfte? Welche?
40. Was ist der Hauptnachteil im Lombardgeschäft, vor allem im Warenlombard?
41. Welche Arten des Lieferantenkredits kennen Sie?
42. Was ist bei der Umrechnung eines Skontosatzes in einen vergleichbaren Bankzinssatz zu beachten?
43. Was ist Leasing?
44. Beim Finanzleasing unterscheidet man Voll- und Teilamortisationsverträge. Was versteht man darunter?
45. Was versteht man unter „sale and lease back"?
46. Trifft die Aussage zu: „Leasing schont Ihre Liquidität"?
47. Was ist Factoring? Wodurch unterscheidet es sich von normalen Forderungsabtretungen?
48. Was versteht man unter persönlichen Sicherheiten? Wie können weitere Personen neben dem Schuldner Sicherheiten leisten?
49. Kennzeichnen Sie in Grundzügen Eigentumsvorbehalt, Sicherungsübereignung und Pfandrechte an beweglichen Sachen!
50. Welchen Vorteil hat eine Grundschuld gegenüber einer Hypothek für den Gläubiger?
51. Inwiefern kann man eine Negativerklärung als Kreditsicherungsinstrument ansehen?
52. Gibt es eine feste Verschuldungsgrenze für ein Unternehmen?
53. Was ist bei der Bestimmung eines Verschuldungsspielraums grundsätzlich zu berücksichtigen?
54. Wie wird der Dynamische Verschuldungsgrad ermittelt?
55. Was versteht man unter Cash flow?
Ist bei der Ermittlung von Verschuldungsmöglichkeiten eher der Brutto- oder der Netto-Cash flow zu berücksichtigen?

56. Schildern Sie das Zustandekommen und die Voraussetzungen des Kapitalfreisetzungseffektes bei der Finanzierung aus Abschreibungsgegenwerten.
57. Was ist der Kapazitätserweiterungseffekt bei der Finanzierung aus Abschreibungen und wie kommt er zustande?
58. Welche Faktoren beeinträchtigen den Kapazitätserweiterungseffekt in der Praxis?
59. Läßt sich dieser Effekt auch nutzen, wenn die ursprüngliche Anlage nicht erweitert werden soll?
60. Welche Bedeutung können Pensionsrückstellungen für die Finanzierung von Betrieben haben?
61. Erläutern Sie, was man unter „Sonderposten mit Rücklageanteil" versteht und welche Bedeutung dieser Posten für die Finanzierung hat.
62. Was versteht man unter einer Investition?
63. Welche Arten von Investitionen kann man unterscheiden?
64. Warum haben Investitionsentscheidungen besondere Bedeutung für den Betrieb?
65. Welche Beziehungen bestehen zwischen Investitionsrechnung und Investitionsentscheidung?
66. Welche Arten von Fragestellungen kann eine Investitionsrechnung beantworten helfen?
67. Welche Arten von Unterschieden der verglichenen Investitionen sind bei Wahlproblemen zu berücksichtigen?
68. Was ist eine Ergänzungsinvestition? Welche Arten gibt es?
69. Welche Hauptgruppen von Investitionsrechnungsverfahren sind zu unterscheiden?
70. Wodurch unterscheiden sich generell statische von den dynamischen Verfahren?
71. Wie ermittelt man die Daten für statische Verfahren?
72. Welche Bedeutung haben die Kapazität bzw. die Auslastung?
73. Welche Abschreibungsmethode wird angewendet?
74. Wie werden die kalkulatorischen Zinsen gewöhnlich errechnet?

75. Sollte ein Gesamtkosten- oder ein Stückkostenvergleich vorgezogen werden?
76. Wann ist zum Gewinnvergleich überzugehen?
77. Worin besteht der Unterschied zwischen der Gewinnvergleichs- und der Rentabilitätsrechnung?
78. Was ergibt sich für die Rentabilitätsrechnung daraus, daß zwischen abnutzbaren und nicht abnutzbaren Investitionsobjekten unterschieden werden muß?
79. Welche Gefahr besteht beim Vergleich von Alternativen?
80. Wie kann die Amortisationszeit berechnet werden?
81. Welche Zielsetzung hat die Amortisationsrechnung und welcher Nachteil ergibt sich daraus?
82. Welche statischen Verfahren sind zur Beurteilung einer einzelnen Investition geeignet?
83. Was ist im Rahmen der Kostenvergleichsrechnung beim Ersatzproblem zu beachten?
84. Wodurch unterscheiden sich die dynamischen von den statischen Verfahren?
85. Wie ist der Kapitalwert einer Investition definiert?
86. Was sagt der Kapitalwert ökonomisch gesehen aus?
87. Wann ist eine Investition nach der Kapitalwertmethode vorteilhaft?
88. Welches Problem besteht beim Vergleich mehrerer Investitionsprojekte mit der Kapitalwertmethode? Was wird implizit unterstellt?
89. Kann die Kapitalwertmethode auch angewendet werden, wenn keine Einnahmen zurechenbar sind?
90. Welche Beziehungen bestehen zwischen Kapitalwert- und Endwertmethode?
91. Wie sieht ein projektbezogener Finanzplan zur Ermittlung der Amortisationsfrist und des Endwertes aus?
92. Wie ist der interne Zins einer Investition definiert?

93. Wann ist eine Investition nach der Methode des internen Zinssatzes vorteilhaft?
94. Was wird implizit unterstellt, wenn mehrere Investitionsprojekte mit Hilfe des internen Zinssatzes verglichen werden?
95. Wonach werden Investitionen bei der Annuitätenmethode beurteilt?
96. Was versteht man unter dem Wiedergewinnungsfaktor?
97. Was versteht man unter einer Annuität?
98. Wie werden die gesamten Einnahmen und Ausgaben einer Investition in eine Annuität umgewandelt?
99. Was versteht man unter dem Kapitaldienst einer Investition?
100. Wie lautet die Entscheidungsregel der Annuitätenmethode im Falle des Ersatzproblems?
101. Welche Überlegungen sind bei der Festlegung des Kalkulationszinssatzes anzustellen?
102. Sollte der Kalkulationszinssatz etwas erhöht werden, um die Unsicherheit künftiger Zahlungen zu berücksichtigen?
103. Was versteht man unter „Ermittlung kritischer Werte"? Welchen Nachteil hat dieses Vorgehen?
104. Beim Einsatz von Rechenprogrammen können aus verschiedenen möglichen Datenkonstellationen jeweils Investitionsrechnungen erarbeitet werden.
Wie kann man die große Zahl von Ergebnissen noch beurteilen?
105. Welche Technik erlaubt es, künftige Folgeentscheidungen bei der Beurteilung von Investitionsprojekten zu berücksichtigen?
106. Kann die Einbeziehung von Folgeinvestitionen (Investitionskette) das Ergebnis einer Investitionsrechnung beeinflussen?
107. Kann die Einbeziehung von Steuerwirkungen das Ergebnis einer Investitionsrechnung beeinflussen?
108. Was ist ein Investitionsprogramm?
109. Hat die Art der verfügbaren Daten Einfluß auf die Wahl des geeigneten Investitionsrechenverfahrens?
110. Was sind die Ziele einer Investitionskontrolle?

## 6. Literaturhinweise

[1] *Ahlert, D., K.-P. Franz u. W. Kaefer*: Grundlagen und Grundbegriffe der Betriebswirtschaftslehre für Ingenieure. Hrsg. H. Vormbaum, 4. Aufl. Düsseldorf: VDI-Verl. 1982.

[2] *Beyer, H.-T.*, u. *U. Bestmann*: Finanzlexikon. 2. Aufl. München 1989.

[3] *Blohm, H.*, u. *K. Lüder*: Investition. 7. Aufl. München 1991.

[4] *Büschgen, H. E.* (Hrsg.): Handwörterbuch der Finanzwirtschaft. Stuttgart 1976.

[5] *Busse, F.-J.*: Grundlagen der betrieblichen Finanzwirtschaft. München: Oldenbourg 1989.

[6] *Christians, F. W.* (Hrsg.): Finanzierungs-Handbuch. 2. Aufl. München 1988.

[7] *Drukarczyk, J.*: Finanzierung. 4. Aufl. Stuttgart 1989.

[8] *Franz, K.-P.*: Der Jahresabschluß der Unternehmung. Betriebswirtschaftslehre für Ingenieure. Hrsg. H. Vormbaum, 3. Aufl. Düsseldorf: VDI-Verl. 1988.

[9] *Hahn, O.*: Finanzwirtschaft. 2. Aufl. München 1983.

[10] *Jacob, H.*: Kurzlehrbuch Investitionsrechnung. 3. Aufl. Wiesbaden 1984.

[11] *Lücke, W.*: Investitionslexikon. 2. Aufl. München 1991.

[12] *Lüder, K.*: Investitionskontrolle. Wiesbaden 1969.

[13] *Matschke, M. J.*: Finanzierung der Unternehmung. 4. Aufl. Stuttgart 1989.

[14] *Mellwig, W.*: Investition und Besteuerung. Wiesbaden 1985.

[15] *Schneider, D.*: Investition, Finanzierung und Besteuerung. 6. Aufl. Wiesbaden 1990.

[16] *Sandig, C.*, u. *R. Köhler*: Finanzen und Finanzierung der Unternehmung. 3. Aufl. Stuttgart 1979.

[17] *Süchting, J.*: Finanzmanagement. 5. Aufl. Wiesbaden 1989.

[18] *Vormbaum, H.*: Finanzierung der Betriebe. 8. Aufl. Wiesbaden 1990.

[19] *Wöhe, G.*, u. *J. Bilstein*: Grundzüge der Unternehmensfinanzierung. 5. Aufl. München 1988.

# 7. Sachwortverzeichnis

## A

Abgeld 47
Abschreibung 75
Abschreibung, Kapitalfreisetzungseffekt 106
Abschreibungsgegenwert 75, 76, 79
Abschreibungskosten 95
Abzinsungsfaktor 115, 140
Agio 34
Akkreditiv 613
Aktien, „junge" 32, 33
Akzept 50
Amortisationsrechnung 91, 106, 109
Amortisationsrechnung, statische 109
Amortisationsrechnung, dynamische 108
Anlagendeckungsgrad 71
Annuität 91, 124
Annuitätendarlehn 43
Aufgeld 34
Aufzinsungsfaktor 114
Ausfuhrkreditversicherung 62
Auslastung 96, 98
Außenfinanzierung 6,7
Ausstattungs-/Einrichtungskredit 56
Avale 54, 60

## B

Bankakzept 53
Barwert 114
Beleihungsfinanzierung 7
Beteiligungsfinanzierung 7
Betriebskosten 94
Bezugsrecht, 32, 33, 34
Bilanzierungsregel, goldene 71
Bilanzregel, goldene 17, 19
Blankokredit 66
Börse 5, 33, 36
Bürgschaft 67, 68

## C

Calls 37
Cash-flow 25, 72, 73, 106

## D

Damnun 43
Darstellung, grafische 101, 102
Deutsche Terminbörse 37
Disagio 43, 44, 47
Diskontierung eigener Akzepte 52
Diskontierungsfaktor 115, 140
Diskontsatz 51
Dynamische Verfahren 91

## E

Effektivzins 44
Eigenfinanzierung 5,7
Eigenkapital 5, 31
Eigenkapital, bilanzielles 27, 28
Eigenkapital, effektives 27, 29
Eigenkapital, haftendes 27, 29
Eigentumsvorbehalt 67, 69
Einlagenfinanzierung 7
Endwert 91, 113, 120, 121, 124
Entscheidungen unter Risiko 85
Entscheidungen unter Ungewißheit 85
Ergänzungsinvestition 90, 102, 119, 120, 126
Ersatzentscheidung 109
Ersatzinvestition 83
Ersatzproblem 88, 127
Erweiterungsinvestition 83
Euromarkt 60

## F

Factoring 65
Finanzbedarf 22
Finanzierung, Art der 4
Finanzierung aus Abschreibungen 2
Finanzierungsregel, goldene 17, 71
Finanzierungsregeln 17
Finanzierungswirkung der Rückstellung 79
Finanzinvestition 83
Finanzleasing 63, 64
Finanzmakler 5, 45

Finanzmathematische Verfahren 91
Finanzplan 14, 16, 23, 70, 108, 109, 121
Finanzwechsel 50
Fixkosten 94
Forfaitierung 62
Fremdfinanzierung 5, 7, 80
Fremdkapital 5

## G

Garantie 67, 68
Genußscheine 30
Gesamtkostenvergleich 97
Gewinnschuldverschreibung 47
Gewinnvergleich 91, 102, 103
Gewinnvergleichsrechung 101
Gleichgewicht, finanzwirtschaftliches 8
Gratisaktie 35
Grundpfandrecht 43, 46, 69
Grundschuld 43, 67, 69

## H

Haftungs- oder Garantiefunktion 6
Hermes- Deckung 62
Hypothek 43, 67, 69

## I

Industrieobligation 46
Innenfinanzierung 6, 7, 37, 80
Interner Zinssatz 91
Investition 2, 4
Investitionsanlaß 83
Investitionsentscheidung 84, 85, 86
Investitionskette 90, 98, 133
Investitionskontrolle 138
Investitionsprogrammplanung 133, 134
Investitionsprogramm 87, 92
Investitionsrechung 84, 86
Investitionsrechnung, Steuern in der 134

## K

Kalkulationszinssatz 115, 118, 126, 129
Kapazität 98
Kapazitätserweiterungseffekt 75, 78, 79
Kapital, disponibles 1, 2, 6, 7, 73
Kapital, genehmigtes 35
Kapitalabfluß 1, 3
Kapitalbedarf, Ermittlung des 22
Kapitalbeschaffung 1, 3
Kapitalbudgetierungsmodell 134

Kapitaldienst, Kosten des 94, 95
Kapitalerhöhung 32, 33, 34, 35
Kapitalerhöhung aus Gesellschaftsmitteln 35, 36
Kapitalerhöhung, bedingte 34
Kapitalerhöhung gegen Einlagen 34
Kapitalfluß 4
Kapitalfreisetzung 1, 3, 7, 73, 74
Kapitalfreisetzungseffekt der Abschreibung 75
Kapitalumschichtung 1, 3, 4
Kapitalwert 91, 116, 117, 118, 119, 120
Kontokorrentkredit 4, 49, 52, 55
Kosten, variable 94, 96
Kostenfunktion 100, 101
Kostenvergleich 91, 102
Kreditauftrag 67, 68
Kreditleihe 48, 53, 54
Kreditsicherung 66
Kreditwürdigkeit 17, 20, 29, 70, 71
Kündigungsdarlehn 43
Kursbildung 36

## L

Leasing 62, 65, 135
Leverage-Effekt 8, 9, 10, 11, 12
Lieferantenkredit 5
Lieferungskredit 57
Liquidationserlös 110, 129
Liquidität, 8, 13, 71
Liquidität ersten Grades 13, 15
Liquidität, aktuelle 16
Liquidität, dynamische 14, 16, 17
Liquidität, graduelle 13, 14
Liquidität, statische 13, 14, 15, 16
Liquidität, strukurelle 17, 20
Liquiditätsanalyse 15, 23
Lohmann-Ruchti-Effekt 75, 76, 77
Lombardsatz 55
LZB-fähige Wechsel 51

## M

MAPI-Methode 133
Marktzins 10, 12, 13
Menge, kritische 99, 100

## N

Negativklausel 67, 69
Null-Kupon-Anleihen 47
Nutzungsdauer, optimale 133

## O

Operate-Leasing 63
Optionsanleihe 34, 48
Optionshandel 37

## P

Pay-Off-Methode 106
Periodenkapazität 76, 77, 79
Personalkredit 67
Pfandrecht 67, 68
Privatdiskont 53
Puts 37

## R

Rationalisierungsinvestition 83
Re-Investition 76, 78, 84
Realinvestition 83
Realkredit 66, 67, 68
Rediskont 51
Rembourskredit 61, 62
Rentabilität 9, 10, 71
Rentabilitätsrechnung 103
Rentabilitätsvergleich 91
Rentenbarwertfaktor 117, 125, 141
Rentenschuld 67, 69
Reserve, stille 29, 38, 39
Restwert 95
Return-on-Investment 71
Revision, innere 138
Revolving-System 45
Risiko 8, 18, 84
Risikoanalyse 132
Risikobereitschaft 10
Risikokapital 30
Rückstellungsfinanzierung 7
Rückzahlungsdarlehn 43

## S

Sachzins 9, 10, 12
sale and lease back 63, 74
Scheck-Wechsel-Verfahren 52
„Schütt-aus-hol-zurück-Methode" 41
Schuldschein 46
Schuldverschreibung 46
Selbstfinanzierung 3, 7, 37, 80
Sensibilitätsanalyse 132
Sicherheit, sekundäre 66, 67

Sicherungsübereignung 67, 69
Sonderposten mit Rücklageanteil 80, 81
Statische Verfahren 91
Stückkostenvergleich 98

## T

Tilgunsdarlehn 43
Tilgungsrechnung 44
Totalkapazität 76, 77
Tranformationsfunktion 5, 47

## U

Ungewißheit 8

## V

Venture Capital 30
Verfahren, dynamisches 92, 135
Verfahren, finanzmathematisches 92
Verfahren, statisches 92, 134
Vergleich, unvollständiger 90
Vergleich, vollständiger 90
Vermögen, betriebszweckgebundenes 18
Vermögen, betriebszweckfremdes 18
Verschuldungsgrad 10, 12, 65, 71, 72
Verschuldungsgrad, dynamischer 72
Verschuldungsgrenze 70
Verschuldungsspielraum 73
Vorauszahlung 59
Vorteilhaftigkeit 88, 103

## W

Wagniskapital 30
Wahlproblem 88, 103, 118, 124, 126
Wandelanleihen 34, 48
Wechsel 50
Wechselhaftung 67, 68
Werte, kritische 101, 102, 132
Wiedergewinnungsfaktor 125, 142

## Z

Zahlungsfähigkeit 8, 13, 14, 15, 16, 17
Zahlungsreihe 86, 115
Zero-Bonds 47
Zession 67, 69
Zinskosten 95
Zinssatz, interner 122, 123, 127

FRANZ KÄPPELER
## LEITFADEN FÜR EXISTENZGRÜNDER
WAS INGENIEURE WISSEN MÜSSEN

Speziell für junge Ingenieure, die sich selbständig machen wollen, werden alle wesentlichen sachlichen, finanziellen und rechtlichen Punkte vorgestellt und erläutert, die bei einer Existenzgründung unbedingt beachtet werden müssen. Der Inhalt basiert auf dem neuesten Wissensstand und wird durch viele Checklisten nutzbar gemacht.
1991. 293 S., 10 Abb.
8 Tab., DIN A5. Broschur.
**DM 35,00/31,50\***
(unverbindliche Preisempfehlung)
ISBN 3-18-401096-1

EDGAR BRODTMANN/
THILO BRODTMANN
## ERFOLGREICHE BETRIEBS- UND UNTERNEHMENSFÜHRUNG
EIN LEITFADEN FÜR DIE PRAXIS

Eine verständliche Darstellung zum Problemkreis „Moderne Führungstechniken im Betrieb"
5., verb. Aufl. 1993. 231 S., 35 Abb.
DIN A5. Broschur.
**DM 30,00/27,00\***
(unverbindliche Preisempfehlung)
ISBN 3-18-401260-3

WALTER SCHMIDT
## WIE FÜHRE ICH RICHTIG?
PERSONALFÜHRUNG MIT AUTORITÄT

Es wird die Notwendigkeit der Autorität in der Personalführung beschrieben und aufgezeigt, wie diese Autorität im positiven Sinn zum Vorteil von Unternehmen, Vorgesetzten und Mitarbeitern in humaner Weise ausgeübt werden kann. Viele Checklisten führen den Vorgesetzten zu richtigem Verhalten.
1990. 152 S., 1 Abb., 6 Tab.
DIN A5. Broschur.
**DM 30,00/27,00\***
(unverbindliche Preisempfehlung)
ISBN 3-18-400957-2

MARISA FRANGIPANE
## SUPERLEARNING FÜR INGENIEURE UND ANDERE FÜHRUNGSKRÄFTE

Die Autorin zeigt in ihrem Werk wie und warum auch schwierige Sachverhalte mit Superlearning-Methoden schnell und gründlich erfaßt werden können.
1993. Ca. 160 S., 20 Abb.
DIN A5. Broschur.
**DM 38,00/34,20\***
ISBN 3-18-401093-7

\*Preis für VDI-Mitglieder, auch im Buchhandel

## VDI VERLAG
Vertriebsleitung Bücher
Postfach 10 10 54, 40001 Düsseldorf
Telefon 02 11/61 88-0
Telefax 02 11/61 88-133

# UNTERNEHMENSFÜHRUNG UND MANAGEMENT

Edgar Brodtmann/Thilo Brodtmann
**Erfolgreiche Betriebs- und Unternehmensführung**
Ein Leitfaden für die Praxis.
5. Aufl. 1993. XII, 231 S., 35 Abb. DIN A 5.
Br. DM 30,00/27,00*
(unverbindliche Preisempfehlung)
ISBN 3-18-401260-3
Eine verständliche Darstellung zum Problemkreis „Moderne Führungstechniken im Betrieb". Unentbehrlich für Vorgesetzte aller Ebenen ebenso wie für Mitarbeiter in Linien- und Stabsstellen die einen eigenen Verantwortungsbereich haben oder danach streben.

Claus Steinberg
**Projektmanagement in der Praxis**
Organisation, Formularmuster, Textbausteine
1990. XXIV, 221 S. 24,5 x 17,6 cm.
Gb. DM 98,00/88,20*
ISBN 3-18-401010-4
Dieses Fachbuch stellt den zielorientierten Lösungsweg, d.h. die Ablauforganisation mit den benötigten Arbeitsmitteln zu einem erfolgreichen Projektabschluß dar. Neben anderen interessanten Projekten wurden hauptsächlich die in einem technologisch bedeutsamen Projekt des Kernbrennstoffkreislaufes gesammelten Erfahrungen und Erkenntnisse zusammengefaßt.

Rolf Staal
**Qualitätsorientierte Unternehmensführung**
Strategie und operative Umsetzung.
1990. IX. 196 S., 54 Abb., 24,5 x 17,7 cm.
Gb. DM 98,00/88,20*
ISBN 3-18-401011-2
Dieses Buch beschreibt die qualitätsorientierte Unternehmensführung. Dabei werden Qualitätszirkel vorausgesetzt und es wird beschrieben, wie sich die Verfahren der universellen Sequenz und der statistischen Prozeßführung zur Qualitätsverbesserung und Kostensenkung in Produktion und Dienstleistung einsetzen lassen. Alle Aspekte der Thematik werden durch Praxisbeispiele untermauert.

Claus Steinberg
**Praxisbezogenes Umstrukturierungsmanagement vom Plan zum Markt**
1991. XI, 186 S., 49 Abb. 24 x 16,8 cm.
Gb. DM 78,00/70,20*
ISBN 3-18-401153-4
Dieses Buch gibt einen Überblick über das allgemeine Unternehmensgeschehen und mit seinen Anleitungen und Anregungen ist ein organisatorischer Sanierungs- und Umstrukturierungsfall „von der Plan- zur Marktwirtschaft" zielorientiert zu lösen.

*Preise für VDI-Mitglieder, auch im Buchhandel. Die Preise verstehen sich inkl. MwSt. zzgl. Versandkosten. Preisänderungen vorbehalten.

 Postfach 10 10 54 · 40001 Düsseldorf
Telefon 02 11/61 88-0 · Fax 02 11/61 88-133

MIX
Papier aus verantwortungsvollen Quellen
Paper from responsible sources
FSC® C105338

If you have any concerns about our products,
you can contact us on
ProductSafety@springernature.com

In case Publisher is established outside the EU,
the EU authorized representative is:
**Springer Nature Customer Service Center GmbH
Europaplatz 3, 69115 Heidelberg, Germany**

Printed by Libri Plureos GmbH
in Hamburg, Germany